(लखनऊ विश्वविद्यालय की बी.ए. तृतीय वर्ष, हिन्दी साहित्य के तृतीय प्रश्नपत्र हेतु स्वीकृत पाठ्यपुस्तक)

आधुनिक ब्रज-अवधी काव्य-दर्पण

सम्पादक

प्रो. रमेशचन्द्र त्रिपाठी

प्रो. अलका पाण्डेय

वाणी प्रकाशन

वाणी प्रकाशन

4695, 21-ए, दरियागंज, नयी दिल्ली 110 002

शाखा

अशोक राजपथ, पटना 800 004

फ़ोन: +91 11 23273167 फ़ैक्स: +91 11 23275710

www.vaniprakashan.in
vaniprakashan@gmail.com
sales.vaniprakashan@gmail.com

AADHUNIK BRAJ-AVADHI KAVYA-DARPAN
Edited by Prof. Rameshchandra Tripathi
Prof. Alka Pandey

ISBN : 978-93-5229-597-5

प्रथम संस्करण

मूल्य : ₹ 75.50

हर्ष प्रिंटर्स, दिल्ली-110 093 में मुद्रित

वाणी प्रकाशन का लोगो मक़बूल फ़िदा हुसेन की कूची से

(लखनऊ विश्वविद्यालय की बी.ए. तृतीय वर्ष, हिन्दी साहित्य के तृतीय प्रश्नपत्र हेतु स्वीकृत पाठ्यपुस्तक)

आधुनिक ब्रज काव्य-दर्पण

सम्पादक

प्रो. रमेशचन्द्र त्रिपाठी

अनुक्रम

आत्मायन

हिन्दी साहित्य के इतिहास में आधुनिक हिन्दी कविता का तात्पर्य केवल खड़ीबोली की कविता से नहीं है। इस काल के काव्य में ब्रज, अवधी, राजस्थानी, बुन्देलखंडी और भोजपुरी आदि में रचित साहित्य का भी प्रशंसनीय योगदान रहा है। इसके बावजूद आधुनिक हिन्दी कविता केवल खड़ीबोली में सृजित नयी कविता / अकविता के रूप में ही जानी पहचानी जाती है। आधुनिक युग में विभाषाओं के अन्तर्गत अनेक विधाओं, काव्यप्रवृत्तियों और विचारधाराओं से युक्त साहित्य का सृजन हो रहा है। इस नाते आज की कविता की मुख्य धारा कौन-सी है ? पहचानना कठिन हो रहा है। वस्तुत: आधुनिक चेतना की समस्त चिंतनधारा एक स्तर पर मिलकर हिन्दी काव्यधारा का स्वरूप ग्रहण कर लेती है। इसके अन्तर्गत खड़ीबोली की प्रमुखता के साथ ही इन विभाषाओं का योगदान भी कमतर नहीं है। एतदर्थ इनका अध्ययन-अध्यापन उच्च शिक्षा के क्षेत्र में अनिवार्य हो गया है।

आधुनिक काव्यधारा में ब्रजभाषा अपनी पुरानी विशेषताओं की उत्कृष्टता के कारण ही उपयोगी नहीं है बल्कि वह आज भी काव्य के समस्त उपादानों से युक्त है। इस नाते ब्रजभाषा आज भी खड़ीबोली कविता के समतुल्य संचालित हो रही है। भारतेन्दु जी इसके अग्रगण्य हैं। वे युग-प्रवर्त्तक और आधुनिकता के जनक होने के साथ-साथ ब्रजभाषा के सिद्धहस्त कवि थे। यह कविता ही उन्हें इतिहास में चिरस्थायित्व प्रदान करेगी। जगन्नाथदास 'रत्नाकर' द्विवेदीयुगीन काव्यधारा के स्रोत रहे हैं। उनका जैसा ब्रजभाषा काव्य अत्यंत दुर्लभ है, पर तत्कालीन साहित्य-समाज ब्रजभाषा माधुरी से खीझकर पुनर्जागरण और नवोत्कर्ष से प्रभावित होकर उन्हें सम्यक सम्मान नहीं दे पाया। इधर आज का पाठक वर्तमान काव्यजगत से अलग हटकर ब्रजभाषा कविता के प्रति अपनी ललक प्रकट कर रहा है। महाकवि गयाप्रसाद शुक्ल 'सनेही' का कवि व्यक्तित्व बहुत विराट रहा है। 'सनेही' अपने युग के 'चक्रवर्ती कवि' रहे हैं। उन्होंने स्वतंत्रता संग्राम में खड़ीबोली कविताओं द्वारा न जाने कितने नारे, प्रयाण गीत और प्रबोधगीत की रचना की। वही दूसरी ओर ब्रजभाषा कविता के माध्यम से अपना काव्योत्कर्ष भी प्रदर्शित किया। यदि उनकी ब्रजभाषा कविताओं के सहारे उनका पुन: परीक्षण किया जाए तो उनके

कवि व्यक्तित्व की पुनःप्रतिष्ठा की जा सकती है। नयी कविता को एक स्वरूप देने वाले कवि जगदीश गुप्त के ब्रजभाषा काव्य 'छन्दशती' का भाव गांभीर्य तो देखते ही बनता है। ब्रजभाषा में गुप्त जी की कलात्मक चारुता प्रशंसनीय है।

निष्कर्षतः यह कहा जा सकता है कि आधुनिक ब्रजभाषा के इन कवियों की अपनी काव्य विशेषताएँ स्पष्ट रूप से झलकती हैं। ब्रजभाषा के इस आधुनिक स्वरूप को समझे बिना साहित्य के इतिहास का ज्ञान पूर्ण नहीं होगा। ब्रजभाषा मध्य युग की केवल काव्यभाषा ही नहीं थी, बल्कि वह जनमाध्यम की भाषा भी रही है। ब्रजभाषा की भाषिक संस्कृति क्षेत्रीय से ऊपर उठकर राष्ट्रीय परिदृश्य में सन्निहित हो गयी है जिसके नाते इस पाठयक्रम का यह संकलन प्रयोजनीय हो गया है।

अनन्तिमतः हमारा विश्वास है कि इस पुस्तक का जो विद्यार्थी और सुचेता-सुबुद्धजन अध्ययन-अध्यापन करेंगे उनके लिए पुस्तक अपनी उपादेयता स्वतः सिद्ध करेगी।

-डॉ० रमेश चन्द्र त्रिपाठी

पूर्व पीठिका

हिन्दी साहित्य के इतिहास में ब्रजभाषा का स्थान अत्यन्त महत्त्वपूर्ण है। वह शताब्दियों से भारतीय धर्म, दर्शन, रागात्मक वृत्ति तथा उदात्त भावनाओं की संवाहिका रही है। उसने भारत में विभिन्न भौगोलिक खण्डों को एक सूत्र मे बांधने का स्तुत्य कार्य किया है। ब्रजभाषा में रचित भक्ति साहित्य अपनी शक्ति और गरिमा में तो अप्रतिम है ही, उसकी रचना और रचना प्रक्रिया भी सदियों की साधना का प्रतिफल है। इस काव्य ने कई शताब्दियों से एक व्यापक अभिरुचि का प्रतिफलन और परिष्कार किया है। उसकी मधुरता ही उसकी विशिष्टता है- 'ब्रजभाषा की सी मिठलौनी कहाँ'। ब्रजभाषा एक ओर भक्ति और माधुर्य की संवाहिका के रूप में समादृत हुई और दूसरी ओर वह मुगल दरबार में 'बादशाही बोली' के रूप में प्रतिष्ठित हुई। डॉ0 सुनीतिकुमार चटर्जी ने 'इंडो-आर्यन एण्ड हिन्दी' नामक ग्रन्थ में कहा है- 'इफ एनी इंडो आर्यन लैंग्वेज कुड बी लेबेल्ड एज बादशाही बोली इन नार्थ इंडिया, इट वाज सर्टेनली ब्रजभाषा।' उसे राजस्थान, बुन्देलखण्ड तथा अन्य क्षेत्रों में भी शासकीय संरक्षण मिला।

ब्रजभाषा को शौरसेनी प्राकृत तथा अपभ्रंश की भाषिक और साहित्यिक परम्परा का रिक्थ प्राप्त हुआ। मध्यदेश की महत्त्वपूर्ण भौगोलिक स्थिति प्राप्त होने के कारण इसको अन्तर्क्षेत्रीय प्रसार में सुविधा हुई। इसने साहित्यशास्त्र के 'रसराज' का रसाभिषेक किया। धार्मिक दृष्टि से यह वह भाषा थी- 'मचल मचल जामें माँगी हरि माखन रोटी'। इसे वैष्णव भक्ति आन्दोलन का सबल सहारा मिला। एक ओर आभीर, गुर्जर, गोप जैसी जातियों की सरलता इसे मिली और दूसरी ओर पद, गीत, ध्रुपद तथा अन्य राग-रागिनियों का सम्बल पाकर इसमें लालित्य तथा माधुर्य लबालब छलकने लगा।''निराला' जैसे नाद-सौन्दर्य के पारखी ने ब्रजभाषा की विशिष्टता स्वीकार करते हुए कहा है- ''ब्रजभाषा साहित्य के विचार से बड़ी मधुर भाषा है। इसके शब्द टूटते हुए इतने मुलायम हो गये हैं, जिससे अधिक

कोमलता आ सकती है।'' उन्होंने आगे उदाहरणों से अपनी बात को पुष्ट किया- ''ब्रजभाषा ने अपने क्रियाओं के रूपों में भी विशेष श्रुति कोमलता दिखलाई है। 'लाभ करते' की तुलना में 'लहत', 'मुड़ते' की तुलना में 'मुरत', 'पाते' की अपेक्षा 'पावत' विशेष श्रुतिमधुर हैं।''

ब्रजभाषा निर्विवाद रूप से हिन्दी की अत्यन्त समर्थ तथा सशक्त बोली है। आरम्भ में वह राजपूताना में काव्य की भाषा होने के कारण 'पिंगल' कहलाई। उर्दू लेखक उसे 'भाषा' कहते थे, किन्तु ब्रज क्षेत्र से सम्बद्ध होने के कारण कालान्तर में उसका नामकरण 'ब्रजभाषा' हो गया। प्रसंगवश यह ज्ञातव्य है कि 'ब्रजभाषा' नाम भले ही अधिक पुराना न हो किनतु 'ब्रज' शब्द अत्यन्त प्राचीन है। वैदिक काल में यह शब्द मिलता तो है किन्तु उस समय यह क्षेत्रवाची नहीं था। वैदिक काल और बौद्धकाल के बीच इसका नाम 'ब्रह्मर्षि-ब्रह्मावर्त' था। बौद्ध काल में यह प्रदेश 'मज्झिम प्रदेश' अथवा 'मध्यदेश' कहलाता था। इस 'मज्झिम देश' में नौ महाजनपद थे। और उनमें से 'मत्स्य', 'शूरसेन', 'कुरु' तथा 'पांचाल' महाजनपदों से बना भू-भाग 'ब्रह्मर्षिदेश' कहलाता था। डॉ0 वासुदेवशरण अग्रवाल के मतानुसार इस ब्रह्मर्षिदेश का क्षेत्र ही अधिकांशतः हिन्दी भाषा का क्षेत्र है। इसका 'शूरसेन' महाजनपद 'ब्रज' की सीमाओं से बहुत कुछ मिलता-जुलता है। पौराणिक क्षेत्र में इसी क्षेत्र का नाम 'ब्रजमण्डल' हो गया। मध्यकालीन वैष्णव आन्दोलनों के फलस्वरूप 'ब्रज' नाम प्रतिष्ठित हो गया।

ब्रज नाम क्यों पड़ा, इस सम्बन्ध में एक अनुमान तो यह है कि 'ब्रजन्ति गाव यस्मिन्निति ब्रजः।' डॉ0 रामप्रसाद त्रिपाठी ने एक अन्य संभावना व्यक्त की है कि मथुरा नगरी के निकट वैरंज नाम का स्थान था। सम्भव है कि यह वैरंज, 'विरज' कालान्तर में ब्रज के नाम से प्रख्यात हो गया हो और इसी के नाम पर ब्रजमण्डल का भी नामकरण हुआ हो। श्रीमद्भागवत के अनुसार 'विरज' का अर्थ है 'व्याप्ति'। जिसमें कृष्ण व्याप्त हैं, वही ब्रज है। कृष्ण ने गोकुल-वृन्दावन के क्षेत्र में गोलीलाएँ कीं, उनसे वे यहाँ व्याप्त हो गये। एक अन्य मतानुसार राधा की एक सखी का नाम 'विरजा' था। एक बार राधा की अनुपस्थिति में वे कृष्ण के साथ विहार करने लगीं, तभी राधा आ गईं। राधा के भय से विरजा सरिता के रूप में परिणित हो गईं। वही 'विरजा' यमुना हैं और उन्हीं का क्षेत्र 'विरज' अथवा ब्रज' है। आजकल अधिकांश विद्वानों का मत है कि 'ब्रज' शब्द वैदिक है। वेदों में यह गोष्ठमात्र का वाचक था, किन्तु पुराण काल में इस गोष्ठ को भौगोलिक स्थिरता मिली और यह एक भू-भाग हो गया। वैष्णव पुनरुत्थान में पौराणिक 'ब्रज' नयी

शक्ति के साथ उभरा और उस समय से आज तक 'ब्रज' कहलाता रहा। यह नाम मूलत: सांस्कृतिक और गौणत: आर्थिक अभिप्रायों से युक्त रहा है। राजनीतिक क्षेत्र में मथुरा को अधिक महत्त्व मिला। मथुरा में जैन और बौद्धधर्म की लहर भी कुछ समय तक रही किन्तु हिन्दू धर्म के पुनरुत्थान की प्रक्रिया में 15वीं-16वीं शताब्दी तक 'ब्रज' शब्द पूर्णरूपेण प्रचलित हो गया। उस समय से आज तक ब्रज वैष्णव संस्कृति का प्रधान केन्द्र रहा है। ब्रज में आज वैष्णव संस्कृति की अनेक परम्पराएँ साथ-साथ विद्यमान हैं। उनकी सूक्ष्म दार्शनिक विचारधारा में भले ही अन्तर हो किन्तु कृष्ण और राधा से सभी जुड़े हैं। ब्रज के इस राधा कृष्ण तत्त्व ने सभी को अपनी ओर आकर्षित किया। इस संस्कृति का मूल तत्त्व अमर्यादित प्रेम है। राधा और कृष्ण कला के भी आदर्श बने। फलत: ब्रज स्थापत्य, मूर्त्ति, चित्र और संगीत सभी कलाओं का केन्द्र बन गया। इस कलात्मकता के कारण इस क्षेत्र की भाषा भी कलात्मक मधुरता से युक्त हो गई और लम्बी अवधि तक उत्तरी भारत की साहित्यिक अभिव्यक्ति का अत्यन्त सशक्त तथा समर्थ माध्यम बनी रही।

ब्रज क्षेत्र की भाषा को ही ब्रजभाषा कहा जाता है किन्तु ब्रजभाषा का क्षेत्र 'ब्रजभूमि' की भौगोलिक सीमा से कहीं अधिक विस्तृत है। ब्रजभाषा के अन्य कई नाम भी मिलते हैं, यथा 'भाषा' अथवा 'भाखा', पिंगल, मध्यदेशी, ग्वालियरी, अन्तर्वेदी। 'अर्द्ध कथानक' में बनारसीदास जैन ने 'मध्यदेस की बोली' का उल्लेख किया है और केशवदास ने इस देश की भाषा को 'सुभाषा' कहा है। प्राप्त जानकारी के अनुसार 'ब्रजभाषा' शब्द का सबसे पुराना प्रयोग सं0 1644 में 'गोपाल' नामक कवि ने 'रसविलास' नामक ग्रन्थ में किया था-

मरु भाषा निरजल तजी, करि ब्रजभाषा चोज।
अब गोपल वा तै लहै, सरस अनोपम मौज।।

यह ब्रजभाषा सोलहवीं शताब्दी तक 'मध्यदेश' की साहित्यिक भाषा बन चुकी थी। यह शौरसेनी अपभ्रंश में विकसित हुई है। इसका मूल क्षेत्र तो मध्यदेश ही रहा है और इसकी आधुनिक सीमाओं में ''उत्तर प्रदेश के मथुरा, अलीगढ़, आगरा, बुलन्दशहर, एटा, मैनपुरी, बदायूँ तथा बरेली के जिले, पंजाब के गुड़गाँव जिले की पूर्वी पट्टी, राजस्थान में भरतपुर, धौलपुर, करौली तथा जयपुर का पूर्वी भाग, मध्यभारत में ग्वालियर का पश्चिमी भाग आता है। उत्तर प्रदेश के पीलीभीत, शाहजहाँपुर, फर्रूखाबाद, हरदोई, इटावा और कानपुर के जिले भी ब्रज प्रदेश में सम्मिलित कर दिये गये हैं' किन्तु चौदहवीं सत्रहवीं शती के बीच ब्रजभाषा में

साहित्य-रचना का क्षेत्र भौगोलिक सीमाओं का अतिक्रमण कर एक वृहत्तर क्षेत्र हो गया। डॉ0 विश्वनाथ प्रसाद ने इस सम्बन्ध में एक स्थल पर कहा है- "ब्रज की वंशी-ध्वनि के साथ अपने पदों की अनुपम झंकार मिलाकर नाचने वाली मीरा राजस्थान की थीं, नामदेव महाराष्ट्र के थे, नरसी गुजरात के थे, भारतेन्दु हरिश्चन्द्र भोजपुरी भाषा क्षेत्र के थे। ब्रजभाषा को अपनाकर एक से एक कवियों की रससिद्ध वाणी से उसे इतना समृद्ध बना देने वाले पुष्टिमार्ग के आचार्य भी दाक्षिणात्य थे। बिहार में भोजपुरी, मगही और मैथिली भाषा क्षेत्रों में भी ब्रजभाषा के कई प्रतिभाशील कवि हुए हैं।" कच्छ में ब्रजभाषा-प्रशिक्षण के लिए एक विद्यापीठ था। 'बंगाल, महाराष्ट्र, गुजरात, काठियावाड़, पंजाब, असम, उड़ीसा में भी ब्रजभाषा में रचनाएँ हुईं। इन क्षेत्रों की ब्रजभाषा में वहाँ का स्थानीय पुट भी मिलता है। इसीलिए आचार्य भिखारीदास ने 'काव्यनिर्णय' में कहा है- 'ब्रजभाषा हेतु ब्रजवास ही न अनुमानौ'।

ब्रजभाषा-शैली के क्षेत्र-विस्तार की दो स्थितियाँ मुख्य रूप से दिखाई पड़ती हैं। जब मध्यदेशीय भाषा अनेक कारणों से अपनी भौगोलिक सीमाओं का उल्लंघन करने लगी तब स्थानीय रंगों से युक्त होकर उसने एक विशिष्ट भाषा-शैली का रूप ग्रहण कर लिया। उपर्युक्त क्षेत्रों में से अनेक क्षेत्र ऐसे थे जहाँ ब्रजभाषा कथ्यभाषा न होकर केवल साहित्य में प्रयुक्त कृत्रिम, मिश्रित और विशिष्ट रूपों में ढल गयी तथा विशिष्ट अवसरों, सन्दर्भों या काव्य रूपों में रूढ़ हो गयी। ब्रजभाषा के क्षेत्र-विस्तार में भक्ति-आन्दोलन तथा कृष्ण चर्चा ने भी विशेष योगदान किया। ब्रजभाषा के सम्बन्ध में डॉ0 सुनीति कुमार चटर्जी ने अपना मत व्यक्त करते हुए कहा है- "ईसा के बिलकुल पश्चात् की ही शताब्दियों में सबसे अधिक लालित्यपूर्ण प्राकृत, शौरसेनी प्राकृत की सीधी वंशज ब्रजभाषा का ही ऊपरी गंगा के मैदान में साहित्यिक भाषा के रूप में सबसे अधिक प्रचार था एवं उसी का सबसे अधिक अध्ययन भी होता था। यहाँ तक कि उत्तरी भारत के मुसलमान अभिजातवर्ग भी इसके सौन्दर्य के प्रभाव से बचे न रह सके।"

ब्रजभाषा उकारबहुला है। उसमें 'औकारान्तता' या 'ओकारान्तता' की विशेषता भी मुख्य है। उसका आरम्भ सातवीं से दसवीं शती के बीच हुआ था। प्रथम सिद्ध सरहपा (सं0 817) की भाषा में ब्रजभाषा की हलकी सी झलक मिल जाती है। ग्यारहवीं-बारहवीं शती में यह प्रवृत्ति और अधिक स्पष्ट होने लगी। 'प्राकृत पैंगलम्' में ब्रजभाषा के तेरहवीं और चौदहवीं शती के रूप में मिलते हैं। हेमचन्द्र

के व्याकरण में प्राप्त कतिपय उद्धरणों के सम्बन्ध में डॉ0 शिवप्रसाद सिंह का मत है–

"वाक्य–गठन की दृष्टि से अपभ्रंश के इन दोहों की भाषा ब्रज के और भी नजदीक मालूम होती है। मार्दव, संक्षेप, लोच और शब्दों के अत्यन्त विकसित रूपों के कारण इस भाषा का स्वरूप प्रायः पुरानी ब्रज जैसा ही है।" ब्रजभाषा–विकास की एक महत्त्वपूर्ण कड़ी 'सन्देशरासक' भी है। इस सम्बन्ध में डॉ0 शिवप्रसाद सिंह का निष्कर्ष है–

"संदेशरासक के लोकभाषा–प्रभावापन्न दोनों में कहीं ज्यादा विकसनशील तत्त्व दिखाई पड़ते हैं। वैसे पूरे ग्रन्थ की भाषा संक्रान्तिकालीन अर्थ भाषा के अध्ययन में सहायक हैं, ब्रज के तो और भी।"

सच तो यह है कि ब्रजभाषा काव्य परम्परा दस–बारह शताब्दियों से चली आ रही है। डॉ0 जगदीश बाजपेयी ने ब्रजभाषा काव्य के इतिहास का काल–विभाजन इस प्रकार किया है–

1. प्राक्–सूर काल निर्माण काल संक्रान्ति काल आदि काल (1000-1500 वि0)
2. सूर–काल उदय काल भक्ति काल पूर्व मध्यकाल (1500-1700 वि0)
3. केशव काल उत्कर्ष काल शृंगार काल उत्तर मध्यकाल (1700-1900 वि0)
4. भारतेन्दुकाल विकास काल यथार्थवादी काल आधुनिक काल (1900..............)

ब्रजभाषा का आदिकाल हिन्दी के आदिकाल से अभिन्न है। स्वयंभू, पुष्पदन्त, धनपाल आदि के काव्य में जो भाषा मिलती है, उसे डॉ0 सत्येन्द्र ने ब्रजभाषा का प्राचीन रूप माना है क्योंकि उसमें पश्चिमी अपभ्रंश के वे रूप मिलते हैं जिनमें आरम्भिक ब्रजभाषा की प्रवृत्ति स्पष्ट है। डॉ0 धीरेन्द्र वर्मा के मतानुसार 'पृथ्वीराज रासो मध्यकालीन ब्रजभाषा में ही लिखा गया है, पुरानी राजस्थानी में नहीं' किन्तु यह सम्पूर्ण रचना सन्देहात्मक तथा विवादग्रस्त है। डॉ0 वर्मा के आल्हखण्ड की भाषा को भी 'बुन्देली के साथ मिली हुई पूर्वी ब्रज' बताया है किन्तु यह भी स्वीकार किया है कि 'प्राचीन ब्रज के इतिहास के लिए इसका कोई मूल्य नहीं है।' डॉ0 शिवप्रसाद सिंह का विचार है 'कि ब्रजभाषा के अद्यावधि प्राप्त ग्रंथों में सबसे प्राचीन अग्रवाल कवि का प्रद्युम्न चरित है जिसका निर्माण विक्रमी 1411 अर्थात् 1354 ईस्वी में ब्रज क्षेत्र के केन्द्र नगर आगरा में हुआ।" ब्रजभाषा के इस महत्त्वपूर्ण चरित–काव्य में कृष्ण के पुत्र प्रद्युम्न के चरित्र का जैन परम्परा में विकसित रूप वर्णित है। चरितकाव्यों की परम्परा में प्रद्युम्नचरित पर ही बीसवीं शताब्दी तक ब्रजभाषा में लगभग ग्यारह रचनाएँ हुईं। 'चरित काव्य' के साथ–साथ

ब्रजभाषा में कथा-काव्य का भी विकास हुआ। डॉ0 सत्येन्द्र ने सम्वत् 1516 की कवि दामो रचित 'लखमसेन' पद्मावती कथा' (लक्ष्मणसेन पद्मावति कथा) को ब्रजभाषा का प्रथम कथा-काव्य माना है। उन्होंने 'छिताई वार्ता' की भाषा भी ब्रजभाषा ही मानी है।

ब्रजभाषा काव्य के आरम्भिक काल में पदों तथा दोहों की परम्परा भी मिलती है। इस काल में ब्रजभाषा के अन्तर्गत अनेक ऐसे काव्य-रूपों का व्यवहार भी मिलता है जिन्हें विशेष गौरवपूर्ण स्थान नहीं प्राप्त हो सका, जैसे- षंगल, बेली, बावनी, विप्रमतीसी, बारहमासा, लीलाकाव्य आदि। सम्प्रदायों की दृष्टि से इस काल में ब्रजभाषा के अन्तर्गत जैन कवियों की रचनाओं का बाहुल्य मिलता है।

मध्यकाल में सोलहवीं शताब्दी से अठारहवीं शताब्दी तक का हिन्दी साहित्य का इतिहास वास्तव में ब्रज साहित्य का इतिहास है। सूरपर्व ब्रजभाषा के अनुसंधाता डॉ0 शिवप्रसाद सिंह ने सूरपर्व के सन्तों में भी ब्रजभाषा का रूप लक्षित किया है। इस दृष्टि से सधना (नामदेव के समकालीन), वेणी, नामदेव, स्वामी रामानन्द, पीपा, रैदास आदि की कतिपय रचनाएँ उल्लेखनीय हैं। ब्रजभाषा का विशेष उत्कर्ष सूर युग में हुआ। जब गोवर्धन में श्रीनाथ जी का मन्दिर-निर्माण पूरा हुआ और वल्लभाचार्य ने भगवान के स्वरूप के सम्मुख नियमित रूप से कीर्तन की व्यवस्था करने का संकल्प किया तो उन्होंने कवि गायकों को पद-रचना तथा जीवन के लिए प्रोत्साहित किया। वल्लभाचार्य के पुत्र गोस्वामी विट्ठलदास ने अष्टछाप की स्थापना की जिसमें सूरदास, कृष्णदास, परमानन्ददास, कुम्भनदास, नन्ददास, चतुर्भुजदास, छीतस्वामी और गोविन्दस्वामी थे। इन सभी कवियों ने ब्रजभाषा काव्य के नये कीर्तिमान स्थापित किये। वल्लभ सम्प्रदाय में अष्टछाप के कवियों के अतिरिक्त और भी बहुत से कवि थे। इन कवियों ने सम्प्रदाय को ही नहीं, ब्रजभाषा काव्य को भी चरम शिखर पर पहुँचा दिया। सूर की ब्रजभाषा तो शुद्ध, आदर्श तथा बेजोड़ है ही, अन्य कवियों का भी ब्रजभाषा के विकास में महत्त्वपूर्ण योगदान है। इनके अतिरिक्त कतिपय अन्य सम्प्रदायों के अन्तर्गत भी अनेक भक्त कवियों ने ब्रजभाषा साहित्य को समृद्ध किया। हरिदासी सम्प्रदाय में स्वामी हरिदास तथा उनकी शिष्य-परम्परा में श्री विट्ठल (वीठल) विपुल, श्री विहारिन देव, श्री कृष्णदास, श्री नागरीदास, श्री नवलसखी, सरसदेव, नरहर देव, पीतांबरदेव, किशोरदास, ललित किशोरी, ललित मोहनी देव, रसरंग, भगवतरसिक आदि ब्रजभाषा के कवि थे। चैतन्य सम्प्रदाय के ब्रजभाषा साहित्यकारों में माधवदास

जगन्नाथी, आनंदघन, रामराय, सूरदास मदनमोहन, गदाधरभट्ट, चन्द्रगोपाल,माधुरी-माधवदास, प्रियादास, वैष्णवदास 'रसजानि', वृन्दावनदास, ब्रह्मगोपाल आदि उल्लेखनीय हैं। राधावल्भीय सम्प्रदाय (हित हरिवंश का सम्प्रदाय) के संस्थापक श्री हितहरिवंश थे। उनका ग्रंथ 'हित चौरासी' ब्रजभाषा के माधुर्य से परिपूर्ण है। इस परम्परा में हरिराम व्यास, चतुर्भुजदास, ध्रुवदास, नेही नागरीदास, अनन्यअली, वृन्दावनदास (चाचाजी) आदि ब्रजभाषा के प्रमुख कवि हैं। राधावल्लभ सम्प्रदाय की देन भी ऐतिहासिक महत्त्व की है। विद्वानों ने ब्रजभाषा साहित्य के लिए सूफी काव्यों का बीज रूप भी साधनकृत 'मैनासत' में माना है, जिसकी भाषा ग्वालियरी ब्रजभाषा है।

मध्यकाल में कुछ ऐसे कवि या भक्त भी हुए हैं जिन्हें किसी सम्प्रदाय में नहीं बाँधा जा सकता है। मीरा भी इसी कोटि में आती हैं। उन्होंने पद ही लिखे हैं जो गुजरात से लेकर बंगाल तक व्याप्त हैं। राजस्थानी उनकी जन्मभूमि की भाषा थी, गुजरात में रहने के कारण गुजराती पर भी उनका अधिकार था। उनके युग में ब्रजभाषा सर्वत्र सामान्य भक्ति की भाषा थी, अत: यह स्वाभाविक है कि इन तीनों में ही उन्होंने अपने पद रचे होंगे। यही कारण है कि इतिहासकार मीरा की गणना ब्रजभाषा के कवियों में भी करते हैं।

ब्रजभाषा में रामभक्ति धारा भी दिखाई पड़ती है। गोस्वामी तुलसीदास कृत 'कवितावली', 'गीतावली' रामकथा पर आधारित हैं। कवितावली में परुषभाव की प्रधानता है और गीतावली में मधुर और कोमल भाव की। 'विनयपत्रिका' के अन्तर्गत रामभक्ति में विनय-पद्धति का पुष्ट रूप ब्रजभाषा में मिलता है। 'रसिक सम्प्रदाय' की रचनाओं ने भी ब्रजभाषा के भण्डार की श्रीवृद्धि की है। अग्रदास, नाभादास, बालअली, रूपसखी, मामा प्रागदास, श्यामदास, जीवाराम, प्रेमकली, रसिकअली आदि कवियों की रचनाओं ने भी ब्रजभाषा काव्य को गरिमा प्रदान करने में योगदान किया है।

सिक्ख धर्म के गुरुओं ने भी ब्रजभाषा में काव्य-रचना की है। गुरु नानक की वाणी में ब्रजभाषा के आदिकाल का रूप देखा जा सकता है। पंचम गुरु अर्जुनदेव की वाणियों में ब्रजभाषा की ओर झुकाव स्पष्ट है। गुरु तेगबहादुर ने तो केवल ब्रजभाषा में ही वाणियाँ रचीं। गुरु गोविन्द सिंह की रचनाएँ भी ब्रज़भाषा में हैं।

मुसलमान कवियों ने भी ब्रज़भाषा में सुन्दर कविता की है। कुछ तो कृष्ण पर इतने अधिक न्यौछावर हो गए कि उनकी भक्ति को देखकर ही भारतेन्दु ने कहा

था- 'इन मुसलमान हरिजनन पर कोटिक हिन्दू वारिए'। वस्तुतः भक्ति के क्षेत्र में क्या कोई हिन्दू-मुसलमान होता है। भक्ति का द्वार शुद्ध भाव से सबके लिए खुला था और कितने ही मुसलमानों ने भारतीयता से अभेद स्थापित रहते हुए ब्रज साहित्य में अपना योग दिया। कृष्णभक्ति का मर्म प्रेम है। मुसलमान कवियों को जब कृष्ण और राधा जैसे आलम्बन और आश्रय मिले तो उन्होंने अपना सर्वस्व उन पर न्यौछावर कर दिया और ब्रज-साहित्य को अनुपम भाव-सम्पदा सहज ही प्राप्त हो गयी। अकबर ने स्वयं ब्रज में रचनाएँ कीं तथा कवियों, विद्वानों और पंडितों का आदर किया। ब्रज-साहित्य में अकबर का निजी योग तो प्रतीकवत् ही था किन्तु अब्दुल रहीम खानखाना (1555-1626) ने ब्रज-साहित्य को बहुत समृद्ध किया। रसखान ने ब्रजभाषा का अत्यन्त प्रामाणिक मधुर रूप प्रस्तुत किया। ब्रजभाषा में परिमार्जित रूप का सौष्ठव इनकी रचनाओं में सहज ही उपलब्ध होता है। ब्रजकाव्य में सैयद मुबारक अली बिलग्रामी, ताज, आलम, शेख आदि का भी योगदान विशेष है।

ब्रजभाषा की एक विशिष्ट काव्यधारा 'रीतिकाव्यधारा' है। ब्रज-साहित्य में रीतिकाल के कवियों का विशेष स्थान है। रीतिकाल के आरम्भ में यह धारणा प्रचलित थी कि मध्यदेश सब देशों की मणि है और ब्रजभाषा सब भाषाओं की मणि। मध्यकाल में ब्रजभाषा का सांस्कृतिक तथा साहित्यिक प्रभुत्व बढ़ाने में 'तीन सहायक शक्तियों' का उल्लेख विद्वानों ने किया है। वे हैं- कृष्णभक्ति, राजागण और संगीत। कृष्णभक्ति के साथ एक ओर वह बंगाल के कृष्णदास, श्यामादास आदि 'ब्रजबुली' के कवियों की मैथिली मिश्रित भाषा को ब्रज के संस्कार प्रदान कर सकी दूसरी ओर गुजरात के केशवदास तथा भालपा जैसे कवियों को सम्भवतः 15वीं, 16वीं शताब्दी से ही अपने प्रयोग की ओर प्रेरित करने में समर्थ हुई। दक्षिण भी ब्रजभाषा के प्रभाव से सर्वथा अछूता नहीं रहा यद्यपि बंगाल और गुजरात की तरह कदाचित् ब्रज मिश्रित किसी विशिष्ट भाषा रूप का विकास वहाँ नहीं हुआ। कृष्णकाव्य पदबद्ध शैली में रचा गया और पद रागबद्ध किये गये अतएव संगीत भी ब्रजभाषा को प्रचारित करने में सहायक हुआ। डॉ0 जगदीश गुप्त का मत है कि 'ब्रजभाषा अपने परम्परागत साहित्यिक संस्कार एवं सहज माधुर्य के कारणभावप्रवण भक्तिकाव्य और तदनन्तर शृंगार प्रधान रीतिकाव्य के विशेष अनुकूल सिद्ध हुई।... रीतिकाल में उसकी आत्मा और वेश-विन्यास सभी कुछ राजसी हो गया। भूषण जैसे कवियों ने उसे वीर रसोचित ओजस्विता भी प्रदान की।' रीतिकाल में मतिराम, घनानन्द, देव, बिहारी जैसे कवि भी हुए जिन्होंने

ब्रजभाषा को भाव-व्यंजना की विशिष्ट शक्ति से सम्पन्न कर दिया। इस काल की कविता का एक प्रधान गुण उक्ति-वैचित्र्य और तदनुरूप भाषा भंगिमा है। कवियों ने भाषा को माँजने, सजाने और काव्य की राजसी प्रकृति के अनुरूप ढालने में विशेष श्रम किया। इस युग में फारसी के राजभाषा होने और रीतिकाव्य के अधिकतर राज्याश्रित होने के कारण ब्रजभाषा पर फारसी का प्रभाव भी पड़ा। बहुत से फारसी के जानकार मुसलमान कवियों ने ब्रजभाषा में रचना की और ब्रज के अनेक कवियों ने आश्रयदाता की प्रकृति को ध्यान में रखकर काल्पनिक रूप से फारसी वातावरण में कविता लिखी। श्री पद्‌मसिंह शर्मा ने बिहारी पर फारसी प्रभाव भली प्रकार लक्षित किया है। पद्‌माकर और ग्वाल ने वातावरण निरूपण करने में फारसी संज्ञाओं का प्रचुर प्रयोग किया है। इस आदान प्रदान की ओर संकेत करते हुए डॉ0 रामप्रसाद त्रिपाठी ने कहा है- "फारसी आचार-विचार, भाव और काव्य शैली की उन्नति ब्रजभाषा और कविता के लिए सहायक हुई। ब्रजवासी सहृदय, प्रेमी, सौन्दर्य के उपासक, शृंगार के रसिक और माधुर्य के मधुकर थे। फारसी के प्रेमी भी ऐसे ही थे। इनके बीच एक प्रकार की मित्रता हो गयी।" नरहरि, गंग और रहीम अकबर के ऐसे दरबारी कवि थे जिन्होंने ब्रजभाषा के साथ फारसी भाषा का विशेष मिश्रण किया है। कहीं-कहीं तो मिश्रण न होकर शुद्ध फारसी का प्रयोग हुआ है। उदाहरणार्थ नरहरि के एक छप्पय का निम्नलिखित अंश द्रष्टव्य है-

'इन्साफ तुरा गोयद खलक 'कवि नरहरि' गुफतन चुनी।
बाबर न बरोबर बादशाह मन दिगा न दीदम दर दुनी।।

मुक्तक काव्य में ब्रजभाषा का रूप और भी अधिक निखर आया। रीति कवियों ने ब्रजभाषा के आभिजात्य संस्कारों को और अधिक गरिमा प्रदान की। हिन्दी में रीतिकाव्य मुख्यतया ब्रजभाषा तक ही सीमित है किन्तु यह स्मरणीय है कि ब्रजभाषा केवल रीतिकाव्य तक सीमित नहीं है।

ब्रजभाषा के प्रथम चरितकाव्य 'प्रद्युम्नचरित' का उल्लेख पहले किया जा चुका है। यह उल्लेख्य है कि कथाकाव्य भी ब्रजभाषा में तेरहवीं शती से मिलने लगते हैं। महाभारत के आधार पर रचित ब्रजभाषा का प्रथम कथाकाव्य गोस्वामी विष्णुदास द्वारा संवत् 1492 में लिखित 'पंडुचरित' है। इस कृति से उस दीर्घ परम्परा का आरम्भ ब्रजभाषा में होता है जिसके अन्तर्गत बहुत से कवियों ने ब्रजभाषा में महाभारत की रचना की। विष्णुदास ने कृष्णकाव्य की दो अन्य परम्पराओं की स्थापना भी ब्रजभाषा में की। इनमें से एक मंगल-काव्य की परम्परा

थी और दूसरी 'भ्रमरगीत' की परम्परा, जिसका पूर्वरूप विष्णुदास की 'सनेही लीला' में है। कथाकाव्यों में आरम्भ में ही 'रूपक काव्य' भी उपलब्ध होते हैं। सं0 1462 के लगभग कवि जयशेखर सूरि ने 'त्रिभुवनदीपकप्रबन्ध' नामक रूपक काव्य लिखा जिसे डॉ0 सत्येन्द्र ने ब्रजभाषा का ग्रन्थ बताया है। ब्रजभाषा के प्रेमगाथाकारों में 'जानकवि' का नाम उल्लेखनीय है। अन्य प्रकार की कथाओं पर भी ब्रजभाषा में प्रचुर सामग्री मिलती है। ब्रजभाषा में कई सिंहासन बत्तीसियाँ और 'बैताल पच्चीसी' भी उपलब्ध होती है। 'भ्रमरगीत' भी ब्रजभाषा के कवियों का एक प्रिय विषय रहा है। इसने तो एक काव्यविधा का रूप ही ग्रहण कर लिया था। डॉ0 सत्येन्द्र के मतानुसार 16वीं शती में 5; 17वी शती में 2; 18वीं शती में 8 तथा 19वीं शती में 12 भ्रमरगीत लिखे गये।

ब्रजभाषा में संवत् 1400 से गद्य का आरम्भ माना जाता है। उस समय से ब्रजभाषा में कई प्रकार की कृतियाँ लिखी गईं। इनमें से कुछ मौलिक हैं और कुछ टीकाएँ। ब्रजभाषा के प्राचीन पत्र अधिक संख्या में नहीं प्राप्त हो सके। वार्त्ता-साहित्य भी गद्य में है जिनमें 'चौरासी वैष्णवन की वार्त्ता' तथा 'दो सौ वावन वैष्णवन की वार्त्ता' प्रसिद्ध है।

ब्रजभाषा में अन्य काव्यरूपों की भाँति नाटक की रचना भी हुई है। डॉ0 कुँवर चन्द्रप्रकाश सिंह के मतानुसार, 'गोविन्द हुलास' ब्रजभाषा का प्रथम पूर्ण नाटक है। इसी परम्परा में आगे चलकर रीवाँ के महाराज विश्वनाथसिंह कृत 'आनन्दरघुनन्दन' का उल्लेख किया जा सकता है। ब्रजभाषा में लोकधर्मी नाट्य परम्परा भी मिलती है। डॉ0 सोमनाथ ने सोमनाथकृत 'माधव विनोद', ब्रजवासीदासकृत 'प्रबोध चन्द्रोदय' तथा अमानत कृत 'इंदरसभा' को ब्रजभाषा के लोक-नाट्य (स्वाँग) के अन्तर्गत स्थान दिया है। ब्रजभाषा में 'लीला' नामक काव्यों की भी एक परम्परा है, यथा नरसिंह लीला, भगीरथी लीला, प्रहलाद लीला, दानलीला आदि। ये लीलाएँ प्राय: अभिनेय थीं और इनमें दृश्य के साथ काव्य-तत्त्व का भी समावेश रहा है।

ब्रजभाषा में जीवनी-साहित्य का भी महत्त्वपूर्ण स्थान है। यह जीवनी-साहित्य दो प्रकार का है, एक आत्मकथा और दूसरा, कवि द्वारा लिखित किसी अन्य व्यक्ति की जीवनी। इन दोनों में से दूसरे वर्ग की रचनाएँ अधिक हैं। ये तीन प्रकार की हैं, भक्तमाल, परची या परिचय तथा वार्ता। भक्तमाल प्राय: वैष्णव भक्तों से सम्बद्ध है और परिचइयों का सम्बन्ध अधिकांशत: सन्तों से है। 'भक्तमाल' का आरम्भ नाभादास से माना जाता है। इसके उपरान्त भक्तमाल की

भी परम्परा चल पड़ी। डॉ0 सत्येन्द्र ने इस परम्परा की छत्तीस भक्तमालाओं का नामोल्लेख किया है।

ब्रजभाषा में नामों के अनेक कोश भी लिखे गए। संस्कृत के नामकोश के अनुकरण पर ब्रजभाषा में विभिन्न नामों को छन्दबद्ध करके नाममाला ग्रन्थ या नामकोश निर्मित किए गए। इस प्रकार की सोलह-सत्रह नाममालाओं की सूचना अब तक मिली है। कुछ ग्रन्थ 'नखशिख'- 'शिखनख' परम्परा में लिखे गये। केशवदास ने 'कविप्रिया' में नखशिख तथा शिख-नख का लाक्षणिक भेद बताते हुए कहा है-

नख तें सिख लौं बरनिये देवी दीपति देखि।
सिख ते नख लौं मानुषी केशवदास विशेषि।

इस क्रम में सर्वप्रथम रचना बलभद्र मिश्र की है। ये महाकवि केशव के भाई बताए जाते हैं। अब तक इस परम्परा में लगभग नब्बे रचनाएँ प्राप्त हुई हैं जिनसे स्पष्ट है कि ब्रज-साहित्य में यह परम्परा भी दृढ़ रही है। ब्रज-साहित्य में 'बारहमासा' लिखने की परम्परा भी मिलती है। कुछ बारहमासे वियोग शृंगार के उद्दीपनों को प्रस्तुत करने के लिए लिखे गये हैं। संयोग-वर्णन के लिए भी बारहमासों की रचना हुई। कतिपय बारहमासे जैन कवियों की धार्मिक भावना से युक्त हैं।

ब्रज-साहित्य की रचना ब्रजेतर क्षेत्र में भी हुई। ग्यारहवीं शताब्दी में दक्षिण की कल्याणी के चालुक्य नरेश भूलोकमल्ल सोमेश्वर के एक ग्रन्थ 'मानसोल्लास' में ब्रजभाषा का उदाहरण मिलता है। केरल के महाराजा रामवर्मा 'स्वाति तिरुनाल' नाम से ब्रजभाषा में कविता करते थे। महाराष्ट्र में मराठी के आदि कवि ज्ञानेश्वर, नामदेव तथा एकनाथ ब्रजभाषा में भी रचना करते थे। गुजरात में 'भालण' को ब्रजभाषा का आदि कवि बताया जाता है। नरसी मेहता की 'साँवलदास नाँ निवाह' नामक रचना भी ब्रजभाषा की कही जाती है। इनके अतिरिक्त गुजरात में ब्रजभाषा के कवियों की एक लम्बी परम्परा मिलती है जिनमें रघुराम, केवलराम, किसन, रत्नजित, दलपतिराम, वंशीधर, कुँवर कुशल, जसराम, महासिंह, कवि कल्याण, मुक्तानन्द, दयाराम भाई, ब्रह्मानन्द, कहान, काइ रंछौर, हरिदास, जेठालाल चारण, कवि रविराज, जुगल किशोर, महारमण, चौरामल्ल, मोड़जी, गोविन्द गिल्ला भाई, वारौठ 'ब्रज' कवि, कवि भाणजी भाई, आदि उल्लेखनीय हैं। गुजरात के राजदरबारों में भी ब्रजभाषा के कवियों का आदर होता था। कच्छ के राजा लखपति ने तो

ब्रजभाषा के प्रचार तथा प्रशिक्षण के लिए एक विद्यापीठ की स्थापना ही की थी। राजकोट के महाराजा महरामण सिंह ने कुछ विद्वानों के सहयोग से 'प्रवीण-सागर' नामक एक विश्वकोश बनाने का प्रयास ब्रजभाषा में किया। इससे स्पष्ट है कि गुजरात में ब्रजभाषा की जड़ें बहुत गहरी थीं और वहाँ पन्द्रहवीं-सोलहवीं शती से बीसवीं शती तक ब्रजभाषा काव्य की लम्बी परम्परा मिलती है।

सिन्ध में डेरा गाजी खाँ में ब्रजभाषा काव्य मिलता है। वहाँ गोस्वामी लाल जी और उनके पुत्रों तथा शिष्यों ने ब्रजभाषा साहित्य की रचना में उल्लेखनीय योगदान किया। यह साहित्य मुख्यतया साम्प्रदायिक ही है। पंजाब में साईदास को ब्रजभाषा का प्रथम कवि माना जाता है। इनकी वाणी आदि ग्रन्थ में संकलित है। गुरु नानक की वाणियों में ब्रज का प्रबल पुट है। अन्य कई गुरुओं ने भी ब्रजभाषा में रचनाएँ कीं। गुरु गोविन्द सिंह की ब्रज रचनाएँ भी महत्त्वपूर्ण हैं। 'कृष्णावतार' शुद्ध ब्रजभाषा में उनकी प्रसिद्ध कृति है। पंजाब में गुरु-दरबारों तथा राजदरबारों दोनों स्थानों पर ब्रजभाषा को महत्त्व मिला था। गुरु अर्जुन देव के दरबार में कल्ला, जल्हन, नल, कलसहर, जालप, बल्ल, हरिवंश, टल्ल, कीरत, गयन्द तथा सेवक आदि ब्रजभाषा के कवि थे। गुरु गोविन्द सिंह के दरबार से मंगल, अमीराय, अमृतराय, आलम, सुदामा, सेनापति, हंसराय, टहकन, चंदन, धन्नासिंह आदि बावन ब्रजभाषा कवि सम्बद्ध बताए जाते हैं। महाराजा रणजीत सिंह के दरबार से ग्वाल, हाशम, बुधासिंह, गणेश कवि, शिवदयाल आदि ब्रजभाषा कवियों का सम्बन्ध था। पटियाला दरबार से केशोदास, धर्मसिंह, जगतिदास, रामदास, बसंतसिंह, भगवान सिंह, मूलसिंह, रूपचन्द्र आदि ब्रजभाषा कवि सम्बद्ध थे। पंजाब में अन्यत्र भी ब्रजभाषा का प्रचुर साहित्य रचा गया। हिरदेराम भल्ला, चतुरदास, सोढ़ी मेहरबान आदि अस्सी ब्रजभाषा कवियों का उल्लेख इतिहासकारों ने किया है। श्री चन्द्रकान्त बाली ने 'ब्रजभारती' के एक अंक में एक अत्यन्त महत्त्वपूर्ण तथ्य की ओर ध्यान आकृष्ट करते हुए कहा है- "पंजाब के ब्रज कवियों में 80 प्रतिशत सिक्ख सज्जन हैं। सबसे बड़ी बात यह है कि सिख सन्तों ने धार्मिक सिद्धान्तों का प्रचार ब्रज के माध्यम से किया है।"

राजस्थान के बहुत से कवियों ने भी ब्रजभाषा में कविता की है। इनमें अग्रदास, नाभादास, मीराबाई, महाराजा जसवन्त सिंह, बिहारी, नरहरिदास, कुलपति मिश्र, प्रियादास, सूदन, ब्रजनिधि, आदि बहुत प्रसिद्ध हैं। विश्नोई सम्प्रदाय से सम्बद्ध अनेक कवियों ने मारवाड़ी और ब्रज में कविता की है। इनमें उधोदास, मयाराम, महात्मा गोविन्द राम आदि उल्लेखनीय हैं। बंगाल में भी 'ब्रजबुलि' का

साहित्य मिलता है। असम तथा उड़ीसा में भी इसकी रचनाएँ प्राप्त हुई हैं। इस प्रकार स्पष्ट है कि मध्यकाल में ब्रजभाषा के अन्तर्गत प्रचुर मात्रा में साहित्य-सृजन हुआ। इस साहित्य का रचना-स्थल ब्रज प्रान्त ही नहीं, वरन् भारत का विशाल भूखण्ड था। ब्रज-साहित्य की महत्ता सिद्ध करने के लिए यह यथेष्ट है।

ब्रजभाषा के आधुनिक युग का आरम्भ डॉ0 सत्येन्द्र ने सं0 1860 से माना है। उन्होंने ग्वाल को इस युग का प्रथम कवि स्वीकार किया है। आधुनिक काल में भारतेन्दु के पूर्ववर्ती ब्रजभाषा कवियों की चर्चा करते हुए उन्होंने कवि उरदास (उड़दास), नवीन कवि, पं0 अयोध्यानाथ अवधेश, हरदेव, लाला साधूराम, किशोर खड़ग कवि, राजकुमार रत्नसिंह नटनागर, सेवक, रीवाँ नरेश रघुराज सिंह, नारायण स्वामी, रंगीलाल, राजा लक्ष्मणसिंह, बेनी द्विज, सरदार, बाबा रघुनाथदास 'रामसनेही', गोविन्द गिल्लाभाई, कवि नारायण, घनारंग, गणेशानन्द, बैजनाथ द्विवेदी हनुमान्, लछिराम ब्रह्मभट्ट, गुरुबख्सलाल, परमानन्द दास, विरंजी कुँवरि, नंदन (अथवा वंदन) गोपभट्ट, लाल बलबीर, कवीन्द्र नवनीत जी चतुर्वेदी, भोलाराम भंडारी तथा नारायणदास सेंगरिया' का उल्लेख किया है। भारतेन्दु हरिश्चन्द्र के पिता गोपाल चन्द्र गिरधरदास भी ब्रजभाषा के प्रमुख कवि थे। कुछ अन्य इतिहासकारों ने भारतेन्दु से आधुनिक काल का आरम्भ मानते हुए आधुनिक ब्रजभाषा काव्य को तीन विभिन्न युगों में इस प्रकार विभाजित किया है-

प्राक् - भारतेन्दु युग (सं0 1900 - 1925 वि0)

भारतेन्दु युग (सं 1925 - 1950 वि0)

उत्तर भारतेन्दु युग (सं0 1950 - 2000 वि0)।

डॉ0 'रसाल' ने उत्तर भारतेन्दु युग को पूर्वार्द्ध (सं0 1947 से 1972 तक) तथा उत्तरार्द्ध (सं0 1972 से 1999 तक) दो भागों में बाँटा है। अर्धशती की परिधि में फैले हुए इस युग को 'मुख्यत: भाषा की भिन्नता के आधार पर' 'रत्नाकर सम्प्रदाय' तथा 'सनेही सम्प्रदाय' में भी विभाजित किया जा सकता हैं। इस विभाजन के अनुसार डॉ0 रामशंकर शुक्ल 'रसाल', डॉ0 रामप्रसाद त्रिपाठी, रामचन्द्र शुक्ल 'सरस' आदि रत्नाकर- सम्प्रदाय के अन्तर्गत और अवधी, खड़ी बोली आदि से प्रभावित ब्रजभाषा लिखने वाले हरदयालु सिंह, राजेश दयालु, डॉ0 जगदीश गुप्त, जगदम्बा प्रसाद 'हितैषी' आदि कवि 'सनेही सम्प्रदाय' के अन्तर्गत गिने जा सकते हैं।

ब्रजभाषा-काव्य के आधुनिक युग की प्रमुख प्रवृत्तियों पर विचार करने के पूर्व कतिपय अन्य तथ्यों का परिचय देना भी वहाँ समीचीन होगा।

बीसवीं शताब्दी के आरम्भ में ब्रजभाषा कविता अधिकांशतः मुक्तककाव्य के रूप में लिखी जाती थी। रीतिकाल में महाकाव्य-रचना की परम्परा क्षीण थी। यद्यपि भारतेन्दु के पूर्ववर्ती आधुनिक युग में महाराज रघुराजसिंह कृत 'राम स्वयम्बर', मधुसूदनदास कृत 'रामाश्वमेध', गिरिधरदास कृत 'जरासंधवध' आदि प्रबन्धकाव्य मिलते हैं किन्तु आन्तरिक तत्त्वों की दृष्टि से इनमें अनेक त्रुटियाँ थीं। उत्तर भारतेन्दु युग में प्रबन्ध-रचना अधिक व्यवस्थित हो गई, फलतः अनेक प्रकार के काव्यरूपों का ब्रजभाषा काव्य में विस्तार हुआ। इस दृष्टि से महाकाव्यों के अन्तर्गत शिवरत्न शुक्ल 'सिरस' कृत 'भरतभक्ति (1932 ई0), रामनाथ जोतिसी कृत 'श्रीरामचन्द्रोदय' (1936 ई0), हरदयालु सिंह कृत 'दैत्यवंश' (1952 ई0) तथा रावण महाकाव्य (1952 ई0), और प्रियदर्शी जी द्वारा लिखित 'कृष्णचरितमानस' (1975 ई0) विशेष उल्लेखनीय हैं। महाकाव्यों की अपेक्षा खण्ड काव्य तथा चरित काव्य आधुनिक ब्रजभाषा काव्य में अधिक उपलब्ध हैं। खण्डकाव्यों के क्षेत्र में बचनेश मिश्र कृत ध्रुवचरित्र (1914 ई0), जगन्नाथदास 'रत्नाकर' कृत 'गंगावतरण' (1927 ई0), काशीनाथ शुकुल द्वारा लिखित श्रीदामाऽऽख्यान (1936 ई0), रामचन्द्र शुक्ल 'सरस' कृत 'अभिमन्यु वध, बचनेश मिश्र कृत 'शबरी' (1936 ई0), हनुमत दयाल अवस्थी 'हनुमन्त' कृत सीता सुधि (1948 ई0), रामललाकृत 'द्रौपदी दुकुल', डॉ0 लक्ष्मीशंकर मिश्र 'निशंक' कृत 'प्रेम पीयूष (1971 ई0), लाल रुद्रनाथ सिंह 'पन्नगेश' कृत मधुरमिलन मंजरी (1971 ई0), रामशंकर गुप्त 'कमलेश' द्वारा रचित 'उषा-अनिरुद्ध' (1977 ई0), बाँकेलाल मिश्र 'लाल' कृत 'साकेत विरहिणी' (1979 ई0), रवीन्द्र वाजपेयी कृत 'नतोऽहं रामवल्लभाम्' (1980 ई0) तथा श्री गजेन्द्रनाथ चतुर्वेदी द्वारा लिखित 'श्री हनुमत् विजय (1981 ई0) महत्त्वपूर्ण रचनाएँ हैं।

ब्रजभाषा में मुक्तक काव्यरचना करने वालों की संख्या अधिक है। डॉ0 लक्ष्मीशंकर मिश्र 'निशंक' के मतानुसार ब्रजभाषा मुक्तक काव्य को 'प्रबन्धमुक्तक', 'गीति-मुक्तक' तथा 'इतरमुक्तक' इन तीन वर्गों में विभाजित किया जा सकता है। 'प्रबन्धमुक्तक' के अन्तर्गत सत्यनारायण 'कविरत्न' कृत 'भ्रमरदूत', मिश्रबन्धु कृत 'पद्य-पुष्पांजलि' (1929 ई0), रायदेवी प्रसाद 'पूर्ण' द्वारा रचित 'पूर्णसंग्रह', काशीनाथ सुकुल कृत 'कृष्णचरितमाला (1930 ई0), अमृतलाल चतुर्वेदी कृत 'श्याम सँदेसो' (1950 ई0), किशोरचन्द कपूर कृत 'ब्रजचन्दविनोद (1965 ई0), अवध बिहारीलाल अवस्थी 'विमलेश' कृत 'शंकर दिग्विजय' (1968 ई0), ब्रजनन्दन पाण्डेय कृत 'ब्रजमंजरी (1980 ई0), तथा श्री गिरीशकुमार चतुर्वेदीकृत 'सँदेसो अँसुवावन को'

(1984 ई0), आदि कृतियाँ विशिष्ट हैं।' 'गीति-मुक्तक' वर्ग में उन रचनाओं को स्थान दिया जा सकता है जिनमें नए युग के अनुरूप गीति-काव्य की रागात्मकता तथा भावप्रवणता को अक्षुण्ण रखने का प्रयास किया गया है। इस वर्ग में उमाशंकर बाजपेयी 'उमेश' कृत 'ब्रजभारती' (1936 ई0), आचार्य बचनेश मिश्र कृत 'गोपाल हृदय' (1938 ई0), राजेशदयालु कृत 'श्यामरसमयी' (1948 ई0), राधेश्याम द्विवेदी कृत 'श्यामतरंगिणी' (1965 ई0), तथा श्रीमती सरोज गौरिहार कृत 'आनन्द छलिया', (1975 ई0) प्रमुख हैं। इन सभी रचनाओं के अन्तर्गत अनुभूतियों में आवेग है और भाव-व्यंजना में संगीत-माधुर्य है। प्रगीतात्मक कविता खड़ी बोली की विशेष उपलब्धि है। ब्रजभाषा कविता में गीतिकाव्य अधिक नहीं हैं किन्तु यत्र-तत्र शोक गीति (राधाकृष्णदास लिखित 'विजयनी-विलाप') जागरण गीति (मिश्रबन्धुकृत 'भारत विनय'), सम्बोधगीति (श्रीधर पाठक कृत 'घनविनय') आदि मिल जाते हैं।

ब्रजभाषा में काव्य-रूपों का वैविध्य तो महत्त्वपूर्ण है ही, उसकी मधुरता विलक्षण है। जिस बोली की केवल एक पंक्ति 'साँकरी गली मैं काँकरी गरति है' पर लोग रीझ गए, वह शताब्दियों तक अपने स्वाभाविक माधुर्य के कारण जन-जन का कंठहार बनी रही। ब्रजभाषा की प्रकृति मधुर तथा कोमल भावनाओं के अनुकूल है और भक्त तथा राज्याश्रित कवियों ने इसकी मधुरिमा को और अधिक बढ़ाया। रवीन्द्रनाथ ठाकुर ने किसी स्थल पर कहा है कि जहाँ काव्य अभिष्यंजना में असमर्थ हो जाता है, वहाँ से संगीत की सीढ़ी आरम्भ होती है। ब्रज के भक्त कवियों ने काव्य और संगीत को परस्पर पूरक स्थिति में लाकर अभिव्यंजना में अपूर्व प्राणशक्ति का संचार कर दिया। ब्रजभाषा के कवियों ने रागों के सम्बन्ध में नवीन प्रयोग भी किए। संगीत प्रकृत्या कोमल तथा मनोरम प्रसंगों में ही अधिक उपयुक्त रहता है। ब्रजभाषा की काव्य-वस्तु सुकुमार थी अतएव उसके साथ संगीत की संगत सर्वथा उचित ही थी। ब्रजभाषा के कवियों ने अधिकांशत: मात्रिक छन्दों को चुना है। इसके कई कारण हैं। पहली बात तो यह है कि ब्रजभाषा की प्रकृति मात्रिक छन्द के अनुकूल है। दूसरी बात यह है कि मात्रिक छन्द की संरचना पर सांगीतिक रचना को सरलतापूर्वक आरोपित किया जा सकता है। ब्रजभाषा का भक्ति साहित्य संगीतमय है उसमें गीत, वाद्य और नृत्य तीनों के बिम्बों का समावेश है। यह कविता गढ़वाल, काँगड़ा, गुलरे, बूँदी, मेवाड़, किशनगढ़ की चित्रकारी कलमों का आधार बनी, इससे स्पष्ट है कि ब्रजभाषा काव्य ललित कलाओं से

कितना अधिक जुड़ा था। आज भी मध्यकालीन स्थापत्यकला, वास्तुकला और चित्रकला को समझने के लिए ब्रजभाषा साहित्य का ज्ञान आवश्यक है। भारतीय संगीत और नृत्यकला का सम्यक परिचय प्राप्त करने के लिए भी ब्रजभाषा काव्य की अपनी उपयोगिता तथा महत्ता है।

रचना-बाहुल्य के आधार पर बहुत लोग यह मान बैठते हैं कि ब्रजभाषा काव्य में नखशिख वर्णन, शृंगारिक चेष्टा वर्णन, प्रकृति के शृंगारोद्दीपक वर्णन, विलासचर्या वर्णन आदि ही प्रमुख हैं। इसमें भक्तिपरक और आध्यात्मिक वर्णन भी एक सीमित परिधि में व्याप्त हैं किन्तु यह धारणा ठीक नहीं है कि ब्रजभाषा काव्य एकांगी अथवा सीमित भावभूमि का काव्य है। लौकिक जीवन की समझ और उसके प्रति सजगता ब्रजभाषा के अधिकांश कवियों में लक्षित की जा सकती है। भक्तिकालीन काव्य और रीतिकालीन नीति प्रधान रचनाओं में भी अपनी धरती के प्रति एक लगाव है जिसे अनदेखा नहीं किया जा सकता है। ऐसे बहुतेरे चित्र इन रचनाओं में उभरे हैं जो बरबस अपनी ओर आकृष्ट कर लेते हैं। इन चित्रों पर किसी लब्ध-प्रत्तिष्ठ कवि की मोहर भी नहीं लगी है। कंजूस व्यक्ति से सम्बद्ध एक ऐसा ही शब्द चित्र निम्नलिखित पंक्तियों में अंकित है-

आदि ही धोबी न धोबे को लेत कि पानी ते बूड़े में पाऊँ न पाऊँ।
जोर रहे खुलि ठौर ही ठौर औ तापर खोपै चली है अगाऊँ।।
'लौकी' कहैं हम जाच्यो दीवान जू और मैं जाय के काहि सताऊँ।
जो पै मया करि दीन्यों झगा तो सूची तगा दोउ साथ ही पाऊँ।

दीवान जी ने अत्यन्त उदारतापूर्वक कवि को जो 'झगा' प्रदान किया है, उसकी स्थिति और अधिक क्या स्पष्ट हो सकती है। यह स्वीकार किया जा सकता है कि साहित्यिक ब्रजभाषा में एक प्रकार की जकड़न आ गयी किन्तु उसका कारण क्या था ? पं0 श्रीनारायण चतुर्वेदी ने अनेक प्रमाण देकर यह सिद्ध किया है कि आधुनिक युग में ब्रजभाषा के कवि समय के अनुसार चलने को सक्षम थे। ''यदि ब्रजभाषा को स्वाभाविक रूप से विकसित होने का अवसर दिया जाता तो वह अवश्य ही अपने आपको युग के अनुकूल विषयवस्तु और उसकी आधुनिक अभिव्यक्ति के अनुरूप बना सकती थी। किन्तु ऐसा नहीं हुआ। ब्रजभाषा के विरुद्ध पूर्वाग्रह प्रबल हो गए और गद्य तथा पद्य की भाषा एक होने का बुद्धि संगत तर्क अकाट्य था। ब्रजभाषा अपने पद से बड़े प्रयास

और सुनियोजित आन्दोलन और प्रयत्न द्वारा हटाई गयी।'' ब्रजभाषा के समृद्ध और जीवित काव्य को स्वयं हिन्दीभाषियों द्वारा समाप्त करने के काम को उन्होंने 'साहित्यिक आत्मघात' बताया है।

इस विवेचन से स्पष्ट हो जाता है कि ब्रजभाषा काव्य हिन्दी साहित्य का अत्यन्त महत्त्वपूर्ण अंग है। उक्त विशेषताओं को ध्यान में रखते हुए ब्रजभाषा काव्य के आधुनिक युग पर विचार करना भी असंगत न होगा। आधुनिक काल के आरम्भिक ब्रजभाषा कवि रीतिकालीन आदर्शों से प्रभावित थे। भारतेन्दु पूर्व ब्रजभाषा काव्य की दो धाराएँ स्पष्ट रूप से विकसित थीं– रीति तथा शृंगार और भक्तिकाव्य परम्परा। शताब्दियों से चलती रहने के कारण इन परम्पराओं में स्वरूप, प्रकृति और रचनाशक्ति की मौलिकता कम होने लगी थी। भारतेन्दु युग में भी ये परम्पराएँ चलती रहीं किन्तु इनके अतिरिक्त प्राचीन काव्य परिपाटी के माध्यम से नवीन विषयों को अभिव्यक्त करने की प्रणाली भी चल निकली थी। 'मुकरी' के माध्यम से सामयिक दृष्टि की आलोचना और जन्मोत्सव, विवाह आदि प्राचीन परम्पराओं को आधार बनाकर नवीन सन्दर्भों को व्यक्त करना भारतेन्दु युग की विशेष प्रवृत्ति थी। भारतेन्दु तथा उनके जिन सहयोगियों और युगीन कवियों ने ब्रजभाषा काव्य की रचना की, उनमें बाबा सुमेरसिंह साहबजादे, राधाचरण गोस्वामी, बदरीनारायण चौधरी 'प्रेमघन', प्रतापनारायण मिश्र, राधाकृष्णदास, सुधाकर द्विवेदी, अंबिकादत्त व्यास, ठाकुर जगमोहनसिंह, रामकृष्ण वर्मा 'बलबीर', रावकृष्ण देवशरण 'गोप', राय देवीप्रसाद 'पूर्ण' आदि प्रमुख हैं। भारतेन्दु युग तक कवि कर्म की सीमा स्पष्ट हो चुकी थी। रीतिकाल की कवि-आचार्य वाली पद्धति समाप्तप्राय थी। यही कारण है कि इस युग में रीति परम्परा के कवियों ने स्वच्छन्द भावाभिव्यक्ति को महत्त्व दिया। इस युग के रीति परिपाटी के कवियों में रसिकेश, गोविन्द गिल्लाभाई, सेवक जी, सरदार कवि, लछिराम ब्रह्मभट्ट, ललिताप्रसाद त्रिवेदी, रामद्विज आदि आते हैं।

भारतेन्दु युग में रीतिकाल का साहित्य सन्दर्भ अवशिष्ट रूप में आया। इस युग में अनेक पिंगल ग्रन्थों की रचना हुई। 'गणप्रदीप', 'छन्दभास्कर', 'छन्दरत्नमाला', 'छन्दोमंजरी' आदि इस युग की प्रतिनिधि पिंगल रचनाएँ हैं। इस युग में समस्यापूर्ति का एक व्यापक स्तर था। कुछ प्रहेलिकाएँ भी इस युग में लिखी गयीं। भारतेन्दु की मुकरियाँ तीखे व्यंग्य के लिए प्रसिद्ध हैं। इस युग के ब्रजभाषा काव्य की एक मुख्य विशेषता रसिकता है जिसका आधार प्रेम है। भारतेन्दु युग के ब्रजभाषा काव्य

में इस प्रेम के तीन विशिष्ट रूप हैं- भक्तिभाव से मर्यादित प्रेम, स्वच्छन्द प्रेम और परम्पराबद्ध शास्त्रीय प्रेम। इस कविता में नवीन मूल्यबोध और नयी काव्य संचेतना का अपना महत्त्व है। ब्रजभाषा के तत्कालीन कवियों पर हिन्दू पुनर्जागरण और बढ़ती हुई राजनीतिक चेतना का प्रभाव पूरी तरह पड़ा। यह प्रभाव तीन रूपों में प्रकट हुआ- गिरी हुई हिन्दू जाति का मनोबल बढ़ाने के लिए अतीत के गौरव का गान, राजनीतिक शोषण पर प्रहार करके राजनीतिक चेतना जगाने का प्रयास और सारे भारत की एकता पर बल। पं० श्रीनारायण चतुर्वेदी ने 'आधुनिक हिन्दी का आदि काल' में तत्कालीन भावना को मुखरित करने वाला एक छन्द उद्धृत किया है, जो इस प्रकार है-

आई अँगरेजी जरखेजी गयी राजन की,
चलत चहूँधौं बड़ी नई नई डहरें
कुंजन कलित वन ललित बिलाने किते
गिरि गढ़ कोटन पै बिलाती ध्वजा फहरें।
कहै चिरजीवी कैसे धरौं उर धीर बीर,
त्रिविध समीर ये करेजे बीज लहरें,
कटि गये नर्कट, कपास सत्यानास भई।
ऊखि गये उखरि, उखारि गयीं रहरें।

इस छन्द में देश में 'यूनियन जैक' फहराने, जंगल कटने, बुनकरों के व्यवसाय के बिगड़ने के कारण कपास की उपज की कमी और जावा की चीनी आने से गन्ने की पैदावार कम हो जाने के कारण उत्पन्न व्यथा का मार्मिक वर्णन है। पं० प्रतापनारायण मिश्र ने भी अत्यन्त स्पष्टवादिता से अंग्रेजों की पक्षपातपूर्ण नीति के सम्बन्ध में कहा है-

गौर स्याम रँगभेद भाव अस दस दिसि छायौ,
जिहि नेटिव नामहिं कों तुच्छ प्रतच्छ दिखायौ,
वे बध हू करि कबहुँ-कबहुँ कोरे बचि जाहीं,
पै ये कहुँ कहुँ लकुट लेत हूँ धमकी खाँहीं।

उन्होंने 'तृप्यन्ताम्' नामक कविता में हिन्दू धर्म की अधोगति तथा हिन्दू जाति की कायरता पर तीखा व्यंग्य किया है। हिन्दू पुनर्जागरण के उद्देश्य को समझाते हुए मिश्र जी ने एक अन्य कविता में कहा है-

चहहु जो साँचौ निज कल्यान,
तौ सब मिलि भारत सन्तान
जपौ निरन्तर एक जबान
हिन्दी, हिन्दू, हिन्दुस्तान।

खड़ीबोली की प्रगतिवादी कविता में जिस यथार्थवाद पर बल दिया गया, उस यथार्थवाद के अंकुर ब्रजभाषा कविता में भारतेन्दु युग में दिखाई पड़े थे। लोक-जीवन से भी अनेक वर्ण्य, विषय इस काल की कविता में लिये गये किन्तु उनकी भाषा विशुद्ध ब्रजभाषा नहीं है। हास्यरस की कविता भी इस युग के ब्रजभाषा साहित्य का विशिष्ट अंग है। अनुवादों की एक सरस, सजीव और समृद्ध परम्परा इस युग में दृष्टिगोचर होती है। सबसे अधिक अनुवाद संस्कृत से हुए किन्तु अंग्रेजी, बँगला, फारसी आदि से भी अनुवाद उपलब्ध होते हैं।

भारतेन्दु काव्य-रचना के लिए ब्रज को ही उपयुक्त समझते थे। उन्होंने 'हिन्दी भाषा' नामक पुस्तक तथा अपनी स्फुट टिप्पणियों में यह विचार व्यक्त किया है कि काव्य-रचना में रसवत्ता, सुस्थिर प्रांजल शब्द-योजना और अर्थशक्ति की विलक्षणता के लिए परम्परा से चली आती हुई ब्रजभाषा ही अपेक्षित है। उन्होंने एक स्थल पर कहा है- "मैंने आप कई बार परिश्रम किया कि खड़ी बोली में कविता बनाऊँ पर वह मेरे चिन्तानुसार नहीं बनी।" भारतेन्दु तथा उनके सहयोगियों ने भाषा की एक सजीव परम्परा स्थापित की। इन कवियों ने विषयानुकूल छन्दों का व्यवहार किया तथा लोक छन्दों को भी अपनाया। कवित्त, सवैया और दोहा प्राचीनकाल से ब्रजभाषा-काव्य के प्रिय छन्द रहे हैं। इनके अतिरिक्त अन्य छन्दों में भी ब्रजभाषा-काव्य की रचना इस काव्य में की गयी।

भारतेन्दु युग तक का ब्रजभाषा काव्य भक्ति और रीति तत्त्वों से प्रभावित था। भारतेन्दु युग के ब्रजभाषा कवियों में एक ओर कृष्णभक्ति के संस्कारों का आग्रह था और दूसरी ओर नवीनता को आत्मसात् करने की आकुलता। द्विवेदी युग में ब्रजभाषा काव्य के अन्तर्गत नवीनता की प्रक्रिया बढ़ी। परम्परानिर्वाह के साथ इस युग के ब्रजभाषा कवि अपने सीमित वृत्त में विषयगत और भाषागत रूढ़ियों से अपने को मुक्त कर युग-संवेदना को अभिव्यक्ति देने में सचेष्ट दिखाई देते हैं। इस प्रकार ब्रजभाषा के कवियों को दुहरा दायित्व निभाना पड़ रहा था। द्विवेदी युग के अनेक कवियों ने शृंगार के रूढ़िग्रस्त माँसल रूप को त्याग कर स्वस्थ प्रेम का चित्रण किया। उसकी दृष्टि में नारी का वासनात्मक रूप सामाजिक समस्याओं,

विषमताओं और यथार्थ अनुभूतियों के समक्ष गौण हो गया। 'रत्नाकर' की 'हिंडोला', 'शृंगार-लहरी' तथा नाथूराम शर्मा 'शंकर' और गयाप्रसाद शुक्ल 'सनेही' की शृंगारिक रचनाएँ और समस्यापूर्तियाँ इसी कोटि की हैं। द्विवेदी युग की इस प्रेमभावना का मुखर रूप जयशंकर प्रसाद की 'प्रेमपथिक', रामचन्द्र शुक्ल की 'शिविर पथिक' तथा सत्यनारायण कविरत्न की 'प्रेमकली' आदि रचनाओं में उपलब्ध होता है। 'चित्राधार' में प्रसाद की प्रेमभावना स्थूल सौन्दर्य से आध्यात्मिकता और सूक्षमता की ओर अग्रसर हुई है।

इस युग के ब्रजभाषा काव्य में वीरता भारतीयता का पर्याय बन गयी। युग की आवश्यकता के अनुरूप सांस्कृतिक और ऐतिहासिक पृष्ठभूमि में नवीन वीरों की कल्पना की गयी। वियोगी हरि की 'वीर सतसई' इस दृष्टि से सर्वाधिक महत्त्वपूर्ण है। उन्होंने महात्मा गाँधी को 'सत्यवीर', हरदौल को 'धर्मवीर', गोपियों को 'विरहवीर', दधीचि को 'दानवीर', भीष्म पितामह को 'प्रकृतिवीर' और चाणक्य को 'नीतिवीर' कहकर नई उद्भावनाएँ कीं। हरिऔध की 'रसकलश', रत्नाकर की 'वीराष्टक', मिश्रबन्धु की 'लवकुशचरित' तथा भगवानदीन की स्फुट कविताओं में वीरभावना का नव्य रूप देखा जा सकता है।

द्विवेदी युगीन ब्रजभाषा में प्रकृति के प्रति भी नया दृष्टिकोण दिखाई पड़ता हैं। कृष्ण भक्तिकाव्य में प्रकृति के आदर्श और सीमित रूप को ही अभिव्यक्ति मिली थी। आधुनिक काल के आरम्भ में 'द्विजदेव' ने प्रकृति को निकट से देखा किन्तु वे एक प्रकार से अपवाद है। भारतेन्दु युग में परम्परावादिता होते हुए भी प्रकृति के प्रति ब्रजभाषा कवियों का अनुरागपूर्ण दृष्टिकोण व्यक्त हुआ। 'प्रेमघन और ठाकुर जगमोहन सिंह ने प्रकृति का सहज रूप चित्रित किया। द्विवेदी युग में श्रीधर पाठक, रामचन्द्र शुक्ल, हरिऔध, 'पूर्ण', सत्यनारायण 'कविरत्न', 'रत्नाकर' आदि की प्रकृति के प्रति संवेदनशीलता अभिव्यक्त हुई है। उन्होंने प्रकृति के सीमित और रूढ़ रूप को त्यागकर उसके यथार्थ तथा उपेक्षित रूप की प्रतिष्ठा की।

द्विवेदी युगीन ब्रजभाषा काव्य में समसामयिक जीवन को भी अभिव्यक्ति मिली। इस युग के कवियों ने राष्ट्रीय हितों की भूमिका में हिन्दी भाषा के महत्त्व को स्वीकार किया। सत्यनारायण 'कविरत्न' 'भारत-भारती' कविता में कहते हैं- 'नागरी पढ़ौ सप्रीति। पालहु निजधर्म-रीति।' श्रीधर पाठक ने ब्रजभाषा में भारत वंदना और राष्ट्रीय गीतों की रचना की। उनकी 'नौमि भारतम्' कविता बहुत प्रसिद्ध है। सत्यनारायण 'कविरत्न' की 'हृदय तरंग' और 'हिन्दी वंदना' भी

राष्ट्रीय भावना से परिपूर्ण हैं। नाथूराम शर्मा 'शंकर' की समस्यापूर्तियों और 'सनेही' की रचनाओं में भी राष्ट्रीयता व्यक्त हुई है। त्रिवेदी युग के आरम्भिक चरण में भारतेन्दु युग की राजभक्ति की भावना कुछ ब्रजभाषा कविताओं में अभिव्यक्त हुई है किन्तु राष्ट्रीयता आन्दोलन के विकास के साथ-साथ स्वराज्य की भावना बलवती हुई। श्रीधर पाठक, सत्यनारायण 'कविरत्न' और नाथूराम शर्मा 'शंकर', दुलारेलाल भार्गव की ब्रजभाषा कविताओं में स्वराज्य का स्तवन इस बात का प्रतीक है कि ब्रजभाषा काव्य युग-प्रवाह से अछूता नहीं रहा।

द्विवेदी युग के ब्रजभाषा कवियों ने अपने समय के विकृत समाज की रूढ़िग्रस्तता पर प्रहार किया है। इस दृष्टि से नाथरूम शर्मा 'शंकर' की ब्रजभाषा कविताएँ बहुत सफल हैं। इसके अतिरिक्त सत्यनारायण 'कविरत्न', लाला भगवान दीन, दुलारेलाल भार्गव आदि ने समाज को अपनी कविता का विषय बनाया। ब्रजभाषा कवियों ने नारी शिक्षा पर बल दिया है। इन कवियों ने समाज के शोषित वर्ग, विशेषकर किसानों और मजदूरों के प्रति, सहानुभूतिपूर्ण दृष्टिकोण व्यक्त किया है। 'कविरत्न', 'शंकर', रामचन्द्र शुक्ल आदि कवियों ने इस नयी चेतना को स्वर प्रदान किया।

ब्रजभाषा काव्य का कृष्णभक्ति से घनिष्ठ सम्बन्ध भारतेन्दु युग में रहा था। इस परम्परा में द्विवेदी युग में भी प्रचुर ब्रजभाषा काव्य लिखा गया। 'रत्नाकर', परम्परावादी कवि ही रहे किन्तु 'हरिऔध', 'कविरत्न', 'पूर्ण' आदि की ब्रजभाषा रचनाओं में अवतार को लोकमंगल और मानव-सेवा की भूमिका में चित्रित किया गया है। हरिऔध की 'श्रीकृष्ण शतक', 'प्रेमांबु प्रवाह', 'प्रेमांबु वारिधि' आदि रचनाओं में परम्परा के निर्वाह के साथ नवीनता का आग्रह भी दिखाई पड़ता है। 'कविरत्न' ने भी परम्परागत भक्तिभावना का निर्वाह करते हुए भी उपालम्भों के माध्यम से नवीन भावबोध को उभारा है। समग्रत: द्विवेदी युग के ब्रजभाषा काव्य में अभिव्यक्त धार्मिक भावना का स्वरूप एकांतिक न होकर सामाजिक है, लोकवादी है। युगबोध की अभिव्यक्ति के साथ द्विवेदी युग के ब्रजभाषा कवियों ने विज्ञान, संस्कृति, समाज और तत्कालीन शासन-तंत्र के स्फुट विषयों को अपनी काव्य रचना में स्थान दिया। स्फुट विषयों पर लाला भगवानदीन और दुलारेलाल भार्गव ने विशेष रूप से लिखा है।

द्विवेदी युग की ब्रजभाषा काव्यधारा में सामान्य रूप से खण्डकाव्य, कथात्मक कविता, मुक्तक कविता तथा गीतिकाव्य की रचना हुई। इस युग में हरदयाल सिंह

की 'दैत्यवंश' और 'रावण' जैसी प्रबन्धात्मक रचनाओं को छोड़कर महाकाव्यों की रचना नहीं हुई। पौराणिक एवं प्रख्यात कथानकों और चरित्रों को लेकर खण्ड काव्यों की रचना ही प्रधान रूप से की गयी। वस्तुतः द्विवेदी युग में अधिकांश ब्रजभाषा कवियों ने मुक्तक और गीति रचनाओं के ही माध्यम से परम्परा और युगचेतना को अभिव्यक्ति दी। अनेक प्रबन्धात्मक रचनाओं में भी मुक्तक का शिल्प संगुफित है। इस युग के ब्रजभाषा खण्डकाव्यों में रत्नाकर का 'गंगावतरण', बचनेश का 'शबरी', नाथूराम माहौर का 'द्रौपदी दुकूल', रामचन्द्र शुक्ल का 'बुद्ध चरित' आदि प्रमुख हैं। रत्नाकर का 'उद्धवशतक' प्रबन्धक और मुक्तक के समन्वित शिल्प का सुन्दर प्रयोग है। इस युग का सर्वाधिक प्रसिद्ध कथानक कविता 'कविरत्न' कृत 'भ्रमरदूत' है। इस काव्य ने भ्रमरगीत की परम्परा को सर्वथा नवीन संस्कार प्रदान किया। मुक्तक रचना की दृष्टि रो द्विवेदी युग का ब्रजभाषा मुक्तक काव्य विविधता सम्पन्न है। उसमें वस्तुनिष्ठ और आत्मनिष्ठ दोनों प्रकार के मुक्तक रचे गए। वस्तु और शिल्प की दृष्टि से द्विवेदी युगीन ब्रजभाषा काव्यधारा में चमत्कृत, कथाश्रित, युगबोधपरक, प्रकृतिपरक, उपदेशात्मक तथा नीतिपरक और भक्तिपरक मुक्तक प्राप्त होते हैं। सभी शैलियों के मुक्तकों में कवित्त, सवैया, छप्पय और दोहा छन्दों की प्रधानता रही। इस युग की ब्रजभाषा में रचित गीति काव्य का रूप पदात्मक ही रहा और उसकी रचना की प्रवृत्ति 'हरिऔध', 'प्रसाद' और 'कविरत्न' की प्रेम और सामाजिक चेतना से अनुप्राणित उपालम्भपूर्ण रचनाओं में दिखाई पड़ती है। श्रीधर पाठक के राष्ट्रीय भावना प्रधान स्तुतिपरक गीत इस युग के ब्रजभाषा काव्य की उपलब्धि कहे जा सकते हैं।

छन्दों की दृष्टि से परम्परागत कवित्त, सवैया, छप्पय, रोला, हरिगीतिका, दोहा आदि प्रधान रूप से प्रचलित रहे। परम्परित छन्दों के अतिरिक्त इस युग के ब्रजभाषा काव्य में नवीन, मिश्रित और उर्दू छन्दों के प्रयोग की प्रवृत्ति भी मिलती है। लाला भगवानदीन और 'सनेही' ने उर्दू बहरों के आधार पर छन्द रचे। महावीर प्रसाद द्विवेदी की ब्रजभाषा रचनाओं में वसन्ततिलका, शिखरिणी, मंदाक्रान्ता, इंद्रवज्रा, मालिनी आदि वर्णवृत्तों का प्रयोग मिलता है। 'शंकर' के ब्रजभाषा काव्य में नवीन छन्दों की उद्‌भावना सबसे अधिक हुई।

सारांशतः द्विवेदी युग का ब्रजभाषा काव्य परम्परा और युग-चेतना दोनों से ही प्रभावित है। उसमें पूर्ण परम्पराओं को नया संस्कार देने तथा नये विषयों और जीवन मूल्यों को अभिव्यक्ति देने की प्रवृत्तियाँ विकसित हुईं। यह ज्ञातव्य है कि खड़ी

बोली भी काव्यभाषा के रूप में धीरे-धीरे जड़ें जमाने लगी थी और ब्रजभाषा के अनेक कवि भी खड़ीबोली के क्षेत्र में आ गये। भारतेन्दु युग में ही श्रीधर पाठक, 'प्रेमघन', पं0 अम्बिकादत्त व्यास और पं0 प्रतापनारायण मिश्र आदि ने ब्रजभाषा के साथ ही खड़ीबोली में भी काव्यरचना की। द्विवेदी युग में काव्यभाषा के स्थान के लिए ब्रजभाषा और खड़ीबोली का वाद-विवाद अत्यधिक उग्र था। राय देवी प्रसाद 'पूर्ण', अयोध्यासिंह उपाध्याय 'हरिऔध', लाला भगवानदीन, पं0 कृष्णबिहारी मिश्र तथा अन्य विद्वानों ने इस सम्बन्ध में अपने मत व्यक्त किए। ब्रजभाषा के पक्षधरों में ग्रियर्सन, वियोगी हरि, पद्मसिंह शर्मा, पं0 कृष्णबिहारी मिश्र, पं0 किशोरीदास वाजपेयी, पं0 जगन्नाथप्रसाद चतुर्वेदी, दुलारेलाल भार्गव, उमराव सिंह पाण्डे आदि विद्वान थे। ब्रजभाषा के उग्र विरोधियों में गोवर्धन लाल, कालिकाप्रसाद दीक्षित 'कुसुमाकर', रामनरेश त्रिपाठी आदि थे। इस विवाद में संयत मत व्यक्त करने वालों की भी कमी नहीं थी। 'रत्नाकर' ब्रजभाषा के समर्थक थे और खड़ी बोली के प्रयोग के प्रति क्षुब्ध भी थे।

'जात खड़ी बोली पै कोउ भयौ दिवानौ,
कोउ तुकांत बिन पद्य लिखन में है अरुझानौ'

किन्तु उन्होंने यह भी स्वीकार कर लिया था कि खड़ीबोली ही भविष्य की कविता की भाषा है। मैथिलीशरण गुप्त ने ब्रजभाषा के गौरव की रक्षा करते हुए खड़ीबोली के संवर्धन के लिए उससे आशीर्वाद माँगा है और प्रकारान्तर से ब्रजभाषा को नवयुग के अनुकूल नहीं माना है-

बजत नाहिं अब और चैन की बंशी घर घर।
भय विवाद सों भरौ हियौ काँपत है थर थर।।
वह पराग कौ पुंज, मदन-ध्वज-पट न उड़त है।
धुँआधार यह देख कौन कौ जीव जुड़त है।।

× × ×

जौ तेरी यह बहिन खड़ी है तेरे आगैं।
दै याकों आसीस और का अब हम माँगैं।।

जयशंकर प्रसाद ने अपना कविकर्म ब्रजभाषा से ही आरम्भ किया था किन्तु वे विवाद से दूर रह कर खड़ीबोली के उन्नयन में लगे रहे। निराला युगकवि थे। ब्रजभाषा के वैभव का पूर्ण सम्मान करते हुए भी वे नवयुग की भाषा खड़ीबोली को ही मानते थे। सुमित्रानन्दन पन्त ब्रजभाषा के सबसे निर्मम आलोचक थे।

'पल्लव' की भूमिका में उन्होंने कहा है- 'उस ब्रज की उर्वशी के दाहिने हाथ में अमृत का पात्र और बायें में विष से परिपूर्ण कटोरा है, जो उस युग के नैतिक पतन से भरा छलछला रहा है।' उनका विश्वास था कि 'नवयुग के लिए नववाणी' ही उपयुक्त है। स्पष्ट है कि ब्रजभाषा काव्य खड़ीबोली की तुलना में पिछड़ने लगा, किन्तु यह उल्लेखनीय है कि ब्रजभाषा के निष्ठावान कवियों ने पराजय नहीं स्वीकार की। निर्णायक युद्ध में हार जाने के बाद भी वे सम्पूर्ण आस्था के साथ ब्रजभाषा में कविता करते रहे। पं0 रामचन्द्र शुक्ल ने 'हिन्दी साहित्य का इतिहास' में कहा है- "यद्यपि खड़ी बोली का चलन हो जाने से अब ब्रजभाषा की रचनाएँ बहुत कम प्रकाशित होती हैं पर अभी देश में न जाने कितने कवि नगरों और ग्रामों में बराबर ब्रजवाणी की रसधारा बहाते चल रहे हैं। जब कहीं किसी स्थान पर कवि सम्मेलन होता है, तब न जाने कितने अज्ञात कवि आकर अपनी रचनाओं से लोगों को तृप्त कर जाते हैं।"

छायावाद युग में जिन कवियों ने ब्रजभाषा में काव्य-रचना की, उनमें हरिऔध, रत्नाकर, रामनाथ जोतिषी, गयाप्रसाद शुक्ल 'सनेही', पं0 रामचन्द्र शुक्ल, नाथूराम माहौर, रायकृष्ण दास, पं0 जगदम्बाप्रसाद मिश्र 'हितैषी' दुलारेलाल भार्गव, वियोगी हरि, बालकृष्ण शर्मा 'नवीन', किशोरीदास बाजपेयी, डॉ0 रामशंकर शुक्ल 'रसाल', अनूप शर्मा, उमाशंकर वाजपेयी 'उमेश', पं0 सेवकेन्द्र त्रिपाठी आदि प्रमुख हैं। इनके अतिरिक्त अन्य अनेक कवि भी काव्यरचना कर रहे थे। इनमें कुछ तो द्विवेदी युग में प्रसिद्ध हो चुके थे और इस युग में भी रचनाएँ कर रहे थे। वल्लभसखा, लाला भगवानदीन, सेठ कन्हैयालाल पोद्दार, सैयद वचनेश मिश्र की 'अभिनव पिंगलाचार्य' की उपाधि उनकी सक्रियता तथा काव्यशास्त्र सम्बन्धी विद्वता के कारण ही मिली। सीतामऊ नरेश राजा रामसिंह, रामदास गौड़, ओरछा के राजा द्वारा 'अन्योक्त्याचार्य' की उपाधिप्राप्त रामदीन, पुरुषोत्तम दास 'सैया', डॉ0 रामप्रसाद त्रिपाठी, श्यामसेवक, ब्रजनन्दन, नवीबख्श 'फलक', बाबू अम्बिका प्रसाद वर्मा 'दिव्य', रामेश्वर 'करुण', रामाज्ञा द्विवेदी 'समीर' पं0 रूपनारायण पाण्डेय, रामचन्द्र शुक्ल 'सरस', राजेशदयालु, रामलाल श्रीवास्तव, गोविन्द चतुर्वेदी आदि भी इस युग के उल्लेखनीय ब्रजभाषा कवि हैं।

इस युग के अन्तर्गत ब्रजभाषा में परम्परावादी तथा स्वच्छन्दतावादी दोनों प्रकार का काव्य लिखा गया। इस युग का परम्परावादी काव्य दो प्रकार का है- एक तो

विशुद्ध रूप से लक्षण ग्रन्थों का साहित्य जिसमें हरिऔध कृत 'रसकलस', कन्हैयालाल पोद्दार कृत 'काव्यकल्पद्रुम' और डॉ0 रसाल कृत 'नाट्यनिर्णय' आदि की गणना होती है। विषय की दृष्टि से ये ग्रन्थ रीतियुक्त हैं, किन्तु इनमें नयी दृष्टि किसी-न-किसी रूप में विद्यमान है। दूसरे प्रकार में परम्परागत काव्यरूप सतसई तथा शतक और परम्परागत विषय भक्ति तथा शृंगार आते हैं। रत्नाकर, हरिऔध तथा अन्य कवियों का इस कोटि का प्रचुर काव्य है।

आचार्य रामचन्द्र शुक्ल, रूपनारायण पाण्डेय, हरिऔध आदि ब्रजभाषा के स्वच्छन्दतावादी कवि हैं। इनमें काव्यविषय तथा अभिव्यक्ति दोनों की नवीनता है। छायावादी युग में प्रकृति अपने निजी व्यक्तित्त्व के साथ, विशेषकर आलंबनरूप में, ब्रजभाषा काव्य का वर्ण्य-विषय बनी। हास्यरस को भी ब्रजभाषा के कवियों ने अपनाया। हास्यरस के कवियों में किशोरीदास वाजपेयी, देहाती, बचनेश मिश्र, हृषीकेश चतुर्वेदी, गोपालप्रसाद व्यास आदि उल्लेखनीय हैं।

छायावादी युग में ब्रजभाषा के अनेक कवियों ने परम्परावादी काव्यधारा को शिल्प की दृष्टि से भी आगे बढ़ाया। भाषा का परिष्कार तो रीतिकाल में चरमोत्कर्ष को पहुँच गया था, उसी काव्यभाषा की परम्परा को 'हरिऔध', 'रत्नाकर', वियोगी हरि आदि ने जीवित ही नहीं रखा वरन् आगे बढ़ाया है। इस युग में ब्रजभाषा बोलचाल की भाषा के और निकट आ गयी। उर्दू-फारसी के शब्द तो ब्रजभाषा में पहले से प्रयुक्त होते थे, अब अंग्रेजी शब्दों का प्रयोग भी होने लगा। एक अन्योक्ति में 'फुटबाल' का प्रयोग कितना स्वाभाविक है-

फूलि रह्यो फुटबाल तू बृथा न नीच लजात।
ठोकर दैबे काज ही, उदर भरयौ तुव जात।।

इस युग में एक ओर ब्रजभाषा-काव्य का सरल तथा सुबोध रूप प्राप्त होता है-

एकन के नित स्वान हूँ, दूध जलेबा खाहिं।
अन्न बिना सुत एक के, 'हा रोटी' रिरिआहिं।

तथा दूसरी ओर ब्रजभाषा की कुछ रचनाओं का शिल्प खड़ीबोली के छायावादी काव्य जैसा ही है, उदाहरणार्थ उमाशंकर वाजपेयी 'उमेश' की निम्नलिखित पंक्तियाँ द्रष्टव्य हैं:

वह नील सिखर तैं उतरी-
अनुरागमयी निसि बाला,
स्वागत कौ अवनि खड़ी लै,
सुठि साँझ सुमन की माला।
सुभ साँवल तन पै सोहत,
तारक जुत मृदु तिमिरांचल,
मंजुल ग्रीवा पै बिथुरे,
घुँघरारे कारे कुंतल।

इस प्रकार स्पष्ट है कि इस युग में ब्रजभाषा काव्य ने पुरानी शैलियों के साथ-साथ अपनी अर्थव्यंजकता बढ़ाने के लिए मुहावरे और लोकोक्तियों का सहारा लिया है, लक्षणा और व्यंजना का खुलकर प्रयोग किया है। छन्द प्रयोग के सम्बन्ध में भी यही स्थिति है। कवित्त, सवैया, दोहा तथा पदशैली का व्यवहार तो मिलता ही है, चौपाई, बरवै, वीर, अरिल्ल, रोला, छप्पय, कुंडलिया भी आवश्यकतानुसार प्रयुक्त हैं। रामनाथ जोतिसी का 'रामचन्द्रोदय काव्य' छन्दों की दृष्टि से अद्वितीय रचना है। रामाज्ञा द्विवेदी 'समीर' तथा उमाशंकर वाजपेयी 'उमेश' की ब्रजभाषा रचनाओं में अतुकान्त और मुक्त छन्दों का प्रयोग भी मिलता है। लोकगीतों की शैली पर की गई ब्रजकाव्य रचना तो बिलकुल अलग ही है। आज भी वृन्दावन, मथुरा, हाथरस तथा अन्य केन्द्रों में रसिया, लावनी आदि के अखाड़े विद्यमान हैं।

काव्यरूपों की दृष्टि से इस काल का ब्रजभाषा काव्य प्रयोगशील रहा है। प्रबन्धकाव्य तथा मुक्तककाव्य की रचना के अतिरिक्त और भी काव्य विधाएँ ब्रजकाव्य में मिलती हैं। डॉ0 जगदीश वाजपेयी ने इस युग के प्रबन्ध और मुक्तक काव्य के बीच की छह विधाएँ और मानी हैं- वर्णनात्मककाव्य, निबन्ध काव्य या पद्य प्रबन्ध, आख्यानक काव्य या काव्यकथा, विवरणात्मक काव्य, सम्बद्ध मुक्तक काव्य तथा कौतुक काव्य। इसी प्रकार उन्होंने ब्रजभाषा काव्य में उपलब्ध गीतिकाव्य को लोकगीति, जागरण गीति, व्यंग्यगीति, संबोधगीति, वीरगीति आदि अनेक वर्गों में विभाजित किया है। इन प्रयोगों को लक्षित करके ही डॉ0 शरणबिहारी गोस्वामी ने छायावादी युग को ब्रजभाषा की दृष्टि से 'नवप्रयोग काल' कहना उचित समझा है। परम्परावादी काव्य की दृष्टि से इस काल को 'रत्नाकर काल' कहना भी अनुचित न होगा।

छायावादोत्तर काल में खड़ीबोली का वर्चस्व बढ़ जाने के कारण ब्रजभाषा में काव्यरचना की गति मन्द पड़ गयी किन्तु आज भी उसकी सशक्त परम्परा विद्यमान है। ब्रजभाषा कवियों ने पारम्परिक तथा सामयिक विषयों पर काव्यरचना की है जो अधिकांशत: मुक्तकों के रूप में संग्रहीत है। काव्योत्कर्ष की दृष्टि से कुछ संग्रह अत्यन्त महत्त्वपूर्ण हैं, तथा राय कृष्णदास कृत 'ब्रजरज' (1936 ई0), सेवकेन्द्र त्रिपाठी द्वारा रचित 'ब्रजवर्तिका' (सं0 2022), शिवप्रसाद द्विवेदी प्रणीत कवि कुमुद कौमुदी (सं0 2029), श्यामबिहारी शर्मा कृत 'प्रेमोपालमी (1953 ई0), माधवचरण द्विवेदी कृत 'माधव-मधुप' (1956 ई0), कान्ह कवि कृत 'जवाहर ज्योति (1959 ई0), अवधबिहारी 'विमलेश' रचित 'विमलपूर्ति संग्रह' (1963 ई0), भानुप्रताप सिंह 'भानु' कृत 'कृषि काव्य' (1958 ई0), शिवप्रसाद पाण्डेय 'सुमित' द्वारा रचित 'सुमति ग्रंथावली' (1973 ई0), राजेशदयालु कृत 'राजेश दोहावली' (1982 ई0), डॉ0 लक्ष्मीशंकर मिश्र 'निशंक' द्वारा रचित 'बाँसुरी' (1983 ई0)। श्री अब्दुल रशीद को तो 'आधुनिक रसखान' ही कहा जाता है। डॉ0 लक्ष्मीशंकर मिश्र 'निशंक' द्वारा सम्पादित 'सुकवि विनोद' का 'ब्रजभाषा विशेषांक' इसी प्रकार के अन्य ब्रजभाषा कवियों का परिचय प्रदान करता है। उन्होंने आधुनिक ब्रजभाषा- काव्य में जिन विशेषताओं को लक्षित किया है, वे हैं- समयानुसार विषय परिवर्तन की प्रवृत्ति, अतीत का गौरव गान, हास्यरस का विकास, पश्चिम के अन्धानुकरण से विरोध एवं भारतीय संस्कृति से लगाव, लक्षण-ग्रंथों का अभाव, पारस्परिक काव्य में नवोनमेष तथा भाषा और छन्दों में परिवर्तन- विकास।

आज भी ब्रजभाषा काव्य में समस्यापूर्तियाँ मिलती हैं बिसवाँ, प्रयाग, रायबरेली, बलरामपुर, लखनऊ, कानपुर आदि की संस्थाएँ समस्यापूर्तियों की केन्द्र रही हैं। ब्रजभाषा के कुछ कवि हास्यरसाचार्य तक कहे गये हैं। पं0 श्रीनारायण चतुर्वेदी, बरसानेलाल चतुर्वेदी, काका हाथरसी आज भी ब्रज साहित्य के संवर्धन में उल्लेखनीय योगदान कर रहे थे। सत्य यह है कि हिन्द्री और ब्रजभाषा दो विरोधी सत्ताएँ नहीं हैं, यदि दो हैं भी तो एक-दूसरे की पूरक हैं। डॉ0 विद्यानिवास मिश्र का यह कथन बड़ा ही सार्थक है कि 'एक प्रकार के साहित्यिक ब्रजभाषा आधुनिक हिन्दी की धरती हैं।' यह सत्य है कि आरम्भ में जब खड़ी बोली की कविता इतिवृत्तात्मकता की ओर अग्रसर हुई तो ब्रजभाषा की धरती ने ही उसे लचकीली बनने की शक्ति प्रदान की। उसके उक्ति-वैचित्र्य, सादृश्य विधान ने पन्त, प्रसाद, महादेवी और

निराला की काव्यभाषा को भी लोच प्रदान की। सन् 1824 में मेजर टॉमस डुएरब्रूटन ने 'सलेक्शन फ्रॉम दि पॉपुलर पोयट्री ऑव दि हिंदूज' नामक पुस्तक में निरक्षर सिपाहियों से लोकप्रिय पदों का संग्रह किया और उनका अंग्रेजी में अनुवाद किया। इस संग्रह में संकलित मुक्तक ब्रजभाषा के प्रसिद्ध कवियों द्वारा रचित हैं। इस संकलन में केशवदास के भी छन्द हैं। इससे यह बात प्रमाणित होती है कि मौखिक परम्परा से ब्रजभाषा के छन्द दूर दूर तक फैले और लोगों ने उन्हें चाव से कंठस्थ किया। इस अर्थ में साहित्यिक ब्रजभाषा आज की साहित्यिक हिन्दी की अपेक्षा अधिक भाग्यशालिनी है।

ब्रजभाषा की साहित्य-यात्रा अभी समाप्त नहीं हुई है। उसकी सम्भावनाएँ अपार हैं। आज के युग में अनेक असुविधाओं के होते हुए भी उसके कवियों में मंगलमय भविष्य की ललक है।

■■■

कवि परिचय

भारतेन्दु हरिश्चन्द्र

भारतेन्दु जी का जन्म संवत् 1907 में तथा देहावसान संवत् 1941 में काशी में हुआ था। वे हिन्दी साहित्य में नवीन जागरण के अग्रदूत के रूप में आये। इतिहासविदों ने भारतेंदु हरिश्चन्द्र के रचनाकाल को हिन्दी साहित्य की नयी धारा अथवा प्रथम उत्थान के नाम से अभिहित किया है। भारतेन्दु जी हिन्दी साहित्य में गद्य और काव्य दोनों के ही उन्नायक, प्रवर्त्तक और मूर्धन्य स्रष्टा थे।

भारतेन्दु जी ही ऐसे प्रथम व्यक्ति थे जिन्होंने बँगला में नये ढंग के, नवीन वस्तु विषय वाले सामाजिक, ऐतिहासिक, पौराणिक नाटक एवं उपन्यास देखे और उस प्रकार की रचनाओं का हिन्दी में अभाव अनुभव किया। इस अभाव की पूर्ति के लिए उन्होंने अनुवाद भी किये, बहुत बड़ी संख्या में मौलिक कृतियाँ भी दीं तथा 'कविवचनसुधा' नाम की एक पत्रिका निकाली जिसमें प्राचीन ढंग की कवितायें तथा नये ढंग के लेख रहते थे। इसके उपरान्त उन्होंने 'हरिश्चन्द्र मैगजीन' नाम की पत्रिका निकाली, जिसका नाम कुछ समय बाद बदलकर 'हरिश्चन्द्र चन्द्रिका' हो गया। नयी, सुधरी हुई और मानक हिन्दी का प्रारम्भ इसी पत्रिका से हुआ था। भारतेन्दु जी के आविर्भाव के साथ ही नये लेखक भी तैयार होने लगे।

भारतेन्दु जी ने जिस प्रकार हिन्दी गद्य की भाषा का परिष्कार किया उसी प्रकार काव्य की ब्रजभाषा का भी। प्राकृत और अपभ्रंश-काल से चले आते हुए शब्द ब्रजभाषा-काव्य में अब भी प्रचलित थे और काव्य की भाषा लोकभाषा से दूर होती जा रही थी। शब्दों की तोड़-मरोड़ और गढ़न्त की चरम सीमा पर पहुंच गयी थी। भारतेन्दु जी ने इस दोष को दूर कर भाषा को लोकभाषा से संपृक्त किया जिससे उनकी काव्यभाषा की रसमयता में वृद्धि हुई। भारतेन्दु जी की सम्पूर्ण काव्य-कृतियों की संख्या सत्तर है जिनमें से ब्रजभाषा की प्रमुख काव्यकृतियों के नाम और परिचय इस प्रकार हैं :-

(1) **प्रेम मालिका-** इसमें 100 पद हैं। इसका विषय कृष्णलीला एवं दैन्य भाव की भक्ति है। इसमें संगीत तत्त्व की प्रधानता है।

(2) **कार्त्तिक स्नान-** इसमें 25 पद हैं तथा लगभग इतने ही छन्द और हैं जिनमें

दोहे, सोरठे तथा सवैये हैं। इनका विषय कार्त्तिक मास में स्नान से पूर्व राधा-कृष्ण का जयगान है।

(3) **प्रेमाश्रु वर्षण**- इसमें 46 पद हैं। राधा-कृष्ण की प्रेम-क्रीड़ा और संयोग-वियोग का वर्णन है।

(4) **प्रेम तरंग**- इस कृति में ब्रज की लावनियाँ मिलती हैं जिनमें प्रेम का सुन्दर वर्णन है।

(5) **प्रेम प्रलाप**- इसमें 76 पद हैं। प्रेम की विभिन्न भाव स्थितियों और दैन्यभाव की भक्ति का वर्णन है।

(6) **होली**- इस कृति में 79 पद हैं। राधा-कृष्ण के होली मनाने का वर्णन है।

(7) **मधु मुकुल**- इसमें अन्य भाषाओं के साथ ब्रजभाषा की लावनियाँ भी हैं। होली खेलने का वर्णन है।

(8) **राग संग्रह**- इसमें 141 पद हैं। कृष्ण-मंदिरों में गाये जाने वाले राग-रागनियों में निबद्ध लीला-सम्बन्धी पद हैं।

(9) **वर्षा विनोद**- यह 130 पदों का संग्रह है। कजली, बारहमासा, बधाई आदि विभिन्न विषय लिये गये हैं।

(10) **विनय प्रेम पचासा**- इस कृति में 50 पद हैं जो विनय एवं दैन्य भाव के हैं।

(11) **प्रेम फुलवारी**- इसमें 93 पद हैं। पाँच भागों में श्री राधिका जी की स्तुति की गयी है।

(12) **कृष्णचरित्**- इस कृति में 52 पदों में श्री कृष्ण की विविध लीलाओं और क्रीड़ाओं का सरस वर्णन है।

इतिहासकारों की मान्यता है कि भारतेन्दु जी के पूर्व हिन्दी काव्य अधोगति को पहुँच गया था। इसके दो रूप थे- पहला वह काव्य जो सन्तों की कुटिया से निकल कर राजाओं और रईसों के दरबारों में पहुँच गया था और दूसरा वह, जहाँ विभिन्न सम्प्रदायों की बहुतायत के कारण साम्प्रदायिक व्याख्याओं का बोलबाला था। इस अधोगति से काव्य के उद्धार का श्रेय भारतेन्दु जी को ही विद्वानों ने दिया है। भारतेन्दु हरिश्चन्द्र ने काव्य को दरबारीपन से निकाल कर उसे लोक-जीवन से जोड़ने का युगान्तकारी कार्य किया। वस्तुतः भारतेन्दु हरिश्चन्द्र की रचनायें नवीन युग का मार्ग खोलने वाली सिद्ध हुईं।

भारतेन्दु जी के व्यक्तित्व के प्रभाव से साहित्यकारों का एक उज्ज्वल मंडल गठित हो गया। इस मण्डल के साहित्यकारों में निम्नलिखित नाम गिनाये जा सकते

हैं- **1.** पं0 प्रतापनारायण मिश्र, **2.** श्री बालकृष्ण भट्ट, **3.** ठाकुर जगमोहन सिंह, **4.** बद्रीनारायण चौधरी, **5.** श्रीनिवास दास, **6.** सुधाकर द्विवेदी, **7.** राधारचरण गोस्वामी, **8.** राधाकृष्ण दास आदि।

भारतेन्दु जी की अनेक रचनाओं में जहाँ प्राचीन काव्यप्रवृत्तियों का दर्शन होता है वहीं नवीन काव्यधारा के प्रवर्त्तन का श्रेय भी उन्हीं को दिया जाता है। भारतेन्दु जी एवं उनके मण्डल के कवियों की रचनाओं में रीतिकालीन प्रवृत्तियों का महत्त्व क्रमशः कम होता गया, उनके स्थान पर सामाजिक एवं राष्ट्रीय महत्त्व के विषयों का प्रतिपादन होने लगा। भारतेन्दु जी एवं उनके युग के कवियों का काव्यफलक अत्यन्त विस्तृत है। समकालीन परिस्थितियों के प्रति जागरूकता इस युग के काव्य की प्रमुख विशेषता है।

भारतेन्दु जी की कविताओं में विषय-वैविध्य के दर्शन होते हैं। भक्ति, शृंगार, देश-प्रेम, सामाजिक परिवेश, प्रकृति-सौन्दर्य सभी उनके काव्य के विषय हैं। हिन्दी के उन्नायकों में होते हुए भी उन्होंने उर्दू शैली की कवितायें भी लिखी हैं, ब्रजभाषा के रससिद्ध कवि होते हुए भी खड़ीबोली को वे काव्यभाषा के रूप में अपनाते हुए दिखायी देते हैं। छन्दोबद्ध कविताओं के साथ-साथ उन्होंने गेय पद-शैली में भी कवितायें लिखी हैं।

भारतेन्दु जी राधा-कृष्ण के अनन्य भक्त थे, वे वल्लभ सम्प्रदाय में दीक्षित थे। उनके काव्य में सख्य और विनय भाव की भक्ति मिलती है। साम्प्रदायिक संकीर्णता उनमें नहीं है, धार्मिक भेदभाव रखने वालों की भर्त्सना करते हुए उन्होंने लिखा है-

''अपुनो अपुनो मत लै
सब झगरत ज्यों भठिहारे।''

भारतेन्दु जी समाज-सुधार और नवजागरण के अग्रदूत थे। समाज और देश की दुरवस्था को देखकर उनकी वाणी करुणा से भीग उठी है, अपनी पीड़ा को उन्होंने इन शब्दों में व्यक्त किया है-

''रोवहु सब मिलि, आवहु भारत भाई,
हा ! हा ! भारत-दुर्दशा न देखी जाई।''

प्राकृतिक सौन्दर्य का चित्रण भारतेन्दु जी की अनेक कृतियों में प्राप्त होता है। हास्य और व्यंग्य भी प्रचुर मात्रा में मिलता है। विशुद्ध शृंगार-भावना भी अनेक कृतियों जैसे 'प्रेम सरोवर', 'प्रेमाश्रु', 'प्रेम-तरंग', 'प्रेममाधुरी' में व्यक्त हुई है।

भारतेन्दु जी ने नायिका के सौन्दर्य का आख्यान किया है, किन्तु, स्थूल शारीरिकता और अश्लीलता को कहीं स्थान नहीं मिला है। उनके काव्य में प्रणयभावना गम्भीर एवं उत्कृष्ट रूप में प्रस्तुत हुई है। प्रेम के उच्च आदर्श की स्थापना उन्होंने इस प्रकार की है-

''जिहि लहि फिर कछु लहन को आस न चित में होय
जयति जगत पावन करन प्रेम बरन वह दोय।।''

× × ×

एकांगी बिनु कारने इक रस सदा समान।
पियहि गनै सर्वस्व जो सोई प्रेम प्रमान।।

भारतेन्दु जी ने मुख्य रूप से कवित्त, सवैया, दोहा छन्दों का प्रयोग किया है। भावात्मकता, संगीतात्मकता, कोमलता उनके काव्य के गुण हैं। काव्यभाषा को उन्होंने एक नवीनता और ताजगी दी।

भारतेन्दु जी की सबसे बड़ी देन यह है कि उनके पूर्व की वैयक्तिक शृंगारमयी काव्यधारा, राष्ट्र को उद्‌बोधन देने वाली लोकमंगलकारिणी धारा के रूप में परिणत हो प्रवहमान हुई, साथ ही उसमें सौन्दर्यवादी जीवन दृष्टि का उन्मेष भी मिलता है। रीतिकाव्य की दृष्टि से वे मुख्यतया धनानन्द, ठाकुर, बोधा आदि कवियों की परम्परा का प्रतिनिधित्व करते हैं, यों उनकी रचनाओं पर देव, बिहारी, पद्‌माकर, द्विजदेव आदि का भो गहरा प्रभाव है। उनके कवि-हृदय में वैष्णव भक्ति-भावना और रीतिकाल की शृंगारिक प्रेमानुभूति दोनों का संगम था और इसी ने उनकी ब्रजभाषा कविता को विशिष्ट गरिमा प्रदान की।

जगन्नाथदास 'रत्नाकर'

श्री जगन्नाथदास 'रत्नाकर' का जन्म काशी में सन् 1866 ई0 में तथा गोलोकवास सन् 1932 ई0 में हुआ।

रत्नाकर जी के पिता का नाम श्री पुरुषोत्तमदास था। पुरुषोत्तमदास जी साहित्यिक रुचि के व्यक्ति थे, अच्छे कवियों का उनके यहाँ जमघट लगा रहता था। वे स्वयं फारसी के उद्भट विद्वान थे तथा हिन्दी कविता पर भी उनकी श्रद्धा थी। अपने पिता के प्रभाव से ही रत्नाकर जी में कविता के प्रति प्रेम उदय हुआ।

बाल्यावस्था से ही रत्नाकर जी में काव्य प्रतिभा के अंकुर दिखायी देने लगे थे। पिता के मित्रों और अतिथियों की साहित्यिक गोष्ठियों में बालक रत्नाकर भी बैठा करते थे और कभी-कभी कुछ बोल भी उठते थे। भारतेन्दु हरिश्चन्द्र पुरुषोत्तमदास जी के मित्र और सम्बन्धी थे और प्राय: उनके यहाँ जाया करते थे। एक बार बालक रत्नाकर की किसी उक्ति पर प्रसन्न होकर उन्होंने भविष्यवाणी की कि, "यह लड़का अच्छा कवि होगा।" उनकी भविष्यवाणी पूरी तरह सत्य सिद्ध हुई। रत्नाकर जी के काव्य-लेखन ने उन्हें युगपुरुष के रूप में स्थापित किया। वे ब्रजभाषा के रससिद्ध कवि हुए। उन्हें आधुनिक ब्रजभाषा-काव्य का सर्वश्रेष्ठ कवि माना जाता है।

रत्नाकर जी की प्राचीन धर्म, संस्कृति और साहित्य में गहरी आस्था थी। रत्नाकर जी उर्दू और फारसी के भी विद्वान थे, इनके उस्ताद मिर्जा मुहम्मद हसन फायज़ थे। प्रारम्भ में इन्होंने उर्दू-फारसी में कवितायें भी लिखीं, उस समय उन्होंने अपना नाम तखल्लुस 'जकी' रखा था। कालान्तर में वे ब्रजभाषा में काव्य-रचना करने लगे।

रत्नाकर जी ने 'साहित्य सुधानिधि' तथा 'सरस्वती' जैसी प्रतिष्ठित पत्रिकाओं का सम्पादन किया। 'काशी नागरी प्रचारिणी सभा' की स्थापना इनके समय में हुई। इस 'सभा' के प्रति इनका हर प्रकार से योगदान रहा। उन्होंने 'सभा' को आर्थिक योगदान दिया। उसके लिए 'रत्नाकर पुरस्कार' की व्यवस्था की। कहा जाता है कि जब वे 'गंगावतरण' की रचना कर रहे थे तब उसकी रचना से प्रसन्न

होकर अयोध्या की महारानी ने उन्हें एक हजार रुपये का पारितोषिक प्रदान किया था। रत्नाकर जी ने वह पारितोषिक स्वयं न लेकर, वह धनराशि 'काशी नागरी प्रचारिणी सभा' को दे दी जिससे उसके ब्याज से ब्रजभाषा के सर्वोत्तम काव्यग्रन्थ पर पारितोषिक दिया जा सके। उन्होंने 'काशी नागरी प्रचारिणी सभा' को अपना पुस्तक-संग्रहालय भी प्रदान कर दिया था।

रत्नाकर जी 'रसिक-मण्डल' नामक कवि-समाज का संचालन भी किया करते थे। चौथी ओरियण्टल कॉन्फ्रेन्स में उन्हें हिन्दी वर्ग का सभापति बनने का गौरव प्राप्त हुआ।

रत्नाकर जी एक अच्छे वैयाकरण, भाष्यकार, भाषातत्त्वविद् और शोधकर्त्ता भी थे। प्राकृत का अच्छा अभ्यास होने के कारण शिलालेख पढ़ने और तत्सम्बन्धी शोध करने में वे विशेष रुचि लेते थे। उन्होंने 'सूरसागर' का सम्पादन किया, जिसमें पद-प्रयोगों और विभक्ति चिह्नों के सम्बन्ध में नियम बनाये। इससे सिद्ध होता है कि बड़े वैयाकरण की भाँति उनका भाषा पर अधिकार था। 'बिहारी रत्नाकर' के नाम से उन्होंने बिहारी के काव्य की प्रामाणिक टीका लिखी। इसके अतिरिक्त चन्द्रशेखर के 'हमीरहठ', कृपाराम की 'हिततरंगिणी' और दूलह कवि के 'कण्ठाभरण' का सम्पादन भी किया।

रत्नाकर जी कवि सम्मेलनों का आयोजन करने और उनमें सम्मिलित होने में बड़ा उत्साह दिखाते थे। इस प्रकार स्पष्ट है कि उनका जीवन एक अत्यन्त कर्मठ व्यक्ति का रहा।

रत्नाकर जी की काव्यकृतियाँ निम्नलिखित हैं-

1. हिंडोला, **2.** समालोचनादर्श, **3.** हरिश्चन्द्र, **4.** कलकाशी, **5.** उद्धव शतक, **6.** गंगावतरण, **7.** शृंगारलहरी, **8.** गंगाविष्णु लहरी, **9.** रत्नाष्टक, **10.** वीराष्टक, **11.** प्रकीर्ण पद्यावली।

रत्नाकर जी की सभी कृतियाँ सरस और सुन्दर हैं, किन्तु 'गंगावतरण' एवं 'उद्धवशतक' काव्य-प्रेमियों में अधिक लोकप्रिय हुईं। 'गंगावतरण' पुराणों के सम्यक् अनुशीलन के आधार पर लिखा गया है। इसमें कथा के मर्मस्पर्शी स्थलों को कवि ने पहचाना है और उनका सरस वर्णन किया है। 'गंगावतरण' की कथा पौराणिक होने के कारण अलौकिक चित्रों से युक्त है। उन्होंने गंगा के अवतार की विशद, ओजपूर्ण और रहस्यमयी वर्णना की है। गंगा का पृथ्वी पर आना सबसे ओजपूर्ण और चमत्कारी है। गंगा के हिमालय से मैदान की ओर बढ़ने के दृश्यों में

प्रकृति की सुन्दरता का चित्रण हुआ है। प्रकृति-चित्रण की दृष्टि से 'हिंडोला' और 'हरिश्चन्द्र' का भी उल्लेख किया जा सकता है। उक्त दोनों काव्यों में कतिपय स्थलों पर प्रकृति का सुन्दर चित्रण हुआ है। उन्होंने कुछ फुटकल पदों में भी ऋतु-सम्बन्धी अष्टक लिखे हैं।

'उद्धवशतक' रत्नाकर जी की प्रौढ़ एवं मर्मस्पर्शी रचना है। यह उनकी सर्वश्रेष्ठ कृति कही जा सकती है। यह काव्य आधुनिक युग के सर्गहीन खण्डकाव्यों की परम्परा में आता है। सम्पूर्ण काव्य 118 कवित्तों में रचा गया है। इसे भ्रमरगीत की परम्परा में गिना जाता है। रत्नाकर जी की गोपियों में, सूर की गोपियों के समान भावुकता और नन्ददास की गोपियों के समान तार्किकता, दोनों ही दिखायी पड़ती है। आलोचकों ने 'उद्धवशतक' में प्राप्त उक्ति-वैचित्र्य की बड़ी प्रशंसा की है और इसकी भाषा को पुराने कवियों की भाषा से भी अधिक चुस्त और गठी हुई माना है। इस काव्य में भावों की मौलिकता और उक्तियों की नवीनता पाठक को अपूर्व आनन्द देती है। 'उद्धवशतक' की अनेक उक्तियाँ सूरदास, नन्ददास आदि की उक्तियों से मिलती-जुलती हैं, किन्तु, उनमें उनकी निजता अवश्य दिखायी देती है।

रत्नाकर जी ने अपनी मुक्तक रचनाओं में पौराणिक विषयों से लेकर देशभक्ति आदि के आधुनिक विषयों तक की व्यंजना की है।

भाषा पर रत्नाकर जी का अधिकार व्यापक और निर्विकल्प था। प्रारम्भिक रचनाओं की ब्रजभाषा में सौष्ठव है, प्रौढ़ कृतियों में भाषा-पाण्डित्य भी झलकता है। संस्कृत पदावली को बड़े अधिकार के साथ ब्रज में गूँथ दिया गया है। छन्दों की कारीगरी और संगीतात्मकता में रत्नाकर जी के कवित्त बेजोड़ हैं। श्यामसुन्दर दास जी ने लिखा है- "भक्तों की अपेक्षा रत्नाकर कम रसमय, किन्तु, अधिक सूक्तिप्रिय हैं- रीति-कवियों की अपेक्षा वे साधारणतः अधिक भावनावान्, अधिक शुद्ध और गहन संगीत के अभ्यासी हैं। हम कह सकते हैं कि भक्तों और शृंगारियों के बीच की कड़ी रत्नाकर के रूप में प्रकट हुई थी।"

रत्नाकर जी के काव्य में आलंकारिक शोभा दृष्टिगत होती है, किन्तु, रीतिकालीन अलंकारवादियों की तरह उनके काव्य में बौद्धिक व्यायाम दृष्टिगत नहीं होता, अपितु वह सहजता जो आन्तरिक प्रेरणा से आती है सर्वत्र दिखायी देती है।

रत्नाकर जी की कृतियों के अनुशीलन से ज्ञात होता है कि उनकी काव्य-साधना का रूप मध्ययुगीन काव्य-साधना का है जिसके लिए उन्हें उपयुक्त वातावरण भी

मिला, तथापि आधुनिकता का संस्पर्श और समकालीन प्रभाव भी उनकी रचनाओं में पाया जाता है।

आचार्य श्यामसुन्दरदास ने रत्नाकर जी को 'क्लैसिक' कवि कहा है- "रत्नाकर जी तो मध्ययुग की मनोवृत्ति लेकर मध्ययुग के ही वातावरण में निवास करते थे। आधुनिकता के प्रति उनकी कोई विशेष रुचि न थी। मध्ययुग हिन्दी का सुवर्ण युग था और रत्नाकर जी उसी में रमे हुए थे। उनकी भाषा और उनके वर्ण्य-विषय सब तत्कालीन ही हुए। उनके आचार-व्यवहार तक में उसी समय की मुद्रा थी। उस युग की कल्पना को वास्तविक बनाकर रत्नाकर जी उसमें पूरे प्रसन्न भाव से रहते थे। अँग्रेजी में ऐसे लेखकों और कवियों को 'क्लैसिक' कहने की चाल है जो स्वभावतः अपने भावों, पात्रों और भाषा आदि को प्राचीन यूनान और रोम की साहित्य शैली में ढालते और वहीं से अपनी साहित्यिक स्फूर्ति प्राप्त करते हैं- इस विचार से रत्नाकर जी सच्चे अर्थ में हिन्दी की 'क्लैसिक' कविता के अनुयायी और स्वयं अन्तिम 'क्लैसिक' हो गए हैं।"

निस्संदेह 'रत्नाकर' ब्रजभाषा के अन्तिम महान् कवि थे। उन्होंने कुछ अंशों में ब्रजभाषा का स्थिरीकरण और परिमार्जन भी किया। खड़ीबोली के विकासशील युग में भी वे ब्रजभाषा में ही काव्यरचना करते रहे, इससे ब्रजभाषा के प्रति उनका स्वाभाविक मोह और उसे समृद्ध करने का सत्संकल्प दोनों स्पष्ट हो जाते हैं। वे आधुनिक ब्रजभाषा-काव्य के प्रतीक थे।

■

गयाप्रसाद शुक्ल 'सनेही'

द्विवेदी युग के मूर्धन्य कवि आचार्य पं0 गयाप्रसाद शुक्ल 'सनेही' का जन्म उन्नाव जिला के हड़हा ग्राम में 21 अक्तूबर, 1883 ई0 को हुआ था। इनका देहावसान 21 मई, सन् 1972 ई0 को हुआ। सनेही जी ने सन् 1887 में उर्दू, मिडिल परीक्षा उत्तीर्ण की तथा वे सन् 1900 में उन्नाव में अध्यापक के पद पर कार्य करने लगे।

श्री गयाप्रसाद शुक्ल ने अनेक उपनामों से कविता की है। वे 'त्रिशूल' और 'तरंगी' के नाम से राष्ट्रीय कवितायें लिखते थे और 'सनेही' उपनाम से शृंगार-रस की रचनाएँ करते थे। 'लहरी लहरपुरी' के नाम से हास्य रचनाएँ भी उन्होंने लिखीं। सनेही जी ने लाला गिरिधारी लाल से फारसी और हिन्दी का काव्यशास्त्र विधिवत् पढ़ा। यद्यपि सनेही जी की शिक्षा-दीक्षा विश्वविद्यालय-स्तर पर नहीं हुई और उन्होंने किसी संस्कृत विद्यालय में व्याकरण तथा साहित्य-ग्रन्थों का विधिवत् पारायण भी नहीं किया, किन्तु, काव्य के क्षेत्र में वे युग-पुरुष के रूप में अवतरित हुए।

सनेही जी के काव्यग्रन्थ- (1) कुसुमांजलि, (2) कृषक क्रन्दन, (3) त्रिशूल तरंग, (4) राष्ट्रीय मन्त्र, (5) संजीवनी, (6) राष्ट्रीय वीणा, (7) कलामे त्रिशूल तथा (8) करुणा कादम्बिनी हैं।

सनेही जी हिन्दी के घनाक्षरी, मनहरण और सवैया छन्दों के अद्भुत कलाकार हैं। उन्होंने ब्रजभाषा की इस कवित्त-सवैया शैली को नये ढंग से खड़ी बोली में सँवारा। समस्यापूर्ति को आधार मानकर उन्होंने नये-नये भावों को आधुनिकता की परिधि में बाँधकर कवित्त और सवैया छन्दों को एक नया संस्कार दिया। 'कलामे त्रिशूल' में उनकी उर्दू की कविताएँ हैं।

सनेही जी यद्यपि खड़ीबोली के कवि हैं, किन्तु, भाषा और भाव-व्यञ्जना की दृष्टि से वे रीतिकालीन प्रभाव से अछूते नहीं हैं। उनकी कविता में एक ओर शृंगार की सरस अभिव्यक्ति हुई है, दूसरी ओर वीरत्व की प्रभावशाली व्यञ्जना भी मिलती है। सनेही जी ने छायावादी शैली में भी कुछ रचनाएँ कीं। इनके अतिरिक्त

गजल तथा गीत भी लिखे किन्तु छन्द-विधान की दृष्टि से उन्होंने खड़ीबोली काव्य में कवित्त-सवैया को ही विशेष महत्त्व दिया।

सनेही जी का साहित्य राष्ट्रीय भावनाओं से ओत-प्रोत है। वे प्रणय और प्रलय के कवि ही नहीं थे, शान्ति के गायक भी थे।

काव्य-सृष्टि के सन्दर्भ में सनेही जी का दूसरा पक्ष आचार्यत्व का है। काव्य भाषा के विषय में सनेही जी का दृष्टिकोण बहुत उदार था। उन्होंने अपनी रचनाओं में ब्रज, खड़ीबोली तथा उर्दू को समान रूप से समाहित किया। उनकी शृंगार प्रधान रचनाएँ प्राय: ब्रजभाषा में हैं तथा राष्ट्रीय रचनाओं में मूलत: खड़ीबोली का प्रयोग किया गया है। कुछ आलोचकों का विचार है कि हिन्दी गद्य की भाषा का निर्माण आचार्य पं0 महावीरप्रसाद द्विवेदी ने किया तो आधुनिक खड़ीबोली पद्य की भाषा का स्वरूप आचार्य 'सनेही' जी ने गढ़ा।

आचार्य सनेही ने साहित्य जगत् की नवोदित प्रतिभाओं को प्रोत्साहित किया और उनकी प्रेरणा से बहुत से कवि सारस्वत साधना में संलग्न हुए। उन्होंने सन् 1928 ई0 में 'सुकवि' नामक मासिक पत्र निकाला था जो सन् 1951 ई0 तक बराबर निकलता रहा। इसमें कविता के विषय में निबन्ध होते थे और स्फुट कवितायें होती थीं। 'सुकवि' की सबसे बड़ी विशेषता यह थी कि उसमें समस्यापूर्ति के सौ-पचास छन्द अवश्य छपते थे। सनेही जी अपने सम्पर्क में आने वाले कवियों की कविताओं का संशोधन करते थे, उनकी कविताओं को सँवार-सुधार कर 'सुकवि' में छापा करते थे। वे कवि गोष्ठियों के द्वारा युवकों को प्रोत्साहन देकर काव्य के मार्ग पर आगे बढ़ाते थे। दिनकर जी ने उनके लिए कहा है कि, ''संग्रहों के भीतर से नहीं जीकर सनेही जी ने अपने शिष्यों के भीतर से जीने का रास्ता पसन्द किया।'' सनेही जी ने अपनी शिष्य-मण्डली और मित्र-मण्डली की गोष्ठियों में भाषा के मुहावरों तथा कल्पना की बारीकियों को निखारने के लिए मार्ग-दर्शन किया। सनेही जी की कर्म भूमि सदैव कानपुर रही इसीलिए कानपुर, उन्नाव, लखनऊ के अनेक प्रतिभावान कवि उनके प्रयत्नों के फलस्वरूप सामने आये और 'सनेही मण्डल' नामक एक कवि समुदाय एकत्र हो गया। अनूप शर्मा, जगदम्बा प्रसाद 'हितैषी', नत्थाप्रसाद, 'मिलिन्द', हरिजू, प्रणयेश, करुणेश, निशंक आदि कवियों ने सनेही जी की काव्य-परम्परा में योगदान किया और कविता का एक नया प्रवाह फूट निकला।

सनेही जी सच्चे अर्थों में जनकवि थे। उन्होंने एक युग तक 'सुकवि' के सम्पादन द्वारा कविता की जनरुचि को जगाने और परिष्कृत करने का अथक प्रयास किया। आचार्य महावीरप्रसाद द्विवेदी ने भाषा के संस्कार का जो कार्य हिन्दी गद्य

तथा पद्य के क्षेत्र में किया, वही कार्य सनेही जी ने ब्रजभाषा और खड़ी बोली के स्वीकृत प्रचलित छन्दों में लिखी जाने वाली परम्परानुमोदित कविता के सृजन में किया। वे ब्रजभाषा और खड़ीबोली के संगम थे। उर्दू भाषा पर उनका असाधारण अधिकार था। वे कवि-सर्जक आचार्य थे।

सनेही जी ने द्विवेदी युग की राष्ट्रीय काव्यधारा की अगुआई की। आजादी की लड़ाई के समय उन्होंने डटकर कवितायें लिखीं। उन्होंने सारा जीवन साहित्य सेवा में लगा दिया और उसके लिए किसी शुल्क की कामना नहीं की। वे 'सनेही से त्रिशूल' बने और उन्होंने धुँआधार कवितायें लिखकर राष्ट्रीय सन्देश को जन-जन तक पहुँचाया। इस कार्य के लिए उन्होंने भाषा का सरल, सहज और सुबोध रूप अपनाया। प्रचलित शब्दों और मुहावरों का खड़ीबोली में प्रयोग कर नयी पीढ़ी का मार्ग उन्होंने प्रशस्त किया। कानपुर के 'वर्तमान', आगरा के 'सैनिक' तथा गोरखपुर के 'स्वदेश' नामक समाचारपत्रों के मुख्य पृष्ठ पर उनकी पंक्तियाँ छपती थीं।

सनेही जी राष्ट्रीयता के साथ समाज सुधार, अन्धविश्वासों पर प्रहार, विषमता के विनाश तथा प्रगति-विकास के लिए भी प्रयत्नशील रहे, किन्तु, वे किसी राजनीतिक सिद्धान्त के प्रतिपादक नहीं थे। उनके हृदय में मानव के प्रति सहज करुणा थी। वे स्वयं कृषक थे और किसान-मजदूर की पीड़ा से परिचित थे। सनेही जी की राष्ट्रीयता और भाषा नीति प्रारम्भ से ही साम्प्रदायिक संकीर्णता से ऊपर रही है। भाषा की दृष्टि से 'सनेही' हिन्दी के और 'त्रिशूल' उर्दू या हिन्दुस्तानी के कवि कहे जाते हैं।

सनेही जी की काव्य शैली सरस और मार्मिक है। अलंकारों का बाहुल्य उनके काव्य में नहीं मिलता। काव्य में शब्द-सौन्दर्य ही अलंकारों का कार्य करता प्रतीत होता है। मुहावरों का प्रयोग से भाषा में सजीवता और प्रभावात्मकता आ गयी है। उनकी भाषा में साहित्य, ओज और प्रवाह मिलता है, यथास्थान सहज, स्वाभाविक अलंकारों का प्रयोग भी मिलता है। सनेही जी छन्दशास्त्र के पण्डित थे। उनके काव्य में अनुकूल एवं प्रासंगिक छन्दों का प्रयोग मिलता है जिससे छन्द-सौष्ठव में अभिवृद्धि हुई है। उन्होंने घनाक्षरी छन्दों का प्रयोग अधिकारपूर्वक किया है और यद्यपि उन्हें कवित्त-सवैया शैली के कवि के रूप में अधिक प्रसिद्धि मिली, किन्तु उन्होंने अपने समय में प्रचलित समस्त छन्दों और शैलियों का प्रयोग किया। उनके काव्य में जो सहजता, रसमयता तथा सजीवता विद्यमान है उसी के कारण के कवि सम्राट् कहे जाते हैं।

■

जगदीश गुप्त

डॉ0 जगदीश गुप्त का व्यक्तित्त्व एवं कृतित्व अनेक कारणों से विविधा आयामी है। वे एक साथ सिद्धकवि, कुशल चित्रकार, प्रथित पुरातत्त्ववेत्ता, सुधी समीक्षक तथा आकाशधर्मी प्राध्यापक थे। वे 'अर्थ में लय तत्त्व' के उद्‌भावक थे। वास्तव में यह लयबद्धता उनके व्यक्तित्त्व तथा कृतित्व में गहराई से अनुस्यूत थी। आधुनिकता एवं परम्परा के वे सुदृढ़ सेतु थे। एक ओर उन्होंने नयी कविता का प्रवर्त्तन किया तो दूसरी ओर मध्यकालीन काव्य की गम्भीर गवेषणा की तथा ब्रजभाषा काव्य का प्रणयन भी किया।

डॉ0 जगदीश गुप्त की भारतीय संस्कृति एवं जीवन मूल्यों के प्रति अविचल आस्था थी। इस दृष्टि से वे कई बार नए कवियों से पृथक् किन्तु अग्रणी सिद्ध होते हैं। रूढ़ियों का वे पुरजोर विरोध करते थे किन्तु अपनी स्वस्थ परम्पराओं का सुदृढ़ समर्थन करते हुए 'स्वधर्मे निधनं श्रेय:' को विशेष महत्त्व देते थे। गुप्त जी का दृष्टिकोण सर्वथा मानवतावादी है। रामकथा के उपेक्षित पात्रों-जयंत तथा शान्ता पर प्रथमबार डॉ0 गुप्त ने काव्य-रचना की। इसी प्रकार शम्बूक और 'गोपा-गौतम' में उनकी अपनी मान्यता विशेष गवेषणा के साथ स्थापित हुई है। उनकी दी हुई-कवि परिभाषा- 'कवि वही जो अकथनीय कहे' उन पर पूर्ण घटित होती है।

डॉ0 गुप्त का जन्म 3 अगस्त, 1924 ई0 को शाहाबाद, जनपद हरदोई, उ0 प्र0 में हुआ था। शैशवावस्था में डॉ0 गुप्त अपने पूज्य पिता श्री शिवप्रसाद गुप्त की स्नेहिल छाया से सदा के लिए वंचित हो गए। माँ रामादेवी ने ही पिता का दायित्व संभाला। उनकी माँ ईश्वर में आस्था रखने वाली वत्सलमयी तथा सरलहृदया थीं। उनका परिवार सम्पन्न था तथा परिवार के सदस्यों की इच्छा थी डॉ0 गुप्त विस्तीर्ण तथा सुसम्पन्न परिवार का आधिपत्य ग्रहण करें, किन्तु उनकी माँ विद्या को ही सर्वश्रेष्ठ सम्पत्ति मानती थीं। अत: उन्होंने बालक गुप्त को शिक्षा देने का निर्णय लिया। गुप्तजी ने अपनी माँ की इच्छा के अनुरूप ही सर्वोच्च शिक्षा प्राप्त कर साहित्य एवं कला जगत् में स्पृहणीय कीर्ति भी अर्जित की। ब्रजभाषा का संस्कार भी उन्हें अपनी माँ से मिला था। डॉ0 गुप्त के व्यक्तित्व- कृतित्व के निर्माण में उनकी माँ की भूमिका सर्वत्र परिलक्षित होती है। डॉ0 गुप्तजी की पत्नी सौभाग्यवती गुप्त ने गृहस्थी के गुरुतर दायित्व को वहन करते हुए डॉ0 साहब को साहित्य और कला के क्षेत्र में निश्चिन्तता से कार्य करने हेतु सदा सुअवसर प्रदान किया। श्रीमती गुप्त ने उनको घर-गृहस्थी के जंजाल में कभी उलझने नहीं दिया। इस प्रकार डॉ0 गुप्त की सफलता में उनकी भूमिका भी महत्त्वपूर्ण है। डॉ0 गुप्त के साहित्य, कला और पुरातत्त्व सम्बन्धी रिक्थ को उनकी पुत्रियाँ श्रीमती गीता, श्रीमती चित्रा एवं

श्रीमती क्षमा और पुत्र श्री विभु, डॉ0 अभिनव एवं श्री स्वस्तिक व्यवस्थित कर रहे हैं।

डॉ0 गुप्त की प्रारम्भिक शिक्षा हरदोई की पाठशाला में हुई। माध्यमिक शिक्षा देहरादून तथा कानपुर में सम्पन्न हुई। उन्होंने इलाहाबाद विश्वविद्यालय से एम0 ए0, डी0फिल्0 की उपाधि तथा चित्रकला एवं संस्कृत में डिप्लोमा प्राप्त किया। हिन्दी साहित्य सम्मेलन प्रयाग ने उन्हें 'साहित्य वाचस्पति' की उपाधि से सम्मानित किया। 1950 ई0 से इलाहाबाद विश्वविद्यालय के हिन्दी विभाग में अध्यापन कार्य प्रारम्भ किया तथा कई वर्षों तक अध्यक्ष पद पर रहकर सन् 1986-87 में अवकाश प्राप्त किया।

डॉ0 गुप्त अनेक महत्त्वपूर्ण पदों पर कार्यरत रहे। वे अनेक वर्षों तक भारतीय हिन्दी परिषद् के प्रबंधमंत्री और उत्तर प्रदेश ललितकला अकादमी के सदस्य रहे। उन्होंने हिन्दुस्तानी एकेडमी इलाहाबाद के सचिव पद को भी सुशोभित किया। हिन्दी साहित्य जगत् में बहुत कम ऐसे रचनाकार हैं, जिन्होंने कविता तथा लेखन कार्य करते हुए चित्रकला, पुरातत्त्व तथा अन्य दायित्वों का सफलतापूर्वक निर्वहन किया हो। डॉ0 गुप्त को विभिन्न समितियों, संगठनों, प्रतिष्ठानों द्वारा अनेक पद प्रदान कर सम्मानित किया गया। उन्हें भारतीय ज्ञानपीठ पुरस्कार समिति की प्रवर-परिषद् का सदस्य मनोनीत-किया गया। डॉ0 गुप्त को उनके शोधग्रन्थ 'गुजराती और ब्रजभाषा कृष्णकाव्य का तुलनात्मक अध्ययन' पर ब्रज साहित्य मंडल, मथुरा द्वारा विशिष्ट साहित्य सम्मान एवं पुरस्कार प्रदान किया गया। यह शोधग्रन्थ भारतीय भाषाओं के तुलनात्मक अध्ययन की दिशा में प्रथम शोधकार्य था। डॉ0 गुप्त को उनके प्रसिद्ध ग्रन्थ 'प्रागैतिहासिक भारतीय चित्रकला' पर उत्तर प्रदेश हिन्दी संस्थान, लखनऊ द्वारा तथा साहित्य एकेडमी, मध्यप्रदेश द्वारा पुरस्कृत एवं सम्मानित किया गया।

डॉ0 गुप्त को उनकी ब्रजभाषा काव्यकृति 'छंदशती' पर उत्तर प्रदेश हिंन्दी संस्थान द्वारा सम्मानित किया गया। सन् 1998 मे 'भारत-भारती सम्मान से डॉ0 गुप्त को अलंकृत किया गया।

डॉ0 गुप्त की जिजीविषा अदम्य थी। सृजन की ललक ने उन्हें अन्त समय तक साहित्य से जोड़े रखा। अस्वस्थ रहते हुए भी वे विभिन्न समारोहों, साहित्यिक गोष्ठियों तथा कला संबंधी कार्यक्रमों में सक्रिय रहते थे। डॉ0 गुप्त का निधन 26 मई, 2001 को इलाहाबाद में हुआ।

डॉ0 गुप्त नयी कविता के साथ-साथ ब्रजभाषा में भी परम्परागत काव्य-सृजन करते रहे। उनकी लेखनी किसी एक विधा की कायल न थी। लेखनी कभी कविता के फार्म को संजोती थी तो कभी चित्रकला के रंगीन संसार में विचरण करती थी। एक ओर वे पुरातात्त्विक वस्तुओं की गवेषणा करते हैं तो दूसरी ओर

प्रसिद्ध विवेचक, कुशल अध्यापक और सफल सम्पादक के रूप में दृष्टिगत होते हैं। हिन्दी विभाग की हीरक जयंती के अवसर पर डॉ0 धीरेन्द्र वर्मा की स्मृति में हिन्दी की प्रकृति और विकास' पुस्तक का प्रकाशन किया तथा इसके संयोजन का दायित्व डॉ0 गुप्त को दिया गया।

डॉ0 गुप्त एक कुशल संपादक के रूप में सफल रहे हैं। नयी कविता को स्थापित करने में 'नयी कविता' पत्रिका का विशेष योगदान है। यह पत्रिका सन् 1954 में इलाहाबाद से प्रकाशित हुई जिसके संपादन का दायित्व डॉ0 जगदीश गुप्त ने निर्वहन किया। समकालीन कविता के नौ प्रतिनिधि कवियों की कुछ विशिष्ट कविताओं का संकलन 'नवधा' नाम से अज्ञेय और डॉ0 जगदीश गुप्त ने संपादित किया।

डॉ0 गुप्त अपने ग्रन्थ 'प्रागैतिहासिक भारतीय चित्रकला' द्वारा पुरातत्त्ववेत्ता के रूप में हमारे सम्मुख हैं। डॉ0 गुप्त ने भारत की प्रागैतिहासिक चित्रकला का सर्वांगीण विवेचन प्रस्तुत किया। कविता के साथ ही अपने अनुभवों, प्रकृति सौन्दर्य के दृश्यों को चित्रों के माध्यम से व्यक्त करने में गुप्त जी को अपेक्षाकृत अधिक सफलता मिली है। उन्होंने आधुनिक कला सम्बन्धी अनेक प्रयोग किये और साथ ही भारतीय सभ्यता एवं संस्कृति में व्याप्त सौन्दर्य को वैशिष्ट्य के साथ उद्घाटित किया।

डॉ0 गुप्त में यायावरी प्रवृत्ति प्रबल थी। उन्होंने अनेक स्थलों का भ्रमण किया और गुफाओं, टीलों तथा खण्डहरों में पुरातात्त्विक खोजें कीं। गुफाओं में चित्रित अनुकृतियों का अंकन कर 'प्रागैतिहासिक भारतीय चित्रकला' नामक पुस्तक में सम्पूर्ण विवरण के साथ प्रस्तुत किया। डॉ0 गुप्त एक अच्छे चित्रकार तो थे ही साथ ही कला को महत्त्व प्रदान करते हुए भारतीय चित्रकला के मूल तत्त्वों को उसकी जड़ों तक पहचानने के जिज्ञासु थे। डॉ0 गुप्त के चित्रों में सरलता; रंगों का सफल सामंजस्य और विविधता है। प्रकृति तथा मानव के सौन्दर्य को जीवन्त रूप में प्रस्तुत करने में गुप्त जी को सफलता प्राप्त हुई।

डॉ0 गुप्त का कृतित्व हिन्दी जगत् के लिए अनुपम उपहार है। गुप्त जी ने अनेक काव्य-संग्रहों, समीक्षात्मक पुस्तकों एवं पत्र-पत्रिकाओं का सम्पादन किया। सन् 1995 में उनका प्रथम काव्य संग्रह 'नाव के पाँव' प्रकाशित हुआ। डॉ0 गुप्त का कविता संग्रह 'शब्द-देश' सन् 1959 में प्रकाशित हुआ। इस संग्रह की कविताओं के अन्तर्गत् छयावाद से सम्बद्ध होकर उन्होंने प्रकृति की विविध छवियों को अपने कविता संग्रह 'हिम-विद्ध' (1964 ई0) में अंकित किया है।

'आदिम-एकान्त' (1970) तथा 'युग्म' (1973) के प्रकाशन के बाद डॉ0 गुप्त ने कुछ भिन्न भावों तथा अनुभूतियों को अभिव्यक्ति दी। इसी क्रम में उन्होंने अपने लघु काव्य 'शम्बूक' (1977) की सर्जना की।

प्रेमभावना तथा सौन्दर्यबोध से आपूरित कृति 'छंदशती' (1979) में प्रकाशित हुई। डॉ0 गुप्त कृत 'गोपा-गौतम' 1985 में दिल्ली से प्रकाशित हुई। 'गोपा-गौतम' डॉ0 गुप्त के स्वरचित रेखांकनों से युक्त है। उनमें आधुनिक भावबोध की गहरी दृष्टि मिलती है, जिसे उन्होंने मिथकों के द्वारा 'बोधिवृक्ष' (1985) में व्यक्त किया है।

डॉ0 जगदीश गुप्त जी 'माँ के लिए' काव्यकृति सन् 1987 में प्रकाशित हुई। यह डॉ0 गुप्त का माँ के निधन पर रचित एक मार्मिक शोकगीत है। माँ की कैंसर से हुई दर्दनायक मृत्यु ने कवि के अन्तःस्थल को झकझोर दिया और उनका यह दुःख प्रस्तुत शोकगीत के रूप में प्रस्फुटित हुआ। निश्चय ही महाकवि निराला की 'सरोजस्मृति' के पश्चात् हिन्दी जगत् को यह दूसरा महत्त्वपूर्ण शोकगीत प्राप्त हुआ है।

डॉ0 जगदीश गुप्त की 'साँझ' काव्यकृति सन् 1988 में प्रकाशित हुई तथा 'जयन्त' काव्यकृति का प्रकाशन् 1989 में हुआ। इसमें वाल्मीकि रामायण से जयन्त प्रसंग को ग्रहण करके उसे नयी अर्थवत्ता प्रदान करते हुए आज के युवा वर्ग की समस्या से जोड़ा गया है। सन् 1996 में प्रकाशित 'आक्रोश के पंजे' की कविताएँ वर्तमान समाज में व्याप्त कुंठा, घुटन, त्रास, तनाव, मरोड़, ध्वंस को प्रत्यक्षतः व्यक्त करती हैं। रीतिकाव्य संग्रह, केशवदास, नयीकविताः स्वरूप और समस्याएँ आदि उनकी समीक्षा कृतियाँ हैं।

छन्दशती- डॉ0 गुप्त की ब्रजभाषा काव्यकृति है। आधुनिक ब्रजभाषा की काव्य कृतियों में इसे विशिष्ट स्थान प्राप्त है। डॉ0 गुप्त ने 'परम्परा-स्वीकार' पूर्वक छंदशती का प्रणयन किया है। उनका स्पष्ट कथन-

पातिआहि कै कोउ नहीं पतिआहि,
मैं सम्पत्ति याहि परम्परा पायी।

(छन्दशती, पृ0 8)

इसी क्रम में उन्होंने ब्रजभाषा के रससिद्धि कवियों के प्रति विनत भाव व्यक्त किया है। जायसी, सूर, तुलसी, मीरा, केशव, मतिराम, भूषण, घनानंद, देव आदि की प्रशस्ति डॉ0 गुप्त ने छन्दशती में की है।

डॉ0 गुप्त का ब्रजभाषा कविता और नयी कविता- दोनों पर समान अधिकार था, फिर भी उनकी ब्रजभाषा कविता में भावप्रवणता एवं सहज आकर्षण का आधिक्य लक्षित होता है। छन्दशती रीतिकालीन काव्य का पिष्टपेषण नहीं है। कवि ने बड़ी सूक्ष्मता एवं कौशल से भावों को छन्दोबद्ध किया है। इसके वर्ण्यवस्तु में नवीनता और मौलिकता है। 'आँखें और आँसू' शीर्षक में आँखों तथा आँसुओं की विविध भंगिमाओं एवं भावनाओं का सुन्दर चित्रण है। 'रूप-रस', 'मृणालतन्तु' तथा 'अनुभूति के छोर' शीर्षक भी मौलिक उद्भावनाओं से युक्त हैं। 'घायल चाँदनी' शीर्षक के छन्द अत्यन्त संवेद्य एवं मानवीकरण से युक्त हैं। इसी सन्दर्भ में

अनेक नायिकाओं-प्रोषितपतिका, मुग्धा, मध्या, प्रौढ़ा, वासकसज्जा, शुक्लाभिसारिका, कृष्णाभिसारिका, मानवती, ज्ञातयौवना, अज्ञातयौवना आदि से सम्बन्धित छन्द हैं। किन्तु छन्दशती में श्रृंगार वर्णन मर्यादित एवं श्लील है। प्रकृति के माध्यम से मुग्धा नायिका के नवयौवनागम का वर्णन कितनी कुशलता से किया गया है-

नयी कोपलें फूटी निगाहन मैं
नये नेह सो नैन हठीले भये।
नये पौन के झूँकन मैं उघरी,
कबरीन के बंधन ठीले भये।
कसिकै अँगिया अँगरान लगी
अधरा कछु और रसीले भये।
कछु और कपोलन लाली लसी
कुछ और कटाक्ष कटीले भये।। **(छंदशती, छंद 79)**

'छंदशती' में अलंकारों का सहज प्रयोग हुआ है। अनुप्रास, यमक, श्लेष, उपमा, उत्प्रेक्षा, रूपक, सन्देह, भ्रांतिमान, अतिशयोक्ति, उल्लेख, मानवीकरण, वीप्सा, लोकोक्ति आदि अलंकार छंदशती में वर्णित भावों के सौन्दर्य-सम्वर्द्धक हैं। उल्लेख अलंकार के प्रयोग में कवि की अपनी उद्‌भावना कितनी मौलिक और मनोरम है-

कोऊ प्रभात के पंकज की पँखुरीन पै ओस के बिन्दु बतावै।
कोऊ कहै जुग सीपिन मैं, मुकुताहल की अवली छबि छावै।
बाल-बिलोचन में अँसुवा, लखि, मेरे हिए कछु औरइ आवै।
नैनन के तट पै नटनागर नीर भरी गगरी ढरकावै।।

'छन्दशती' में सवैया छन्द का बहुलता से प्रयोग हुआ है। सवैया के भेदों में मन्तगयंद, दुर्मिल, अरसात, सुन्दरी आदि का प्रयोग हुआ है। घनाक्षरी छन्द भी एक स्थल पर प्रयुक्त है। 'छन्द-शती' की भाषा परिष्कृत एवं परिमार्जित ब्रजभाषा है। इसकी भाषा माधुर्य एवं प्रसाद गुणोपेत है। तत्समप्रधान होने पर भी भाषा में सहज प्रवाह विद्यमान है। संगीतात्मकता भी 'छन्दशती' की भाषा की एक अन्यतम विशेषता है।

इस प्रकार कहा जा सकता है कि आधुनिक ब्रजभाषा काव्यकृतियों में छन्दशती एक महनीय कृति है, जो 'रत्नाकर' के 'उद्धवशतक' से समतुल्यता प्राप्त करती है। अनेक ब्रजभाषा काव्यमर्मज्ञ-रसिकों की दृष्टि 'रत्नाकर' रचित 'उद्धवशतक' के पश्चात् डॉ0 जगदीश गुप्त की 'छंदशती' पर टिकती है।

■

आधार पाठ्य

भारतेन्दु हरिश्चन्द्र

राखत नैनन मैं हिय मैं भरि दूरि भये छिन होत अचेत है।
सौतिन की कहै कौन कथा तसवीर हू सो सतराति सहेत है।।
लाग भरी अनुराग भरी 'हरिचन्द' सबै रस आपुहिं लेत है।
रूप-सुधा इकली ही पियै पियहु को न आरसी देखन देत है।। 1।।

गुरु-जन बरजि रहे री बहु भाँति मोहि
संक तिनहूँ की छाँड़ि प्रेम-रंग राँची मैं।
त्योंही बदनामी लई कुलटा कहाई हौं।
कलंकिनिहु बनी ऐसी प्रेम-लीक खाँची मैं।
कहै 'हरिचन्द' सबै छोड्यो प्रान-प्यारे-काज
यातैं जग झूठ्यो रह्यो एक भई साँची मैं।
नेह के बजाय बाज छोड़ि सब लाज आज
घूँघट उघारि ब्रजराज-हेतु नाची मैं।। 2।।

बाजी करै बंसी धुनि बाजि बाजि श्रवनन,
जोरा-जोरी मुख-छबि चितहि चुराए लेत।
हँसनि हँसावति जगत सों तिहारी मुरि,
मुरनि पियारी मन सब सों मुराए लेत।
'हरिचन्द; बोलनि चलनि बतरानि पीत,
पट फहरानि मिलि धीरज मिटाए लेत।
जुलफैं तिहारी लाज-कुलफन तोरैं प्रान,
प्यारे नैन-सैन प्रान संग ही लगाए लेत।। 3।।

बोल्यौ करै नूपुर श्रवन के निकट सदा,
पद-तल लाल मन मेरे बिहर्‌यो करै।
बाजी करै बंसी धुनि पूरि रोम-रोम मुख,
मन मुसकानि मंद मनहिं हँस्यो करै।
'हरिचंद' चलनि मुरनि बतरानि चित,
छाई रहै छबि जुग दृगन भर्‌यो करै।
प्रानहू ते प्यारौ रहै प्यारो तू सदाई तेरो,
पीरो पट सदा जिय बीच फहर्‌यो करै।। 4।।

कहा कहौं प्यारे जू बियोग मैं तिहारे चित,
बिरह-अनल लूक भरकि भरकि उठै।
कैसे कै बिताऊँ दिन जोबन के हा- हां काम,
कर लै कमान मोपै तरकि तरकि उठै।
भूलै नाहिं हँसनि तिहारी 'हरिचंद' तैसी,
बाँकी चितवनि हिय फरकि फरकि उठै।
बेधि बेधि उठत बिसीले नैन-बान मेरे,
हिय मैं कँटीली भौंह करकि करकि उठै।। 5।।

जानि कै मोहन के निरमोहहि नाहक बैर बिसाहि बरें परी।
त्यौं 'हरिचन्द' बिगारि कै लोक सो बेद की लीक भलै निंदरें परी।
आपुनि ही करनी को मिल्यो फल तासों सबै सहते ही सरे परी।
यामैं न और को दोष कछू सखि चूक हमारी हमारे गरें परी।। 6।।

प्रान पियारे तिहारे लिए सखि बैठे हैं देर सों मालती के तर।
तू रही बातैं बनाय बनाय मिलै न वृथा गहिकै कर सों कर।
तोहि घरी छिन बीतत है 'हरिचन्द' उतै जुग सो पलहू भर।
तेरी तो हाँसी उतै नहिं धीरज नौ घरी भद्रा घरी में जरै घर।। 7।।

हाय दशा यह कासों कहौं कोउ नाहिं सुनै जौ करे हूँ निहोरन।
कोऊ बचावनहारो नहीं 'हरिचन्द' जू यों तो हितू हैं करोरन।
सो सुधि कै गिरिधारन की अब धाइ कै दूर करौ इन चोरन।
प्यारे तिहारे निवास की ठौर कों बोरत हैं अँसुआ बरजोरन।। 8।।

हित की हम सों सब बात कहौ सुख-मूल सबै बतरावती हौ।
पै पिया 'हरिचन्द' सों नैन लगे केहि हेत ये बातै बनावती हौ।
यहाँ कौन जो मानै तिहारो कह्यो हमैं बातन क्यों बहरावती हौ।
सजनी मन पास नहीं हमरे तुम कौन कों का समुझावती हौ।। 9।।

केहि पाप सों पापी न प्रान चलैं अटकें कित कौन बिचार लयो।
नहिं जानि परै 'हरिचन्द' कछू बिधि ने हमसों हठ कौन ठयो।
निसि आजहू की गई हाय बिहाय बिना पिय कैसे न जीव गयो।
हत-भागिनि आँखिन कों नित के दुःख देखिबे को फिर भोर भयो।। 10।।

रोवैं सदा नित की दुनिया बनि ये अँखियाँ जिहि द्यौस सों लागीं।
रूप दिखाओ इन्हैं कबहूँ 'हरचिन्द' जू जानि महा अनुरागी।
मानिहैं औरन सों नहिं ये तुव रंग रँगी कुल लाजहि त्यागी।
आँसुन को अपने अँचरान सों लालन पोंछि करौ बड़-भगी।। 11।।

घेरि घेरि घन आए छाय रहे चहुँ ओर
कौन हेतु प्राननाथ सुरति बिसारी है।
दामिनी दमक जैसी जुगनूँ चमक तैसी
नभ मैं बिशाल बग-पंगति सँवारी है।
ऐसी समै 'हरिचन्द' धीर न धरत नेकु
बिरह-बिथा तें होत ब्याकुल पियारी है।
प्रीतम पियारे नंदलाल बिनु हाय यह
सावन की रात किधौं द्रौपदी की सारी है।। 12।।

जानत ही नहिं हौं जग में किहि कों
सबरे मिलि भाखत हैं सुख।
चौंकत चैन को नाम सुने सपनेहू
न जानत भोगन को रुख।
ऐसन सों 'हरिचन्द' जू दूर ही
बैठनो का लखनो न भलो मुख।
मो दुखिया के न पास रहौ उड़ि कै
न लगै तुमहू को कहूँ दुःख।। 13।।

ऊधो जू सूधो गहो वह मारग
ज्ञान की तेरे जहाँ गुदरी है।
कोऊ नहीं सिख मानिहै ह्याँ इक
श्याम की प्रीति प्रतीति खरी है।
ये बृजबाला सबै इक सी
'हरिचन्द' जु मंडली ही बिगरी है।
एक जो होय तो ज्ञान सिखाइए
कूप ही में यहाँ भाँग परी है।। 14।।

लाज समाज निवारि सबै प्रन प्रेम को प्यारे पसारन दीजिए।
जानन दीजिए लोगन को कुलटा करि मोहि पुकारन दीजिए।
त्यों 'हरिचन्द' सबै भय टारि कै लालन घूँघट टारन दीजिए।
छाँड़ि संकोचन चंदमुखै भरि लोचन आजु निहारन दीजिए।। 15।।

कबहुंक बारिन में कुंजन निवारिन में
इत उत बेलिन कों चौकि चितवत है।
कासन कपासन तै फिरत उदास कबौं
पल्लवन बैठि बैठि दिन रितवत है।
'हरीचन्द' बागन कछारन पहारन मैं
जित तित पर्यो गुनि नेह हितवत है।
सूखे सूखे फूलन पै तरुगन मूलन पै
मालती-बिरह भौरि दिन बितवत है।। 16।।

इन नैनन मैं वह साँवरी मूरति देखति आनि अरी सो अरी।
अब तो है निबाहिबो याको भलो 'हरिचन्द' जू प्रीत करी सो करी।
उन खंजन के मद-गंजन सों अँखियाँ ये हमारी लरी सो लरी।
अब लोग चबाव करौ तौ करौ हम प्रेम के फंद परी सो परी।। 17।।

वह सुन्दर रूप बिलोकि सखी मन हाथ तें मेरे भग्यो सो भग्यो।
चित माधुरी मूरति देखत ही 'हरिचन्द' जू जाय पग्यो सो पग्यो।
मोहिं औरन सों कछु काम नहीं अब तौ जो कलंक लग्यो सो लग्यो।
रंग दूसरो और चढ़ैगो नहीं अलि साँवरों रंग रँग्यो सो रँग्यो।। 18।।

मन-मोहन तें बिछुरी जब सों तन आँसुन सों सदा धोवती हैं।
'हरिचन्द' जू प्रेम के फंद परी कुल की कुल लाजहि खोवती हैं।
दुख के दिन कों कोऊ भाँति बितै बिरहागम रैन सँजोवती हैं।
हम हीं अपनी सदा जानैं सखी निसि सोवती हैं किधौं रोवती हैं।। 19 ।।

धिक देह और गेह सबै सजनी जिहि के बस नेह को टूटनो है।
उन प्रान-पियारे बिना इहि जीवहि राखि कहा सुख लूटनो हैं।
'हरिचन्द जू' बात ठनी सो ठनी नित के कलकानि तें छूटनो है।
तजि और उपाव अनेक अरी अब तौ हमको विष घूँटनो है।। 20।।

उमड़ि उमड़ि दृग रोअत अबीर भये
मुख-दुति पीरी परी बिरह महा भरी।
'हरिचंद' प्रेम-माती मनहुँ गुलाबी छर्की
काम झर झाँकरी सी दुति तन की करी।
प्रेम-कारीगर के अनेक रंग देखौ यह
जोगिया सजाए बाल बिरिछ तरे खरी।
आँखिन में साँवरी हिए मैं बसै लाल वह
बार बार मुख ते पुकारत हरी हरी।। 21।।

इन दुखियान को न चैन सपनेहूँ मिल्यौ
तासों सदा व्याकुल बिकल अकुलायँगी।
प्यारे 'हरिचन्द जू' की बीती जानि औध प्रान
चाहत चले पै ये तो सँग ना समायँगी।
देख्यो एक बारहू न नैन भरि तोहिं यातै
जौन जौन लोक जैहैं तहाँ पछतायँगी।
बिना प्रान-प्यारे भये दरस तुम्हारे हाय
मरेहू पै आँखें ये खुली ही रहि जायँगी।। 22।।

नाथ तुम अपनी ओर निहारो।
हमरी ओर न देखहु प्यारे निज गुन-गनन बिचारो।।
जो लखते अब लौं जन-औगुन अपने गुन बिसराई।
तौ करते किमि अजामेंल से पापी देहु बताई।।
अब लौं तो कबहुँ नहिं देख्यौ जन के औगुन प्यारे।
तो अब नाथ नई क्यौं ठानत भाखहु बार हमारे।।
तुव गुन छमा दया सों मेरे अघ नहिं बड़े कन्हाई।
तासों तारि लेहु नंद-नंदन 'हरीचन्द' को धाई।। 23।।

पियारे बहु बिधि नाच नचायो।
यह नहिं जानि परी केहि सुख के बदले इतो दुखायो।।
ब्रज बसि कै सब लाज गँवाई घर घर चाव चलायो।
हम कुल-बधुन कलंकिनि कुलटा डगरै डगर कहायो।।
हम जानी बदनामी दै हरि करिहैं सब मन-भायो।
ताको फल यों उल्टो दीनो भलो निबाह निभायो।।
ऐसी नहिं आसा ही तुम सों जो तुम करि दिखरायो।
'हरीचंद' जेहि मीत कहयों सोइ निठुर बैरि बनि आयो।। 24।।

कीटहु तें अति तुच्छ मंद मति अधम सबहि बिधि हीना।
सो ठहरै किमि जाँच-समय में जो सबही बिधि दीना।।
दयानिधान भक्त-वत्सल करुनामय भव-भयहारी।
देखि दुःखी 'हरिचंदहि' कर गहि बेगहि लेहु उबारी।। 25।।

जगन्नाथदास 'रत्नाकर'

उद्धवशतक

नंद औ जसोमति के प्रेम-पगे पालन की
लाड़-भरे लालन की लालच लगावती।
कहै रतनाकर सुधाकर -प्रभा सौं मढ़ी
मंजु मृगनैनिनि के गुन-गन गावती।।
जमुना-कछारनि की रंग-रस-रारनि की
बिपिन -बिहारनि की हौंस हुमसावती।
सुधि ब्रज-बासिनि दिवैया सुख-रासिनि की
ऊधौ नित हमकौं बुलावन कौं आवती।। 1।

रूप-रस पीवत अघात ना हुते जो तब
सोई अब आँस ह्वै उबरि गिरिबौ करैं।
कहै रतनाकर जुड़ात हुते देखें जिन्हैं
याद किएँ तिनकौं अवाँ सौं घिरिबौ करैं।।
दिननि के फेर सौं भयो है हेर-फेर ऐसौ
जाकौं हेरि फेरि हेरिबौई हिरिबौ करैं।
फिरत हुते जू जिन कुंजनि मैं आठौं जाम
नैननि मैं अब सोई कुंज फिरिबौ करैं।। 2।।

मोर के पखौवनि कौ मुकुट छबीलौ छोरि
क्रीट मनि-मंडित धराइ करिहैं कहा।
कहै रतनाकर त्यौं माखन-सनेही बिनु
षट-रस ब्यंजन चबाई करिहैं कहा।।
गोपी ग्वाल बालनि कौं झोंकि बिरहानल मैं
हरि सुर-बृंद की बलाइ करिहैं कहा।
प्यारौ नाम गोबिंद गुपाल कौ बिहाय हाय
ठाकुर त्रिलोक के कहाइ करिहैं कहा।। 3।।

सील-सनी सुरुचि सु-बात चलै पूरब की
औरै ओप उमगी दृगनि मिदुराने तैं।
कहै रतनाकर अचानक चमक उठी
उर घनस्याम कैं अधीर अकुलाने तैं।।
आसाछन्न दुरदिन दीस्यौ सुरपुर माहिं
ब्रज मैं सुदिन बारि-बृंद हरियाने तैं।
नीर कौ प्रबाह कान्ह-नैननि कैं तीर बह्यौ
धीर बह्यौ ऊधौ-उर-अचल रसाने तैं।। 4।।

लै कै उपदेस-औ-सँदेश-पन ऊधौ चले
सुजस-कमाइबैं उछाह-उदगार में।
कहैं रतनाकर निहारि कान्ह कातर पै
आतुर भए यौं रह्यौ मन न सँभार मैं।।
ज्ञान-गठरी की गाँठि छरकि न जान्यौ कब
हरैं हरैं पूँजी सब सरकि कछार मैं
डार मैं तमालनि की कछु बिरमानी अरु
कछु अरुझानी है करीरनि के झार मैं।। 5।।

भेजे मनभावन कि ऊधव के आवन की
सुधि ब्रज-गावनि मैं पावन जबै लगीं।
कहै रतनाकर गुवालिनि की झौरि-झौरि
दौरि-दौरि नंद पौरि आवन तबै लगीं।।
उझकि-उझकि पद-कंजनि के पंजनि पै
पेखि पेखि पाती छाती छोहनि छबै लगीं।
हमकौं लिख्यौ है कहा, हमकौं लिख्यौ है कहा,
हमकौं लिख्यौ है कहा कहन सबै लगीं।। 6।।

दीन दसा देखि ब्रज-बालनि की ऊधव कौ
गरि गौ गुमान ज्ञान गौरव गुठाने से।
कहै रतनाकर न आए मुख बैन बैन
नीर भरि ल्याए भए सकुचि सिहाने से।।
सूखे से स्रमे से सकबके से सके से थके
भूले से भ्रमे से भभरें से भकुवाने से।
हौले से हले से हूल- हूल से हिये मैं हाय
हारे से हरे से रहे हेरत हिराने से।। 7।।

पंच तत्त्व मैं जो सच्चिदानन्द की सत्ता सो तौ
हम तुम उनमैं समान ही समोई है।
कहैं रतनाकर बिभूति पंच-भूति हू की
एक ही सी सकल प्रभूतनि मैं पोई है।।
माया के प्रपंच ही सौं भासत प्रभेद सबै
काँच-फलकानि ज्यौं अनेक एक सोई है।
देखौ भ्रम-पटल उघारि ज्ञान-आँखिनि सौं
कान्ह सब ही मैं कान्ह ही मैं सब कोई है।।8।।

सुनि-सुनि ऊधव की अकह कहानी कान
कोऊ थहरानी, कोऊ थानहिं थिरानी हैं।
कहैं रतनाकर रिसानी, बररानी कोऊ
कोऊ बिलखानी, बिकलानी, बिथकानी हैं।।
कोऊ सेद-सानी, कोऊ भरि दृग-पानी रहीं
कोऊ घूमि-घूमि परीं भूमि मुरझानी हैं।
कोऊ स्याम-स्याम कै बहकि बिललानी कोऊ
कोमल करेजौ थामि सहमि सुखानी हैं।। 9।।

षटरस-ब्यंजन तौ रंजन सदा ही करैं
ऊधौं नवनीत हूँ स-प्रीति कहूँ पावैं हैं।
कहै रतनाकर बिरद तौ बखानैं सबै
साँची कहौ केते कहि लालन लड़ावैं हैं।।
रतन-सिंहासन बिराजि पाकसासन लौं
जग-चहुँ-पासनि तौ सासन चलावैं हैं।
जाइ जमुना-तट पै कोऊ बट-छाँहिं माहिं
पाँसुरी उमाहि कबौं बाँसुरी बजावैं हैं।। 10।।

कान्ह -दूत कैधौं ब्रह्म-दूत ह्वै पधारे आप
धारे प्रन फेरन कौ मति ब्रजबारी की।
कहै रतनाकर पै प्रीति-रीति जानत ना
ठनत अनीति आनि नीति लै अनारी की।।
मान्यौ हम, कान्ह ब्रह्म एक ही, कह्यौ जो तुम,
तौहूँ हमैं भावति न भावना अन्यारी की।
जैहै बनि-बिगरि न बारिधिता बारिधि की
बूँदता बिलैहै बूँद बिबस बिचारी की।। 11।।

चिंता-मनि मंजुल पँवारि धूरि-धारनि मैं
काँच-मन-मुकुर सुधारि रखिबौ कहौ।
कहै रतनाकर बियोग-आगि सारन कौं
ऊधौ हाय हमकौं बयारि भखिबौ कहौ।।
रूप-रस-हीन जाहि निपट निरूपि चुके
ताकौ रूप ध्याइबौ औ रस चखिबौ कहौ।
एते बड़े बिस्व माहिं हेरैं हूँ न पैयै जाहि,
ताहि त्रिकुटी मैं नैन मूँदि लखिबौ कहौ।। 12।।

आए हौ सिखावन कौं जोग मथुरा तैं तौपै
ऊधौ ये बियोग के बचन बतरावौ ना।
कहै रतनाकर दया करि दरस दीन्यौ
दुःख दरिबै कौं, तौपै अधिक बढ़ावै ना।।
टूक-टूक ह्वै है मन-मुकुर हमारौ हाय
चूकि हूँ कठोर-बैन-पाहन चलावौ ना।
एक मनमोहन तौ बसिकै उजार्‌यो मोहिं
हिय मैं अनेक मनमोहन बसावौ ना।। 13।।

कर-बिनु कैसैं गाय दूहिहै हमारी वह
पद-बिनु कैसैं नाचि थिरकि रिझाइहै।
कहै रतनाकर बदन-बिनु कैसैं चाखि
माखन बजाइ बेनु गोधन गवाइहै।।
देखि सुनि कैसैं दृग स्रवनि बिनाहीं हाय
भौरे ब्रजबासिनि की बिपति बराइहै।
रावरौ अनूप कोऊ अलख अरूप ब्रह्म
ऊधौ कहौ कौन धौं हमारे काम आइहै।। 14।।

जग सपनौ सौ सब परत दिखाई तुम्हैं
तातैं तुम ऊधौ हमैं सोवत लखात हौ।
कहै रतनाकर सुनै को बात सोवत की
जौई मुँह आवत सो बिबस बयात हो।।
सौवत में जागत लखत अपने कौं जिमि
त्यौं हीं तुम आपहीं सुज्ञानी समुझात हौ।
जोग-जोग कबहूँ न जानैं कहा जोहि जकौ
ब्रह्म-ब्रह्म कबहूँ बहकि बररात हौ।। 15।।

वाही मुख मंजुल की चहतिँ मरीचैं सदा
हमकौं तिहारी ब्रह्म-ज्योति करिबौ कहा।
कहै रतनाकर सुधाकर-उपासिनि कौं
भानु की प्रभानि कौं जुहारि जरिबौ कहा।।
भोगि रहीं बिरचे बिरंचि के सँजोग सबै
ताके सोग सारन कौं जोंग चरिबौ कहा।
जब ब्रजचंद कौ चकोर चित चारु भयो
बिरह-चिंगारिनि सौं फेरि डरिबौ कहा।। 16।।

जोगिनि की भोगिनि की बिकल बियोगिनि की
जग में न जागती जमातैं रहि जाइँगी।
कहै रतनाकर न सुख के रहे जो दिन
तौ ये दुःख-द्वद की न रातैं रहि जाइँगी।।
प्रेम-नेम छाड़ि ज्ञान-छेम जो बतावत सो
भीति ही नहीं तौ कहा छातैं रहि जाइँगी।
धातैं रहि जाइंगी न कान्ह की कृपा तैं इती,
ऊधौ कहिबे कौं बस बातैं रहि जाइंगी।। 17।।

नैननि के आगें नित नाचत गुपाल रहैं
ख्याल रहैं सोई जो अनन्य-रसवारे हैं।
कहै रतनाकर सो भावना भरीयै रहै
जाके चाव भाव रचैं उर मैं अखारे हैं।।
ब्रह्म हूँ भए पै नारि ऐसियै बनी जौ रहैं
तौ तौ सहें सीस सबै बैन जो तिहारे हैं।
यह अभिमान तौ गवैंहैं ना गए हूँ प्रान
हम उनकी हैं वह प्रीतम हमारे हैं।। 18।।

ढोंग जात्यौ ढरकि परकि उर सोग जात्यौ
जोग जात्यौ सरकि सं-कंप कँखियानि तैं।
कहै रतनाकर न लेखते न लेखते प्रपंच ऐंठि-
बैठि धरा लेखते कहूँधौं नखियानि तैं।।
रहते अदेख नाहिं वेष वह देखत हूँ
देखत हमारी जान मोर पँखियानि तैं।
ऊधौ ब्रह्म-ज्ञान कौ बखान करते ना नैंकु
देख लेते कान्ह जौ हमारी आँखियानि तैं।। 19।।

दौनाचल कौ न यह छटक्यौ कनूका जाहि
छाइ छिगुनी पै छेम-छत्र छिति छायौ है।
कहै रतनाकर न कूबर वधू-बर कौ
जाहि रंच राँचैं पानि परसि गँवायौ है।।
यह गरु प्रेमाचल दृढ़-ब्रत-धारिनि कौ
जाकैं भर भाव उनहूँ कौ सकुचायौ है।
जानै कहा जानि कै अजान ह्वै सुजान कान्ह
ताहि तुम्हैं बात सौं उड़ावन पठायौ है।। 20।।

सुघर सलोने स्यामसुन्दर सुजान कान्ह
करुना-निधान के बसीठ बनि आए हौ।
प्रेम-प्रनधारी गिरिधारी कौ सनेसौ नाहिं
होत है अँदेसौ झूठ बोलत बनाए हौ।।
ज्ञान-गुन-गौरव-गुमान- भरे फूले फिरौ
बंचक के काज पै न रंचक बराए हौ।
रसिक-सिरोमनि कौ नाम बदनाम करौ
मेरी जान ऊधौ कूर-कूबरी-पटाए हौ।। 21।।

पुरतीं न जो पै मोर-चंद्रिका किरीट-काज
जुरतीं कहा न काँच किरचैं कुभाय की।
कहै रतनाकर न भावते हमारे नैन
तौ न कहा पावते कहूँधौं ठाँय पाय की।।

मान्यौ हम मान कै न मानती मनाएँ बेगि
कीरति-कुमारी सुकुमारी चित-चाय की।
याही सोच माँहिं हम होतिँ दूबरी कै कहा
कूबरी हू होती ना पतोहू नंदराय की।। 22।।

बिकसित बिपिन बसंतिकावली कौ रंग
लखियत गोपिनि के अंग पियराने मैं।
बौरे बृंद लसत रसाल-बर बारिनि के
पिक की पुकार है बचाव उमगाने मैं।।
होत पतझार झार तरुनि समूहनि कौ
बैहरि बतास लै उसास अधिकाने मैं।
काम-बिधि बाम की कला मैं मीन-मेष कहा
ऊधौ नित बसत बसंत बरसाने मैं।। 23।।

रहति सदाई हरियाई हिय-घायनि मैं
ऊरध उसास सो झकोर पुरवा की है।
पीव-पीव गोपी पीर-पूरति पुकारति हैं
सोई रतनाकर पुकार पपिहा की है।।
लागी रहै नैननि सौं नीर की झरी औ
उठै चित मैं चमक सो चमक चपला की है।
बिन घनस्याम धाम-धाम ब्रज-मंडल मैं
ऊधौ नित बसति बहार बरसा की है।। 24।।

रीते परे सकल निषंग कुसुमायुध के
दूर दुरे कान्ह पै न तातैं चलै चारौ है।
कहै रतनाकर बिहाइ बर मानस कौं
लीन्यौ है हुलास हँस वास दूरिवारौ है।।
पाला परै आस पै न भावत बतास बारि
जात कुम्हिलात हियौ कमल हमारौ है।
षट ऋतु ह्वैहै कहूँ आनत दिगंतनि मैं
इत तौ हिमंत कौ निरंतर पसारौ है।। 25।।

■

गयाप्रसाद शुक्ल 'सनेही'

प्रेम-पचीसी

जेहि चाह सों चाह्यो तुम्हैं पहिले, अबहूँ तेहि चाह सों चाहनो है।
तुम चाहौ न चाहौ लला हमको कछु दीबो न याको उराहनो है।
दुःख दीजे कि कीजे दया दिल में, हर रंग तिहारो सराहनो है।
मन भावै करौ मनभावन सो, हमैं प्रेम को नातो निबाहनो है।। 1।।

कछु जोर नहीं है हमारो लला! तित जाइये जू चित चाहे जहाँ।
मिलते मन माहिर जाहिर मैं फिरि आखिर मैं पछतैहौ वहाँ।
तुम मानौं न मानौं करौ मन की, मन मारिकै धारिहैं धीर यहाँ।
मिलि है महबूब सनेही सही, पै "सनेही"- सा और सनेही कहाँ।। 2।।

तेवर फेरि कै नैन तरेरि कै मौन निरन्तर को गहि लेते।
पेखि के आनन्द-चन्द चकोर हवै ज़ीवन को फल तौ लहि लेते।
औरन सों करते न लगा-लगी, और तिहारी सबै सहि लेते।
दूर न होते हुजूर खफा ह्वै कसूर पै मेरे कछू कहि लेते।। 3।।

जोर्‌यो सो जोर्‌यो पियारे! सुनौ, नहिं नातो हैं नेह को तोड़ने वाले।
छाड़िये आप चहै मिलिबो, हैं नहीं हम संग के छोड़ने वाले।
मानिये देखी, सुनी नहिं मानिये, लाख हैं तोड़ने-फोड़ने वाले।
नैन छिपाये फिरैं चहै आप, "सनेही" नहीं मुंह मोड़ने वाले।। 4।।

फेरि बिचारि कै पाछिले बैन, सनेही-सनेह-सुधा पगि जाते।
फेरि कै चातुरी चित्त चुराय, चलाकी चलाय मनै ढगि जाते।
फेरि कृपा करते इक बार तौ भागि हमारे लला! जगि जाते।
आते यहाँ पै छिपाते न नैन, जिलाते हमें जो गले लगि जाते।। 5।।

बानिज प्रेम को कै-कै अजी जब आप निकारत हैं सो दिवाला।
बेलि सनेह की सूखन चाहति, जाको है चाह के नीर से पाला।
कीन्हीं लगालगी और कहूँ का, कहौ तौ भरा किसका घर घाला।
आते नहीं तरसाते जु हौ, तौ 'सनेही' जू है कछु दाल में काला।। 6।।

कै बिसवास बिसासी को यों दिल में अपने कहुँ ठाउं न देते।
मारिहैं दाउँ कुदाउँ बिचारते, घात बिचारि कै दाउँ न देते।
हेत हहा! करि वा निरमोही सों होन कबौं बदलाउँ न देते।
जानते जौ पछिताइहैं अन्त, तो प्रेम के पन्थ मैं पाउँ न देते।। 7।।

पछिताने, दिवाने, बिकाने -से है, छलिया निरमोही के पाले पड़े।
कुलकानि गँवाय हँसी हू सही, कहिये कहा के ते कसाले पड़े।
तन की दुति छीन-मलीन भई, रंग और भये अंग काले पड़े।
तब तौ उर दीन्ह्यौं बिचारे बिना, अब अन्त मैं जान के लाले पड़े।। 8।।

दिन रैन बितावैं उसासन लै सहें साँसति दूसरो काज कहाँ है।
जब लौं दिलदार न पीर हरै, यहि रोग की और इलाज कहाँ है।
सब गाँव के लोग हँसैं, अपने बस या मन आज कहाँ है।
कहनावति साँची ''सनेही'' भई; 'जब लागि गयी तब लाज कहाँ है'।। 9।।

जानै नहीं कछु जी की बिथा, बिरहा की कथा सुनि देत है गारी।
दीनता देखि दया न करै हठि ठानत सान महान् अनारी।
चूर गरूर नसे मैं रहै, नहिं सोचति है हम पै बलिहारी।
यार, रह्यो हुसियार सदा, करियो जनि भूलि गँवार सों यारी।। 10।।

रस में रस आयो न एतो कबौं दु:ख पायो जितो अब रावरे रोस मैं।
पहले मन दीन्ह्यो निछावरि कै, जिय सोच्यो नहीं कछु प्रेम के जोस मैं।
कुलकान औ आन ते धोये हैं हाथ, रहे दिनराति यहै अफसोस मैं।
बिनु कारन प्यारे जू ! न्यारे भये उपहास कराय कै पास-परोस मैं।। 11।।

जानते जौ यह ह्वैहै दसा तो बलाय न यों अपने सिर लेते।
ठानते जो मरिबो मन मैं, करि औरई जुक्ति कहूँ मरि लेते।
होते सचेत हमेस जु तौ, दिल आपन यौं सहजै हरि लेते।
देते जु पाँव सनेह के पन्थ, करेजहु पाथर को करि लेते।। 12।।

पहिले अपनाय बनाय सगो, दिलदार दगा अब देन लगे।
करि चाह "सनेही" बढ़ाय सनेह और प्यार, दगा अब देन लगे।
पहुँची नहिं नाव पुकार परी, मँझधार दगा अब देन लगे।
विसवास मैं चाहिए ऐसो नहीं तुम यार! दगा अब देन लगे।। 13।।

प्रेम करै नर सो जग मैं समुझै धर ऊपर माथ नहीं।
पंथ भयानक मैं पग दै कै बिचारि लै कोऊ है साथ नहीं।
तृषना-मृग की-सी स्रनेह मैं प्यास बुझैबे को कौनहु पाथ नहीं।
और बिसेष बिथा को कहै, अपनो मन आपने हाथ नहीं।। 14।।

सुख सोचि सनेह करौ न कबौं लगिहै नतु अन्त कलंक को टीको।
परिये नहिं प्रीति के फन्दन मैं, यह काम करै जम की फँसरी को।
मनभावत जानत जाको अबै, कछु धौस मैं ह्वै है सो गाहक जी को।
जिय जानें "सनेही" सदैव रहौ, 'पकवान है ऊँची दुकान को फीको।। 15।।

रहिये गहि मौन निरन्तर ही, दिल की कहूँ काहू ते खोलिये ना।
हठि चाह के मारग मैं पग दै बनि बावरे ब्याकुल डोलिये ना।
सहिये न वियोग-बिथा कर प्रेम, हलाहल पीबे को घोलिये ना।।
सुख चाहत जो जगतीतल मैं तो सनेह के बैन हूँ बोलिये ना।। 16।।

चाह मैं यार परौ न कबौं, हम सीखे हैं या मैं सबै कछु खोकर।
चैन नहीं दिन में छिनहू भरि रैन हू सारी बितावत रोकर।
सूझै न कोऊ उपाय मिलाप को, ताप सहैं नित बावले होकर।
चूर ह्वै जात गरूर सबै, रह्यो दूरि बचाइयो प्रेम की ठोकर।। 17।।

निसि आवै न नींद, न भावै कछू उरझेई रहैं दुःख-द्वन्दन मैं।
हलकोपन आपुन होय नितै उर-ताप सहैं छल-छन्दन मैं।
हिये हेरि ''सनेही'' जु हौंसन त्यागि रहौ मन के नँद-नन्दन मैं।
हरित लेत अनन्दन-बृन्दन कौ परिये नहिं प्रेम के फन्दन मैं।। 18।।

तजि लोक की लाज रहे हैं तऊ जग के अपवाद डरेई रहैं।
चित आवै न चेत अचेत- से हैं, अधरान पै आन धरेई रहैं।
तरकी नहीं जात वियोग-बिथा, बिन मीच ही हाय! मरेई रहैं।
कहिये केहि सों, रहिये चुप ह्वै, दिल में दुःख दीह भरेई रहैं।। 19।।

उनको परवाह नहीं है कछू बनि जात हैं चाह में राह के रोड़े।
निरलज्ज बनावत आखिर को, नहिं मानत लोक की लाज के कोड़े।
नहिं जानिये कैसे बिसासी ये दुष्ट अनेकन आजु लगे घर-फोड़े।
पगि रूप-सुधा छकि जात हहा! छन मैं लगि जात हैं नैन निगोड़े।। 20।।

मृग ज्यों भ्रम पारि हिये भरम्यो तऊ प्यास बुझैबे को ना जल पायो।
करिया मुख कीन्ह न कीन्ह कछू, करि कोटि कला न कहूँ कल पायो।
भटक्यों, अटक्यो, लटक्यो जिहि पै खटक्यो सोइ हाय! भरो छल पायो।
मन को हम ही रमना करिकै मनमानी करी मन सों फल पायो।। 21।।

गुन-गर्वहिं त्यागि गरीबी सही, पै तउ कछु हेतु न मानत हैं।
मुख मोरि कै जात चले जु मिलैं मग मानौं नहीं पहिचानत हैं।
हम हारे अधीन ह्वै दीन महा वै दया उर में नहिं आनत हैं।
करि प्रीति सनेही सवाद लह्यो जस, सो सबही हम जानत हैं।। 22।।

बन बीहड़ नीच बियोग को है दुःख की दव सौं दुःख पावनो है।
गिरि सों गुरु लोगन को है सँकोच नदी-नद लोक लजावनो है।
वृक पाथ में बैरी चबाई फिरैं किठिनै अति प्रान बचावनो है।
पग दीजै न भूलि सनेही इहाँ, यह प्रेम को पन्थ भयावनो है।। 23।।

सुख सों नहिं सोवत रोवत हैं, निसि बीतन चाहत है अधरातक।
मन-मीन को रूप-सरोवर मैं कल पाइहौं काजु बिसारिहौं पातक।
रट लावत वा प्रिय की पन कै, कुसमैं मैं जु होति बिपत्ति विघातक।
अभिलाष "सनेही" सनेह की है तो रहौ बनि कै घनस्याम के चातक।। 24।।

नद सागर मैं मिलि सागर भौ, प्रथमै मिलिबे के जु ठान ठने रहे।
तिमि छीर औ नीरहू एक भये, खबै प्रेमिन के सिरताज गने रहे।
मिलि पानहु चून-सुपारिहु- खैर सुरंग ह्वै स्वाद- सुधा सों सने रहे।
पर हाय! कटे-कटे तै फिरते हम वे ही "सनेही" बने सनेही रहे।। 25।।

■

जगदीश गुप्त

छंदशती

प्रशस्ति

(1)

क्यों हू नहीं सुरझैं, उरझैं पुनि,
रूप के जारन मैं परी आँखैं।
ध्यान मैं मूँदी रहैं कबहूँ,
कबहूँ रहैं आँसुन सौं भरी आँखें।
कौन सी दीठिन देखियै कान्ह कौ,
देखत ही बनै बावरी आँखैं।
चाहन कौ घनस्याम की माधुरी,
चाहिये सूर की आँधरी आँखैं।

■

(2)

तुलसी भजि राम कौं राम भये

सुठि सोरठा- दोहा-कवित्त लसैं,
बिलसें बरवै तुलसी की तुला पै।
अरघालिन के घट, बानी पियूख-
भरै-रितवै तुलसी की तुला पै।
कवि-कोविद केते कहाँ न भये,
चढ़ि पाये न वै तुलसी की तुला पै।
जन-मानस मैं बसिबे के समै,
तुलि जैहैं सबै तुलसी की तुला पै।

■

(3)

चन्द-हरिचन्द

मेघ दुरे बिथुरी अलकावली मैं, नभ नैनन तैं नियरान्यो।
खोइ मयूखैं गयीं मुसुकानि मैं, बानि मैं आनि पियूख लुभान्यो।
माधवी-मल्लिका सौं मिलि अंक, कलंक हू मोहक ह्वै महकान्यो।
चाँदनी प्रानन पूरि रही, हरिचंद के हीय में चंद समान्यो।

आँखें और आँसू

(3)

भोर के फूल से दीठि बिथोरति,
तोरति नाइ सनेह की डारैं।
लाज की लीकैं कपोलनि मैं लसीं,
बोलनि मैं बरसीं रस-धारैं।
साजि मनोरथ चाहै चलीं,
मचलीं मुख-मंडल पै मनुहारैं।
कौन के काज सजे दृग-द्वार,
बँधी अँसुआन की बंदनवारैं।

(5)

साजि नये अदरा-बदरा, बरखा-
उमड़ी-घुमड़ी अँखियान मैं।
लागीं झरैं जल-मोतिन की लरैं,
नीलम-हीर जड़ी अँखियान मैं।
प्रान बहे, चित हू चहलैं पर्‌यो,
भीजि निगाह गड़ी अँखियान मैं।
ढूँढ्यो न पानिप बीच मिल्यो कहूँ,
मो मन बूड़्यो बड़ी अँखियान मैं।

(6)

धाइ चली नजरैं अति आतुर
छ्वै छितिजै, मुरझीं मुरि आईं।
बेगवती बरसातैं बियोग की,
आँखिन मैं खिन में दुरि आईं।
आवतै यादि भयो उर दाह,
बिथा-जल सौं पलकैं पुरि आईं।
बादर आये बुझाइबे काज,
जराइबे कौ बिजुरी जुरि आईं।

(7)

प्रानन की पहिचानि पुरानी,
लगी जब रूसन प्रानन ही तें
सूखि चले अधरा, अधिकौ-
अधिकानी बिथा अधराति बितीते।
भीजन लागे दृगंचल हू, जब-
जागि उठे तिन मैं दिन बीते।
नींद- बिहीन भये करुये,
हरुये- हरुये, गरुये दृग रीते।

(8)

चंद कौ चाह- चकोरन चूम्यो,
बचीं कछु यै सुधा- पान की बूँदैं।
कै करुना- कलिका पै परीं
बिथुरी, मकरंद- बिथान की बूँदैं।
भाउ के भाजन मैं भरि राखीं,
किधौ जग-जीवन-दान की बूँदैं।
नेह को अंकुर, नैन दुऔ दल,
ओस किधैं अँसुवान की बूँदैं।

(9)

अन्तर बीच बसे जब से तुम,
गाइ गुनौ रस-बातन बैठी।
बेसुध होति किये सुधि नैंकु,
हिये सुधि ऐसी कछू ठनि बैठी।
मो मन की मधुराई अचानक,
तो तन पानिप मैं सनि बैठी।
रूप लुनाई तिहारी लला!
इन लोइन मैं अँसुआँ बनि बैठी।

(10)

मिटि दूखत दूखत भूख गयी,
जु पियूखहु कौ रुचै कौरु नहीं।
कलिका मकरंद सौं ऐसी लसी,
सुख सौं रहि पाइहैं भौंरु नहीं।
पलकैं दुऔ पीर सौं पूरि नहीं,
तिनमैं कछु आइहै औरु नहीं।
इन आँसुन सौं भरी आँखिन मैं,
तुमहूँ कौ कहूँ अब ठौरु नहीं।

(11)

कै निहचै न सकीं कछु, या लगि,
चैन सौं रैन बितै नहीं पाईं।
आपने ही तैं गईं हरि ! हारि,
तुम्हैं मनुहारि नितैं नहीं पाईं।
आँस बढ़े दिख- साध के संग,
कबौं निरबाध चितै नहीं पाईं।
केतिक बार बिथा बिथुरी,
तऊ आजु लौं आँखैं रितै नहीं पाईं।

(12)

झूलतीं ज्यों झखियाँ, जल-जाल की-
झालर मैं झलकी परैं आँखैं।
पीर के भार भरीयै रहैं, पलहू-
न कबौं हलकी परैं आँखैं।
बेसुध सी जनु संग बड़े-बड़े
बूँदन के ढलकी परैं आँखैं।
आँखिन सौं अँसुआँ छ्लके परैं,
आनन सौं छलकी परैं आँखैं।

रूप-रस

(13)

कजरारे बिलोचन कोरनि मैं,
दुरि बैठी मनौ रजनी घनी ह्वै।
बिधु-आनन तैं परे तारे-जरी-
अँगिया पै सुधा-स्त्रम-सीकर च्वै।
सुरचाप दुकूलनि मैं झलक्यो,
कच-रासि गयी जलदावली छ्वै।
अँगरानि मैं बाहैं मिलीं बिछुरीं,
जनु टूटि कै ह्वै गयी दामिनी द्वै।

(14)

गालन पै हिलैं लाल गुलाब,
खिलैं मुख देखि सरोज हजारन।
बाल की बंक बिलोकनि मैं,
बाल की बंक बिलोकनि मैं,
बिकसैं छन ही छन ओज हजारन।
आँगन मैं पुतरीन के आइ,
थकैं, थिरकैं रति रोज हजारन।
बान-कमान लिये कर मैं,
अँखियान सौं झाँकैं मनोज हजारन।

ऋतु-रंग

(15)

नयी कोंपलै फूटीं निगाहन मैं,
नये नेह सौं नैन हठीले भये।
नये पौन के झूँकन मैं उघरी,
कबरीन के बंधन ढीले भये।
कसि कै अँगिया अँगरान लगी,
अधरा कछु और रसीले भये।
कछु और कपोलन लाली लसी,
कछु और कटाछ कटीले भये।

(16)

मारि गयो पिचकारी अचानक,
थोरी सरीर पै थोरी हिये मैं।
भीजि गई सगरी अँगिया,
रस-धार बही बरजोरी हिये मैं।
चोरति प्रीति, निचोरति चीर,
सँकोचति-सोचति गोरी हिये मैं।
भाल अबीर, गुलाल कपोलनि,
नैननि मैं रँग, होरी हिये मैं।

■

उपालम्भ

(17)

चेटक सो खिन मैं करि, धूरि न-
आँखिन में नँद-नँदन डारौ।
जानती हैं हम रावरी रीति,
इतौ हम पै दुःख -दंद न डारौ।
नैननि नीके निहारि निहारि कै
नाहक नेह के फंदन डारौ।
चाहत जौ न बुलाइबौ तीर तौ
मंद हँसी की कमंद न डारौ।

(18)

छाँड़ि गये परितोषि हमैं,
दुःख-दोख उन्हें किमि जाइ अरूझै।
बातन बातन मैं बहरावत,
को बिरहीन की बातन बूझै।
आपुने आगे न देखैं कछू,
ब्रज चाहै बिथागिनि मैं जरि जूझै।
ऊधव ! सावन के अँधरान कौ,
बारहौ मास हरेरोई सूझै।

(19)

तापन ते अनुतापन के तपि,
जोबन-बेलि हरी कुम्हिलैहै।
आनँद के नद सूखिहैं री,
सब पानिपु नैनन तैं ढरि जैहै।
बावरी! आजु लौं आये नहीं,
अब आवन की घरी कौन धौं ऐहैं।
आस ही आस ते ह्वैहै कहा,
कहूँ ओस के चाटे पियास बुझैहै।

■

मृणाल-तन्तु

(20)

आइबो कीजत अन्तर मैं तऊ,
अन्तर कै तरसाइबो कीजत।
कौन धौ रीति अहै यह प्रीति की,
नेह-नँध्यो मन मारि कै जीजत।
पीर नहीं यह रावरीयै सुधि,
नीर नहीं छबि-पानिप पीजत।
भीजत नैन नहीं अँसुआन सौ,
रावरे ध्यान सौं प्रान पसीजत।

(21)

जो बिछुरै की न संक लगी रहै,
अंक लगाइ कहा कोऊ लैहै।
सोवत जागत संग रहै,
सुधि पीउ ते प्यारी, कहाँ कोऊ पैहै।
तैहै न जो तन तापन ते,
मन खोटो खरो केहि भाँति लखैहै।
जीवन-सार है प्रीति ही मैं,
अरु प्रीति को सार बियोग ही मैं है।

(22)

ठोकरैं लाख लगैं पै लगैं,
पथ प्रेम ही के परिबो हमैं भावै।
तोरि कै चाहै छटूक करौ,
मन तो ढिग ही धरिबो हमैं भावै।
जा सौं मिलै सुख-साँति तुम्हैं,
सहिकै दुख सो करिबो हमैं भावै।
जौ तुम्हैं भावै जराइबोई,
तो तुम्हारियै सौं, जरिबो हमैं भावै।

(23)

किन भौंहन की भली भंगिमा के
रस-भार सौं भावना भोरी भरी।
मुसुकानि, मिठास के आखर से पढ़ि,
प्रानन में बरजोरी भरी।
अति आतुरी मैं सब रूप की रासि,
बगारी, समेटी,बिथोरी, भरी।
केहि नेह को दान निदान दियो,
सपनेन सौं नैन की झोरी भरी।

■

घायल चाँदनी

(24)

देखि दुलारदुरी दुरि जानि,
झुके कछु लोचन छैल छली के।
सौरभ-राग बहे बन-बाग,
रहे भरि भाग पराग-रली के।
बीथिनि-बीथिन मैं बिथुरे परे,
चुम्बन-गान बिहार-थली के।
नीके लगैं सखि लीके लजानि सौं,
ओंठ अली के, कपोल कली के।

(25)

राति-बिराति पिराति विथा,
अरसात न चाहत चारु चहेतो।
जीवन जानि जुन्हाई पियै,
चिनगी चुनिवे की रहै चित चेतो।
पीउ बिहूनी कुहू-निसि पूनौ,
जु पै विधि बावरो जानतो एतो।
तौ सखि चंद की कोरन काढ़ि कै,
नैन चकोरन के गढ़ि देतो।

■■■

अर्थ-संकेत

भारतेन्दु हरिश्चन्द्र

1. **सतराति** = ईर्ष्या करती है, क्रोध करती है। **लाग** = लगन। **इकली** = अकेली। **सहेत** = प्रेम या प्रीति से। **आरसी** = दर्पण।

2. **राँची** = रंग गयी। **खाँची** = खींच दी, अंकित कर दी।

3. **बाजी** = शर्त या दाँव। **जोरा-जोरी** = बलपूर्वक। **मुरनि** = मोड़। **मुराए लेति** = मोड़े लेती है। **जुलफैं** = अलकैं। **लाज- कुलफन** = लज्जा रूपी तालों को। **सैन** = इशारा।

4. **बतरानि** = बातचीत। **सदाई** = नित्य ही, सदा ही। **फहर्‌यो** = फहरना।

5. **लूक** = ज्वाला। **भरकि-भरकि** = तेजी से बदलना। **तरकि-तरकि** = कूदना, भड़ककर। **बिसीले** = विषैले। **करकि-करकि** = कसक उठती है।

6. **नाहक** = बृथा, बिना मतलब। **बिसाहि** = खरीद, मोल लेने का कार्य। **बरें** = बदले में। **निंदरैं** = तिरस्कार किया। **सरे परी** = निर्वाह हुआ। **गरें परी** = गले पड़ना।

7. **हाँसी** = हँसी। **नौघरी भद्रा घरी में जरै घर** = आवश्यक कार्य करने हेतु व्यर्थ के वितण्डावाद में नहीं पड़ना चाहिए।

8. **निहोरन** = विनती। **करोरन** = करोड़ों। **सुधि कै गिरि धारन की** = मूसलाधार वर्षा से ब्रज की रक्षा करने के लिए गोवर्धन उठा लेने की स्मृति। **बरजोरन** = बजरदस्ती।

9. **बतरावती** = बतलाती हो। **बहरावती** = बहलाती हो।

10. **ठयो** = ठाना है। **भोर** = सबेरा

11. **द्यौस** = दिन। **तुव** = तुम्हारी।

12. **सुरति** = याद। **बग-पंगति** = बगुलों की पंक्ति। **किधौं** = जैसे।

13. **भाखत** = बोलना, कहना। **चैन** = आनन्द।

14. **सूधो** = सीधा। **मारग** = मार्ग, रास्ता। **प्रतीति** = विश्वास। **खरी** = खरा उतरना। **गुदरी** = गुदड़ी।

15. **निवारि** = दूर करके। **पसारन** = प्रसार करके।

16. **बारिन** = वाटिकायें, एक प्रकार की घास। **हितवत** = स्नेहयुक्त होते हैं। **रितवत** = व्यतीत करते हैं। **बितवत** = व्यतीत, समय काटना।

17. **आनि** = लाकर। **अरी** = अड़ी। **चबाव** = निन्दा।

18. **बिलोकि** = देखना। **पग्यो सो पग्यो** = लीन हुआ सो हुआ। **अलि** = सखी।

19. **कुल की** = वंश की। **कुल** = सम्पूर्ण।

20. **कलकानि** = कलह, प्रपंच। **उपाव** = उपाय। **घूँटनो है** = पीना है।

21. **पीरी** = पीलापन। **गुलाबी** = शराब। **काम झर** = कांति।

22. **दरस** = दर्शन। **बारहू** = बार। **जौन-जौन** = जिस-जिस।

23. **निहारो** = देखना। **ओर** = तरफ। **गनन** = विचार करना। **भाखहु** = कहना।

24. **डगरै** = रास्ता। **मन-भायो** = मनोवांछित। **बनि** = बनकर। **बैरि** = दुश्मन। **मीत** = मित्र।

25. **उबारी** = उद्धार करना। **बेगहि** = शीघ्रता से। **गहि** = पकड़ना **अधम** = पापी।

■

जगन्नाथदास 'रत्नाकर'

उद्धवशतक

(1) **कछारनि** = नदी के किनारे की हरी भरी भूमि। **हुमसावती** = उत्तेजित करती हुई। **रारनि** = तकरार। **हौस** = उत्कट अभिलाषा।

(2) **उबरि** = उफनना। **जुड़ात** = शीतल होना, तुष्ट होना। **अवाँ करैं** = मिट्टी के बर्तन पकाने बी भट्टी में जिस प्रकार ऊष्मा होती है, उसी प्रकार अब जलन हो रही है। **हेर-फेर** = परिवर्तन। **हेरिबौई** = देखना। **हरिबौ करै** = भूल जाते हैं।

(3) **पखौवनि** = पंख। **छबीलौं** = शोभायुक्त। **क्रीट** = किरीट् मुकुट। **षट-रस** = छः प्रकार के रस (मधुर, लवण, तिक्त, कटु, काषाय तथा अम्ल)। **बलाइ** = व्यथा। **बिहाय** = छोड़कर।

(4) **सील-सनी** = प्रेमयुक्त, आर्द्रतापूर्ण। **सु-बात** = सुन्दर बातें, शीतल वायु। **पूरब की** = पूर्व दिशाकी, पुरानी। **औरै** = विलक्षण। **ओप** = दीप्ति, कांति। **दृगनि** = नैन, दिशाएँ। **मिदुराने** = अर्द्ध-निमीलित, छा जाना। **घनस्याम** = कृष्ण, काले बादल। **आसाछन्न** = आशामग्न हो जाने से, दिशाएँ आच्छादित होने से। **दुरदिन** = बुरे दिन, वर्षा ऋतु। **दीस्यौ** = दिखायी पड़ा। **बारि** = बालाएँ, वाटिकाएँ। **रसानै** = द्रवीभूत होने से।

(5) **पन** = प्रण। **अछाह** = उत्साह। **उद्गार** = आवेश। **कातर** = दुःखी। **छरकि** = खुलना है। **हरैं हरैं** = धीरे-धीरे। **बिरमानी** = अटक गई।

(6) **मनभावन** = श्रीकृष्ण। **झौरि-झौरि** = झुंड के झुंड। **पौरि** = द्वार। **उझकि** = उचककर। **छोछनि** = उत्कंठा। **छबै** = छाने लगी।

(7) **गरि गौ** = गल गया। **गुठाने से** = कुंठित हो जाने से। **सिहाने से** = सहने से। **भभरै** = घबराए हुए। **भकुवाने से** = किंकर्तव्य विमूढ़ से। **हौले से** = धीरे से। **हले** = कम्पित। **हुल** = लाठी आदि का सिरा। **हूले** = मारना। **हिराने से** = खोए हुए से।

(8) **सच्चिदानंद** = सत्, चित्, आनन्द से युक्त ब्रह्म। **सभोई है** = प्रतिष्ठित है। **प्रभूतनि** = प्राणियों में।

(9) **थानहिं** = स्थान पर। **बिथकानी** = शिथिल हो गई। **सेद** = प्रस्वेद।

(10) **पाकसासन** = इन्द्र। **पासनि** = दिशाओं में, पार्श्वों में।

(11) **अनारी** = अनाड़ी, जो नारी की न हो।

(12) **पँवारि** = फेंककर। **सारन** = बुझाना। **बयारि** = वायु। **निपट** = नितान्त। **त्रिकुटि** = दोनों भौहों के बीच के कुछ ऊपर का स्थान। **त्रिकुट** = चक्र का स्थान।

(13) **जोग** = योग, संयोग। **दरिबै** = नष्ट करने को।

(14) **बदन** = मुख। **अलख-अरूप** = निर्गुण निराकार। **धौं** = या तो।

(15) **बयात हो** = बक रहे हो। **जकौ** = रट लगाना।

(16) **मरीचैं** = किरणें। **जुहारि** = प्रणाम करके। **बिरंचि** = ब्रह्मा। **सोग** = दु:ख। **चरिवौ** = आचरण करना।

(17) **जमातैं** = समूह। **भीती** = दिवार। **घातैं** = कष्ट।

(18) **रसवारे** = रसपूर्ण। **गवैहैं** = खो देना।

(19) **ढोंग** = आडम्बर। **परकि** = द्रवीभूत होना। **कँखियानि** = कुक्षि।

(20) **कनूका** = कण। **छिगुनी** = कनिष्ठिका। **राँचै** = अनुरक्त होने पर। **बात** = वायु, चर्चा।

(21) **बसीठ** = दूत। **अँदेसौ** = संदेह। **बंचक** = ठग। **रंचक** = थोड़ा।

(22) **किरचैं** = टुकड़े। **कुभाय** = बुरेभाव। **चाय** = प्रेम।

(23) **बौरे** = मंजरी, उन्मत्त। **रसाल** = आम, रसवती। **बारिनि** = बाड़ियाँ, बालाएँ। **चबाव** = चर्चा। **पतझार** = पत्तों का झड़ना, लज्जा न रहना। **झार** = झाड़ी, झुण्ड। **तरुनि** = स्त्रियाँ। **बैहरि** = प्रचण्ड। **बतास** = वायु। **उसास** = उच्छ्वास। **मीन-मेष** = त्रुटि निकालना, मीन तथा मेष राशि।

(24) **पीव-पीव** = पी-पी (ध्वनि), प्रियतम। **चपला** = विषुत। **घायनि** = घाव।

(25) **निषंग** = तरकस। **कुसुमायुध** = कामदेव। **दुरै** = छिपे। **चारौ** = उपाय। **मानस** = मानसरोवर, हृदय। **आस** = दिशा, आशा। **बतास** = वायु, बात करने की इच्छा। **बारि** = जल। **आनत** = अन्यत्र।

■

गयाप्रसाद शुक्ल 'सनेही'

प्रेम-पचीसी

(1) **चाहौ** = चाहत। **तिहारो** = आपका। **उराहनो** = उलाहना। **सराहनो** = प्रशंसा। **रंग** = व्यवहार, ढंग। **नातो** = संबंध। **निबाहनो** = निर्वाह करना।

(2) **जोर** = वश। **माहिर** = प्रवीण। **जाहिर** = प्रकट। **महबूब** = प्रिय। **सनेही** = कवि, प्रेमी। **मारिकै** = मन के अनुसार न होना।

(3) **तेव्रर** = क्रोधसूचक भ्रूभंग। **फेरिकै** = मोड़कर। **तरेरि** = तिरछी दृष्टि। **हुजूर** = स्वामी। **पेखिकै** = देखकर। **लगा-लगी** = प्रीति (प्रेम कलह)। **खफा** = अप्रसन्न। **कसूर** = अपराध। **तिहारी** = आपकी।

(4) **जोर्‍यो** = जोड़ दिया। **नेह** = प्रेम। **नातो** = सम्बन्ध।

(5) **पाछिले** = पहले का। **बैन** = वाणी। **पगि जाते** = मग्न हो जाते।

(6) **बानिज** = व्यापार। **बेलि** = लता। **घाला** = नष्ट किया।

(7) **बिसासी** = विश्वासघाती। **ठाऊँ** = स्थान। **बदलाऊँ** = परिवर्तन। **हेत** = प्रेम। **निरमोही** = अरसिक। **दाउँ** = दांव, घात।

(8) **पछिताने** = पछतावा। **छलिया** = धोखा देने वाला। **कसाले** = कष्ट। **दुति** = शोभा। **कुलकानि** = कुल-मर्यादा।

(9) **बितावैं** = व्यतीत करना। **साँसति** = कष्ट। **उसासन** = लम्बी साँस। **दिलदार** = प्रिय। **साँची** = सत्य।

(10) **बिथा** = व्यथा, दर्द। **गारी** = गाली। **सान** = ठसक। **हुसियार** = सतर्क। **गँवार** = मूर्ख। **यारी** = दोस्ती।

(11) **रावरे** = आपके। **रोस** = क्रोध। **जोश** = उमंग। **कुलकान** = कुल की परम्परा। **कारन** = कारण। **न्यारे** = अनुपम, अलग। **पास-परोस** = आस-पास, पड़ोस।

(12) **बलाय** = व्यथा। **जुक्ति** = युक्ति, उपाय। **हमेस** = सदैव। **करेजहु** = हृदय। **पाथर** = पत्थर। **सहजै** = आसानी से।

(13) **सगो** = नजदीकी। **दगा** = धोखा। **मँझधार** = बीच में।

(14) **धर** = धड़। **माथ** = मस्तक। **पाथ** = जल। **बिसेष** = विशिष्ठ।

(15) **नतु** = नहीं तो। **फँसरी** = फँदा। **परिये** = पड़ना। **जम** = यमराज।

(16) **गहि** = ग्रहण करके। **चाह** = प्रेम। **जगतीतल** = संसार। **काहू** = किसी से। **मारग** = मार्ग। **बनि** = बनकर। **बैन** = वाणी।

(17) **चैन** = शांति। **छिनहूँ** = क्षण। **ताप** = कष्ट। **चाह** = प्रेम। **बितावत** = समय काटना। **सूझै** = दिखायी नहीं पड़ता, समझ में नहीं आता। **बावले** = व्याकुल। **चूर** = नष्ट। **गरूर** = गर्व।

(18) **उर झेई** = उलझना। **अनन्दन-बृन्दन** = आनन्द-समूह। **हौंसन** = खुशी। **परिये** = पड़ना।

(19) **तजि** = छोड़कर। **अपवाद** = निन्दा। **मीच** = मृत्यु। **दीह** = दीर्घ। **तरकी नहिंजात** = कुछ सोचा नहीं जा सकता।

(20) **बिसासी** = विश्वासघाती। **पगि** = निमग्न होकर। **छकि** = तृप्त होना। **निगोड़े** = मूढ़ (एक प्रकार की गाली)

(21) **कोटिकला** = करोड़ों उपाय। **कल** = शांति। **रमना** = अनुरक्त।

(22) **आनत** = ले आना। **सवाद** = स्वाद। **लह्यो** = प्राप्त करना।

(23) **बीहड़** = ऊबड़-खाबड़, विकट। **दव** = अग्नि। **वृक** = भेड़िया। **पाथ** = मार्ग। **चबाई** = चुगल-खोर, मिथ्याभाषी।

(24) **पातक** = पाप। **कुसमै** = विपत्ति के समय। **अधरातक** = आधी रात। **विघातक** = आघात पहुँचाने वाला ।

(25) **छीर** = दूध। **सिरताज** = श्रेष्ठ। **खैर** = कत्था। **सुरंग** = सुन्दर रंग। **जु** = जो। **ठान-ठने** = तय कर लेना।

■

जगदीश गुप्त

छंदशती

(1) **सुरझै** = सुलझना। **उरझै** = उलझना। **जारन** = जाल। **दीठिन** = दृष्टि। **बावरी** = बावली। **चाहन** = देखना।

(2) **लसैं** = सुशोभित होते हैं। **अरधालिन-अर्धाली** = चौपाई छंद के दो चरण। **कोविद** = विद्वान। **केते** = कितने। **समे** = समय। **तुलि जैहे** = न्यून हो जायेंगे (समानता न कर पायेंगे)।

(3) **बिथुरी** = बिखरी। **नियरान्यो** = पास में। **पूरि** = पूर्ण। **हीय** = हृदय। **बानि** = आदत।

(4) **भोर** = सुबह। **दीठि** = आँख। **बिथोरति** = खुलना। **मचली** = मचलना। **मनुहारें** = मनाने के लिए की जाने वाली विनती।

(5) **उमड़ी-घुमड़ी** = घेर-घेरकर। **झरैं** = झड़ी। **लरैं** = लड़ी। **भीजि** = गीली। **गड़ी** = ठहरना। **बूड़्यो** = निमग्न होना।

(6) **मुरझी** = कुम्हलाना। **मुरि** = मोड़कर। **खिन** = क्षण। **बिथा** = व्यर्थ, व्यथा। **जराइबे** = जलाने के लिए। **बिजुरी** = बिजली। **जुरि** = एकत्र होना।

(7) **अधरा** = ओठ। **अधिकानि** = अत्यधिक। **अधराति** = आधी रात।

(8) **बिथुरी** = बिखरा हुआ। **मकरंद** = पराग के कण। **बिथान** = व्यथाओं की। **भाउ** = भाव। **नेह** = प्रेम।

(9) **बसे** = निवास करना। **रस-बातन** = बतरस का आनन्द। **लोइन** = लोचन/ नेत्र।

(10) **दूखत** = दुःख की अतिशयता। **कौरु** = ग्रास, कौर। **लसी** = जुड़ी हुई। **पीर** = वेदना। **कहूँ** = अन्यत्र। **ठौरु** = स्थान।

(11) **निहचै** = निश्चय। **चैन** = शांति। **रैन** = रात्रि। **हरि** = नायक। **हारि** = हार, पराजय। **निरबाध** = बिना किसी बाधा के। **चितै** = देखना। **केतिक** = कितनी। **रितै** = रिक्त।

(12) **झखियाँ** = झष/मछली। **पीर** = वेदना। **भटीचै** = भरे रहना। **आनन** = मुख।

(13) **कजरारे** = अंजनयुक्त। **बिलोचन** = नेत्र। **कोरनि** = आँख का कोना (कटाक्ष)। **रजनी** = रात्रि। **बिधु** = चन्द्रमा। **सम्र-सीकर** = पसीने की बूदें। **दुकूलनि** = रेशमी वस्त्र/उत्तरीय। **कच** = बाल। **दामिनी** = बिजली।

(14) **बंक** = वक्र। **बिलोकनि** = चितवन। **विकसैं** = विकसित होना। **ओज** = उत्साह। **पुतरीन** = आँख के बीच का काला भाग। **बान** = बाण। **कमान** = धनुष। **मनोज** = कामदेव। **रति** = कामदेव की पत्नी।

(15) **कोंपलै** = रक्ताभ पत्ते। **निगाहन** = आंखों में। **पौन** = हवा। **वायु झँकन** = झकोरा, झटका। **कबरीन** = केश-पाश। **कटाक्ष** = तिरछी निगाह। **कटीले** = तीक्ष्ण।

(16) **थोरी** = जरा सी। **भीजि** = भीगना, गीला होना। **सगरी** = सम्पूर्ण। निचोरति = निचोड़ना। **चीर** = वस्त्र। **होरी** = होली।

(17) **रावरी** = आपकी। **रीति** = परम्परा, व्यवहार। **नीके** = अच्छी तरह। निहारि = देखना। **नाहक** = व्यर्थ में। **कमंद** = फंदा।

(18) **परितोषि** = संतुष्ट करके। **किमि** = कैसे। **बहरावत** = बहलाना। **बूझै** = समझना। **बिथागिनि** = व्यथा रूपी आग। **बातन** = बात।

(19) **तपि** = तपस्या। **तापन** = ग्रीष्म ऋतु की ताप से। **नद** = नाले। **आवन** = आने का समय। **आस** = आशा। **पियास** = पानी पीने की चाहत।

(20) **कीजत** = कितना। **तरसाइबो** = प्रिय वस्तु के न मिलने से कष्ट का अनुभव। **पीजत** = पीना। **पानिप** = कांति, पानी।

(21) **बिछुरै** = अलग होना। **संक** = शंका, डर। **सार** = मूल तत्त्व। **सुधि** = याद, स्मरण।

(22) **परिबो** = पड़ना। **छटूक** = टुकड़े-टुकड़े। **ढिंग** = पास। **जासौं** = जिससे, जैसे। **सौं** = शपथ, सौगंध। **सहिकै** = सहन करके।

(23) **भोरी** = भोला, सीधा, सरल। **बगारी** = फैलाना। **बिथोरी** = बिखेरना, छितराना।

(24) **दुरि** = छिपना। **छैल** = जो खूब बना-ठना हो। बाँका। रंगीला पुरुष। **पराग** = फूल के भीतर की धूल। **बीथिन** = गली/रास्ता। **बिथुरे** = बिखरा हुआ। **नीके** = अच्छा। **लीके** = रीति-रिवाज, परम्परा। **लजानि** = लज्जा।

(25) **पिराति** =दर्द होना। **अरसात** = आलस्य। **चारु** = सुन्दर। **जुन्हाई** = चाँदनी, चंद्रिका। **बिहूनी** = रहित। **कुहू** = अमावस्या की रात। **कोरन** = कोनो। **गढ़ि** = गढ़ना।

■■■

(लखनऊ विश्वविद्यालय की बी.ए. तृतीय वर्ष, हिन्दी साहित्य के तृतीय प्रश्नपत्र हेतु स्वीकृत पाठ्यपुस्तक)

आधुनिक अवधी काव्य-दर्पण

सम्पादिका

प्रो. अलका पाण्डेय

पुरोवाक्

त्रिवर्षीय स्नातक पाठ्यक्रम के अन्तर्गत तृतीयवर्ष में तृतीय प्रश्नपत्र के रूप में ब्रज और अवधीकाव्य का पठन-पाठन हमारे विभाग में होता है। अवधीकाव्य से सम्बन्धित इस वर्ष चार महाकवियों बलभद्रप्रसाद दीक्षित 'पढ़ीस', पं0 वंशीधर शुक्ल, चन्द्रभूषण त्रिवेदी 'रमई काका' तथा त्रिलोचन शास्त्री की उत्कृष्ट रचनाओं का संग्रह अवधी पाठ्यक्रम के अन्तर्गत किया गया है।

उत्तर भारत, विशेष रूप से मध्य हिन्दी क्षेत्र में चार विभाषाएँ प्रचलित हैं- जिनमें अवधी, ब्रज, भोजपुरी तथा बुंदेली मुख्य हैं। इन विभाषाओं में ब्रज और अवधी का चरित्र सार्वभौमिक है।

आधुनिक हिन्दी कविता केवल खड़ी बोली तक ही सीमित नहीं है। आज यह एक विसंगति ही है कि कविता का तात्पर्य खड़ी बोली में रचित कविता ही हो गया है, जिससे अवधी सहित अन्य विभाषाएँ अत्यन्त उपेक्षित हो गयी हैं, अत: इनको सुरक्षित तथा सक्रिय रखने के लिए विश्वविद्यालय स्तर पर पाठ्यक्रम में स्थान देना आवश्यक हो गया है। इन्हीं विभाषाओं के कारण ही हमारी लोकसंस्कृति तथा प्राकृतिक वैभव के साक्ष्य और प्रमाण सुरक्षित हैं। अगर हम यह कहें कि ये विभाषाएँ खड़ी बोली हिन्दी की पूरक तथा संवर्द्धक विभाषायें हैं, तो अतिश्योक्ति न होगी। जहाँ तक रामचरितमानस का मनन-पाठन होता है, वहाँ तक अवध का क्षेत्र है क्योंकि ये संकीर्ण न होकर सार्वदेशिक है। अवधी भाषा के अन्तर्गत जनपदीय संस्कृति के तत्त्व सन्निहित हैं, जो क्षेत्रवाद से कोसों दूर है तथा भूमण्डलीकरण के भाषिक संकल्प को उद्घाटित करता है।

अवधी लगभग डेढ़ हजार वर्ष पुरानी भाषा है। अर्धमागधी अपभ्रंश से इसका आविर्भाव हुआ। रामकाव्य परंपरा में अवधी भाषा अपने शिखर पर पहुँची। अवधी में रामचरितमानस, पद्मावत, चन्दायन तथा कृष्णायन जैसे काव्यग्रन्थों की रचना हुई। तुलसीदास, जायसी, कुतुबन, मुल्लादाउद, मंझन जैसे कवियों ने इसे गौरवान्वित किया तथा आधुनिक युग में सामाजिक जनजागरण, ग्रामीण कृषक-व्यवस्था एवं राष्ट्रीय-सांस्कृतिक चेतना जैसे काव्यांदोलनों को इसने बल प्रदान किया। अत: इसकी ऐतिहासिक महत्ता निर्विवाद है। अवधी भाषा के अनेक श्रेष्ठ एवं कालजयी

रचनाकारों के बीच त्याग और ग्रहण का निर्णय करना अत्यंत दुष्कर है किन्तु पाठ्य-सामग्री की सीमा को स्वीकार करके केवल आधुनिक अवधी के चार कर्वियों की प्रतिनिधि रचनाओं को पाठ्यपुस्तक में स्थान दिया है। भूमिका, कविपरिचय तथा अर्थसंकेतिका द्वारा मैंने इनकी रचनाओं को समझना सुकर बनाया है। इन प्रतिनिधि रचनाओं के विश्लेषण द्वारा अवधी साहित्य के अध्ययन में मंगलमयी वृद्धि होगी, ऐसी मेरी आशा है।

डॉ0 अलका पाण्डेय
एसोशिएट प्रोफेसर
हिन्दी विभाग
लखनऊ विश्वविद्यालय,
लखनऊ

अनुक्रमणिका

□□□

पूर्वपीठिका

"सहत अधर्म जो बिनु प्रतिकारा।
ईशहु देत न ताहि सहारा।।
हरिहि सदा प्रिय जब कल्याणा।
हरि पूजा नहिं तेहि सम आना।।"

—पं० द्वारकाप्रसाद मिश्र : 'कृष्णायन'

'अधर्म का प्रतिकार एवं जन कल्याण में सजग संलग्नता ही ईश-वंदना का सच्चा रूप है।' स्वयं में अवधांचल की बोली की विशेषता को इंगित कर रहा है, अवध क्षेत्र की अपनी लोकभाषा में अपने सुख-दु:ख को भूलकर किसान, ग्रामीण-जन-परिवेश को साकार करता है, इसका यह रूप अंचल से उठकर लोकतंत्र के मूल्यों— समता, समानता व विश्वबंधुत्व तक विस्तृत है।

अवधी भाषा साहित्य के क्षेत्र में क्षेत्रीय कविजनों के साथ-साथ अन्य विद्वानों का कण्ठहार है। यदि इसके विकासेतिहास पर विहंगम दृष्टि डालें तो पायेंगे कि आधुनिक काल के अग्रदूत भारतेंदु हरिश्चन्द्र से पूर्व अवधी की काव्यधारा प्रच्छन्न रूप से शनै:-शनैः प्रवाहित होती रही है।

आधुनिक अवधी काव्य का इतिहास लगभग सवा सौ वर्षों में फैला हुआ है। इस अवधी में अनेक कवि उभरे किन्तु उनके मध्य त्याग और ग्रहण का निर्णय करना अत्यंत दुरूह है किन्तु विषयगत वैविध्य और पाठ्य-सामग्री के अनुरूप अवधी काव्य से सम्बन्धित इस वर्ष चार महाकवियों- 'पढ़ीस', बंशीधर शुक्ल, 'रमई काका' तथा 'त्रिलोचनशास्त्री' की उत्कृष्ट रचनाओं का संग्रह अवधी पाठ्यक्रम के अन्तर्गत किया गया है।

अवधी का भाषा के रूप में अर्द्धमागधी अपभ्रंश से विकास हुआ है। नवीं से बारहवीं शताब्दी के मध्य अवधी भाषा के दर्शन होते हैं। प्रारम्भ में अपभ्रंश मिश्रित

अवधी में काव्य रचनाएँ दिखाई देती हैं जिनमें कीर्तिलता, हेमचन्द के व्याकरण, प्राकृत पैंगलम, पृथ्वीराजरासो, कबीर की रमैनी आदि हैं। तत्पश्चात् साहित्यिक दृष्टि से अवधी का विकसित रूप हमें मुल्ला दाऊद की 'चन्दायन', कुतबन की 'मृगावती', जायसी की 'पद्मावत्', अखरावट, आखिरी कलाम, मंझन की 'मधुमालती', नूर मुहम्मद की 'इन्द्रावती', उस्मान की 'चित्रावली', शेख निसार की 'यूसुफ जुलेखा', शेख नवी की 'ज्ञानदीप' तथा कासिम शाह की 'हंस जवाहिर' आदि मुख्य हैं।

ब्रज-अवधी में रामानन्द लहरी का रामचरितमानस टीका (1808-1828 ई0), सियाराम कृत 'वैराग्य संदीपनी' की टीका लिखी गयी है।

खड़ीबोली अवधी मिश्रित भाषा में जानकीप्रसाद कृत 'केशवदास की रामचन्द्रिका पर टीका' का प्रयाण किया हुआ मिलता है किन्तु शुद्ध अवधी के ग्रंथ अब तक प्राप्त नहीं होते हैं।

अठारहवीं शताब्दी के बाद अवधी लेखन के प्रमाण मिलने लगते हैं। 'फोर्ट विलियम कालेज' की स्थापना (सन् 1901 ई0) के बाद सर जॉन गिलक्राइस्ट ने 'हिन्दुस्तानी ग्रामर' (1796 ई0) के माध्यम से अवधी बोली को बढ़ाने का स्तुत्य कार्य किया।

'भाखा मुन्शी' के पद के लिए बुलाए गये विद्वानों में इंशा अल्ला खाँ- 'रानी केतकी की कहानी' (लेखक अवधी भाषा से प्रभावित), मुंशी सदासुख लाल एवं सदल मिश्र (लेखक ब्रजावधी से प्रभावित), लल्लूलाल (लेखक ब्रजभाषा से प्रभावित) शामिल थे। जिन्होंने इस दिशा में लेखन प्रयास जारी रखा।

विभिन्न विद्वान इस मत से सहमत प्रतीत होते हैं कि राष्ट्रभाषा के रूप में खड़ी बोली को स्थापित करने में अवधी का प्रमुख स्थान रहा है।

हिन्दी साहित्य का भक्तिकाल अनेक कारणों से 'स्वर्णिम काल' रहा है। इसकी सूफी काव्यधारा अवधी के उन्नयन के अनुकूल रही है जिसका सुखद परिणाम है कि अनेक सूफी संत, लेखक प्रकाश में आये, उदाहरणस्वरूप- मुल्ला दाऊद, जायसी आदि।

इसी संत-परंपरा में विशेषतः मलूकदास, भीषमदास आदि ने अवधी को विशेष ख्याति दिलायी। भक्ति-ज्ञान-वैराग्य को महाकुंभ में परिणति करने का भगीरथ कार्य गोस्वामी तुलसीदास ने 'रामचरितमानस' के द्वारा किया, जिसका उज्ज्वल एवं उदात्त सन्देश-

'कीरति भनित भूत भलि सोई, सुरसरि सम सब कहँ हित होई।' विश्व में सूर्य-रश्मि सदृश प्रकीर्णित हुआ।

दूसरी ओर कृष्णकाव्य परम्परा भी बढ़ी, जिसमें रत्नकुँवरि बीवी, रघुनाथदास आदि प्रमुख हैं, बाबा रघुनाथदास 'रामसनेही' लिखित 'विश्राम सागर (तीन खण्डों में), पं0 द्वारकाप्रसाद मिश्र 'कृष्णायन' (सात काण्डों-अवतारकाण्ड, मथुरा काण्ड, द्वारकाकाण्ड, पूजाकाण्ड, गीताकाण्ड, जयकाण्ड, अवरोहणकाण्ड) आदि उल्लेखनीय हैं।

पं0 द्वारकाप्रसाद मिश्र ने 'कृष्णायन' कृति कारागार में रहकर सन् 1942-45 के मध्य लिखी है। इन्हें 'अवधी का प्रथम महाकाव्यकार' कहा गया है। इन्होंने श्रीकृष्ण को आधुनिकता के फलक पर रखकर व्याख्यायित किया है। -श्रीमद्‌भागवत् में 'पुरुषोत्तम', महाभारत में 'मर्यादा पुरुषोत्तम' का लीला रूप में वर्णन किया हैं।

मिश्रजी ने 'हरिऔध' के 'प्रियप्रवास' की शैली को अपनाते हुए भी कृष्ण का आधुनिक रूप प्रस्तुत किया है। श्रीकृष्ण के जन्म का उद्देश्य भारतभूमि व भारतीय जनमानस का उद्धार माना है-

> ''लीला उद्देशहु यहहि, अचता रहु यहि काज।
> होय मही ममधाम सम, मोहिमय मनुज समाज।''

भाषायी परिवर्तन जन-वृत्तियों एवं काल के परिवर्तन को व्यक्त करता है जिसका संचरण प्रकृति एवं ईश्वर प्रदत्त समस्त वस्तुओं, दिशाओं, लौकिक से होते हुए पारलौकिक जगत तक एवं अन्तर्मन से वाह्य संक्रियाओं तक होता हैं।

भक्तिकाल के दौरान अवधीकाव्य (खासकर सूफी काव्यधारा, विशेषत: प्रेमाख्यानक काव्य) अपनी ऊँचाईयों को, जायसी कृत पद्‌मावत, तुलसीकृत रामचरित मानस के द्वारा सुन्दर ढ़ंग से व्यक्त करने में सफल रहा है।

भाषा सदैव अपने समय को व्यक्त करती है। आधुनिक युग में अवधी सम्राट बंशीधर शुक्ल ने अपनी रचनाओं में कृषक-काव्य पर गंभीरतापूर्वक विचार किया है। अपनी पैनी लेखनी द्वारा कृषक जीवन के विभिन्न स्तरों को वाणी दी हैं, अवध क्षेत्र के किसानों की दशा-दिशा, रहन-सहन, परिवेश, प्रकृति से साहचर्य, सामाजिक-व्यवस्था, शहरी जीवन की वेशभूषा, संस्कृति, आधुनिक एवं समकालीन सोच को भी साथ-साथ रेखांकित किया है। 'किसान की दुनिया', 'राम मड़ैया', 'किसान की अर्जी', 'हुआं कस-कस होई निरवाह', आदि रचनाएँ

किसानी संस्कृति को दर्शाती हैं। किसान के सादा जीवन को चित्रित करती हुई पंक्तियाँ द्रष्टव्य हैं-

"दुपहरिया माँ चारि पनेथी, बड़की लोटिया पानी,
कबौ चबेना, मट्ठा, सरबत, ऐसे गै जिन्दगानी।।
× × ×
चना मिठाई बहुरी मुरकी, तिलचौरी गुरधनिया।
सबै रितुन का यहै कलेवा, यह किसान की दुनिया।।"

चन्द्रभूषण त्रिवेदी 'रमई काका' के शब्दों में किसानों की स्थिति इस प्रकार हैं-

"हम अपनी छाती के बल ते धरती मा फारु चलाइत है।
माटी के नान्हें कन-कन मा, हमहीं सोना उपजाइत है।।
अपने लोनखरे पसीना ते, र्‌यातौं मा ख्यात बनावा हम।
मुरदा माटी जिन्दा होइगै, जहं लोखर अपन छुवाना हम।।"

किसान अपने बल पर धरती की बंजर भूमि को उपजाऊ बनाता है और उससे अन्न रूपी सोना पैदा करता है।

किसानी संस्कृति में हास्य, व्यंग्य, वेदना परस्पर गुंथी हुई है। ये बालक के जन्म से लेकर मृत्यु तक रूपाकार होती रहती है। शुक्ल जी के काव्य में व्यंग्य की झलक के साथ-साथ हास्य व वेदना का स्वर सहज प्रतिबिम्बित होता हैं। वे 'राजा की कोठी' कविता में शोषक वर्ग, सामंत वर्ग का चित्र खींचते हैं तो वहीं दूसरी ओर कृषक जीवन की वेदना व विवशता भी दिखलाते हैं। उदाहरण द्रष्टव्य है-

"पंछी कैदी, पौदा कैदी, देखतै कांपई बोटी।
कैद किहे जियरा किसान का यह राजा की कोठी।।'

'रमई काका' के काव्य 'काका की कहावतै' में शहरी परिवेश, लोगों के रहन-सहन, दिखावे की प्रवृत्ति पर व्यंग्य किया गया है। जिसकी छटा देखते ही बनती है-

"ई आहीं पक्के लखनउवा।
कहैं चीज के दूने दाम।
बात-बात माँ करै सलाम।।
× × ×

ख्यालै नित बइठकुवा खेल।
आप-आप मा छूटैं रेल।।"

बंशीधर शुक्ल के काव्य में व्यंग्य, विद्रोह-वेदना की त्रिवेणी सतत रूप में प्रवाहमान है। ये एक विद्रोही रचनाकार हैं। अपनी कविता में निर्बल-निर्धन वर्ग को तमाम संघर्षों से जूझने के बाद प्रसन्न जीवन व्यतीत करने का सन्देश देते हैं। पक्तियाँ प्रस्तुत हैं-

"हियाँ बर्ध पर संकर आवइ, गरूड़ चढ़े भगवान
सिंह चढ़ी जगदम्बा मइया, गदा लिए हनुमान
जिन्दा पीर खपड़िन पर आवइँ, परबिन-
परबिन देव पुरिखा आवइँ गरु दिगन माँ, गीतन मा हरदेव।"

दीन-हीन, जर्जर लाचार किसानों के प्रति सहानुभूति रखते हुए कवि युक्ति भद्र 'पुतान' किसानों को अन्याय के विरुद्ध ललकारते हुए कहते हैं-

"रे छोड़ भला अब तो खटिया।
दे फूँकि फूस की यह टटिया।।"

भारतीय साहित्य में नीति-सूक्तिकाव्य प्राचीन समय से लिखा जाता रहा है। ये नीतियाँ समाज में मूल्य स्थापित करने का महत्त्वपूर्ण कार्य करती हैं। देश-गाँव की सामाजिक संरचना इसी पर टिकी रहती है, क्योंकि समाज की ईकाई व्यक्ति (स्त्री-पुरुष दोनों) हैं। अत: उसकी चारित्रिक दृढ़ता एवं विश्वासी होना आवश्यक है। ये नीति-कथन जीवन की गहनतम अनुभूतियाँ होती हैं। कबीर, सूर, तुलसी, बिहारी, रहीम, वृन्द, गिरिधर कविराय, भड्डरी आदि प्रसिद्ध सूक्तिकार एवं नीतिकार हैं। अवधी के नीतिकारों में- तुलसीदास, रहीम, बन्दीजन आदि विशेष हैं।

अवधी कवियों की रचनाओं का केन्द्रबिन्दु- कृषक रहा है। कृषि सम्बन्धी अपने अनुभवों को समेटते हुए कवि घाघ कहते हैं-

"पौला पहिरे हरु जोतै,
औ सुथना पहिरि निरावै।
घाघ कहै ये तीनों भकुआ,
सिर बोझा लै गावै।।"

रचना के परम्परागत उद्देश्यों में नीतिकथन भी सम्मिलित है। हिन्दी साहित्य

जगत के सुप्रसिद्ध कवि तुलसीदास ने 'अच्छे मित्र' की विशेषता बताते हुए कहा है-

> "जो न मित्र दुःख होहिं दुखारी।
> तिनहिं बिलोकति पातक भारी।।"

अवधी काव्य में प्रकृति समस्त कविता की केन्द्रीय प्रेरणा रही है। सर्वश्री बलभद्रप्रसाद दीक्षित 'पढ़ीस' के अवधी काव्य में प्रकृति की मनोरम छटा अद्‌भुत है। एक ग्रामीण अंचल का बिम्ब देखिए-

> "कस लील गगन पट का, सुन्दर तना साम्याना,
> सविता बिहँसि रहे हयि, चाँदी बरसि रही हयि।
> घसियार घास छ्वालयि, हरवाह खेतु ग्वाड़यि,
> हरियर बिछे परे हयि, हरियरि के बिछउना।।"

इस वानस्पतिक ऐश्वर्य को अवधी भाषा के माध्यम से अनेक कवियों ने देखा और अपने काव्य में बिम्बित किया है।

पं. बंशीधर शुक्ल ने अपने काव्य में प्रकृति का बड़ा ही मनोरम वर्णन किया है। गाँवों का शुद्ध, स्वच्छ प्राकृतिक वातावरण हरेक व्यक्ति को उल्लास से भर देता है। व्यक्ति माटी की सोंधी सुगन्ध से मगन होकर स्वत: कह उठता है-

> "जहाँ वसन्त चुवावै महुआ, जेठ तपे जल बरसै।
> सरद कमल, हेवँतु गेंदन पर, सिसिर कुसुम पर बिलसै।"

चन्द्रभूषण त्रिवेदी 'रमई काका' ने गाँव का सहज चित्र अपने काव्य में खींचा है जिसमें किसान की यह दुनिया बाहरी दुनिया से नितांत निजी दुनिया है। जिसे देख-सुन कर सुहृद-जन सहज कह उठते हैं, 'अरे ! यह तो मेरा ही गाँव है, उसी के बारे में बता रहे हैं।' यहाँ मनुष्य, पशु-पक्षी, सभी लोग आपसी साहचर्य से हँसी-खुशी जीवन व्यतीत करते हैं। वे एक-दूसरे के पूरक हैं। संरक्षक भी हैं। एक उदाहरण देखिए-

> "महरि जहाँ किल किल कइकै सबद अवाती पाहुन कै कहि जाय।
> बैठी के मुड़वारी पर काग, संदेशा बिरहिन का देइ जायँ।।
> कॉकर के सुनि करकर बोल, गगन के बादर जाय बिलाय,
> नयन अलि खंजन फुदकि दुआर, बयरिया जड़ ही जाय उड़ाय।।"

'रमई काका' ने गाँव में प्रकृति सुषमा का वर्णन तो चाव के साथ किया ही है, साथ ही पशु-पक्षी का चित्रण व उनकी महत्ता व प्रेमभाव का भी चित्रण उसी तन्मयता से किया है। उदाहरणार्थ-

"भोली भाली गइया हमारि।
स्यामा सीधी गइया दुधारि।।
जब मनुवा की आँखि ध्वावै।
घरातिनि काची कूची गावै।
तब बँवकति बछरा का पुकारि।
स्यामा सीधी गइया हमारि।।"

इस प्रकार अवधी कवियों ने ग्रामीण अंचल का कुशल' रेखांकन किया है। जिसमें प्रत्येक क्रिया-कलाप में प्रकृति की पैठ दृष्टिगत होती है। प्रकृति का आलम्बन, मानवीकरण, उद्दीपन, अलंकरण आदि प्रविधियाँ देखी जा सकती हैं।

कुसमय में अधीरता के स्थान पर धैर्य रखकर कार्य को पूर्ण करना, देश के विकास एवं सुरक्षा हेतु अपना सर्वस्व समर्पित करना हम मानवों का मानवीय एवं प्रकृति प्रदत्त कर्त्तव्य हैं। इसी उद्देश्य को केन्द्र में रखकर अवधी के रचनाकारों ने राष्ट्र-सेवा का संकल्प अपनी रचनाओं में व्यक्त किया है।

वैविध्य के कवि पं0 बंशीधर शुक्ल देश का आवाहन करते हुए कहते है-

'उठो सोने वालों सवेरा हुआ है।'
'सर पर बांधे कफनवा सहीदों की टोली निकली है,

इस टोली में बच्चा-बच्चा तक शामिल होने के लिए व्यग्र है। जनमानस यह दृश्य देखकर गा उठता है-

"मोरा रंग दे बसन्ती चोला।"

दूसरी तरफ गाँव के बुजुर्ग, संत, मौलवी गाते हैं-

'उठ जाग मुसाफिर देर भई अब रैन कहाँ जो सोवत है।"

देश-ग्राम की इस वाणी को तीक्षणता प्रदान करते हुए, 'त्रिलोचन शास्त्री' समाज के सर्वहारा वर्ग को ललकारते हुए कहते हैं कि 'दीनता के कारण अन्याय मत सहो। तुम्हारा मन इन बेड़ियों से मुक्त है, अतः निर्भय होकर संघर्ष करो।'

उदाहरण स्वरूप पांक्तियाँ प्रस्तुत है-

"दीनता पेट से लिपटी है, मन तो अदीन है।"

अवधी काव्य में लोकजीवन सर्वत्र बिखरा हुआ है। इसमें किसानी-संस्कृति, परिवेश, रीति-रिवाज, परम्पराएं, स्त्री पुरुष के पहनावे, बोली-भाषा, क्रिया-कलाप, ग्रामीण समाज व्यवस्था, आर्थिक, मनोवैज्ञानिक स्थिति, खान-पान, ज्ञान-विज्ञान, चिकित्सा पद्धति, व्यावहारिक ज्योतषीय ज्ञान आदि सब कुछ समाहित है। इनसे जुड़े खट्टे- मीठे आग्रह, पूर्वाग्रह, धारणाएं, मान्यताएँ, किंवदन्तियाँ, अर्न्तगाथाएँ मानव मन को सहज ही सिक्त, आर्द्र अथवा तिक्त, कसैला कर देती हैं।

बंशीधर शुक्ल के काव्य में प्रकृति का पालनकर्त्ता रूप एवं मानव समाज को सत्कार्यों की ओर प्रेरित करता रूप, दोनों ही उपस्थित हैं। उदाहरणार्थ-

"धरती शिक्षा दे बढ़इसि,
सिविता आँखिन तर पालिनि।
दिनु राति पवन मुँहुँ पोंछिसि
चन्दरमा अमिरितु ढालिनि।।"

शुक्ल जी की दृष्टि में प्रकृति के सभी उपांग एक-दूसरे से गुँथे हैं। उनका रूप साम्य देखते ही बनता है-

"मेढ़का पीताम्बर पहिरे,
पानी माँ टर्र मचावै।
जनु होय बरुन की पूजा,
सब पण्डित मंत्र सुनावै।।"

'रमई काका' की कविताओं में लोक-जीवन का एक रंग-बिरंगा रूप देखिए-

"म्वाँछन का कीन्हें सफाचट
मुँह पौडर और सिर केश बड़े।
तहमद पहने अण्डी ओढ़े बाबू जी याकै रहै खड़े।
हम कहा मेम साहब सलाम वे बोले चुप बे डैम फूल।
मैं मेम नहीं हूँ साहब हूँ हम कहा फिर ध्वाखा होइगा।।"

भोक्ता किसान का वैविध्यपूर्ण चित्रण अवध के लगभग सभी कवियों का प्रिय विषय है, जिसमें समाज की विसंगतियों का, रूढ़ परम्पराओं, मान्यताओं में पिसते दीन-हीन वर्ग का चित्रण हुआ है। 'पढ़ीस' जी की रचना 'उयि का जानिन हम को आहिन ?' की कुछ पंक्तियाँ उदाहरणार्थ प्रस्तुत हैं-

''दुनिया के अन्नु देवय्या हम,
सुख-सम्पत्ति के भरवय्या हम
भूखे-नंगे अधमरे परे
रकतन के आँसू रोयि रहे
हम द्याखति अण्टा चढ़िगे
उयि का जानिनि हम को आहिन।।''

'त्रिलोचन' की कविता में 'भोरई केवट' की व्यथा मार्मिक रूप से शब्दबद्ध हुई हैं। कवि केवट के शब्दों में कहता है-

''जीवन की पीड़ा भरी
बाबू, इस महँगी के मारे किस तरह अब तो और जिया नहीं जाता।''

गाँव का किसान समय की दोहरी मार झेलने के लिए अभिशप्त है। एक ओर गाँव-जुवार के बली लोग- जमींदार, साहूकार, बनिया, पंडा-पुरोहित, महंत, मौलवी, सूदखोर आदि, ग्रामीणों को धर्म, व्यवस्था, समाज, प्रथा, रूढ़ि के नाम पर मूर्ख बनाकर उनका शोषण करते हैं। तो दूसरी ओर सरकार, शहरी लोग, पटवारी, मुंशी, बाबू लोग इन्हें मूर्ख बनाते हैं। कभी लोकतंत्र, न्याय, विकास की मुख्यधारा में शामिल करने का नाटक करके उनकी जमीने, उनका वजूद तक हड़पने को तैयार बैठे रहते हैं। ग्रामीण व्यवस्था, सोच से त्रस्त होकर गाँव छोड़ने को मजबूर ये व्यक्ति शहर की व्यवस्था, चकाचौध, व विसंगतियों का सहज सुलभ शिकार होकर अपना सर्वस्व गवाँ बैठते हैं। उनकी जमा-पूँजी के साथ-साथ मान, मर्यादा, इज्जत- आबरू भी इन तथाकथित बड़े सभ्य, सुसंस्कृत, ज्ञानी लोगों द्वारा लूट ली जाती है। इसी अन्तर्वेदना को बंशीधर शुक्ल वाणी देते हुए कहते हैं-

''जहाँ न प्रकृति भरइ उत्साह,
हुँवा कस-कस होई निरबाह।

× × ×

जहाँ न खुलि के निकरइ आह,
हुँवा कस-कस होई निरबाह।।''

अवधी साहित्य में नीति-कथन की अविरल परम्परा रही है, जिसमें प्रकृति, मनुष्य, समाज, पशु-पक्षी सभी सम्मिलित हैं,। ये प्रबोधन वास्तव में पुरखों की वे जीवंत धरोहरें हैं, जिनको अपनाकर मनुष्य 'मनुष्य' बनता है और मानव कल्याण को अपना लक्ष्य मानता है। भगवान का अवतार लेकर प्रकट होना भी जन-सामान्य को पुरुषार्थ हेतु प्रेरित करता हैं, उनमें विशेष ऊर्जा का सहज संचार करता है। उदाहरणार्थ-

''पै जब प्रभु नरतन आवत।
निज पुरुषार्थ नरहु प्रगटावत्।।''

नारी की महिमा की इंगित करता 'पढ़ीस' जी का यह नीतिकथन कितना सार्थक है-

''तुम नारी हउ, महतारी हउ
बहिनि-बिटिया सब कुछु आहिउ,
कन कन ते लइ सुख का गुलाल
बरसउती हउ हमरे ऊपर।।''

बंशीधर शुक्ल ने 'हरी डार के पत्ता' शीर्षक कविता में जीवन का सन्देश दिया है। वे कहते हैं-

''हम हरी डार के पत्ता हम पतझारन ते घबराई का ?
ई चलाचली की दुनिया माँ झंझा ते मुँहुँ लुकवाई का ?''

अवधी साहित्य जगत के स्वनाम धन्य कवि धरणीदास स्वरचित 'प्रेम-प्रगास' (सन् 1873 ई0) में 'साहस' के चमत्कार को बतलाते हुए कहते हैं कि बिना मन में दृढ़ निश्चय किये एवं साहस किये कोई सिद्धि प्राप्त नहीं हो सकती हैं-

''साहस ते सिद्धि पाइए, जे मन निश्चे होइ।
बिनु साहस धरनी कहे, सीधि न पावे कोई।।''

सुशील सिद्धार्थ की दृष्टि कितनी साफ है। वे कहते हैं कि जुल्म ढाने वाला तो जुल्म करता रहता है किन्तु लोग दृढ़ता व साहस के अभाव में एक-दूसरे पर दोषारोपण करते हैं। उदाहरण-

"बगुला मछरी लील गा तालु रहा खामोस।
बउरी दुनिया दै रही, यहि का वहि का दोस।।
मोहरे पर की नींबि ते पुरवैया बतलाय।
का जानै बसिगे कहाँ चिरई चुनगुन जाय।।"

आधुनिक कवि अपनी रचनाओं में ग्राम की आंचलिक सभ्यता, शऊर को तो समेटे ही हैं, साथ ही आधुनिकता को भी स्वीकार कर रहे हैं। ये व्यक्ति-समाज-राष्ट्र की भावनाओं को तो व्यक्त करते ही हैं, समाज में आये परिवर्तन के श्रेष्ठ तत्त्वों को भी स्वीकारते हैं। विघटनकारी तत्त्वों को नकारते हैं। इसके साथ ही वे अपनी उपस्थिति भी दर्ज कराते हैं। उदाहरणार्थ-

"अर्थावत अर्थावत अर्थ हेराइ
सामुझि की घानी मां सब्द पेराइ।"

चाहे व्यक्ति आधुनिकता के फेर में कहे अथवा विवशतावश कहे। गाँव छोड़कर शहर में बसने की चाह पर कवि व्याकुल मन से कह उठता है-

"गाँव छाँड़ि कै चल्यो नगर का
धरती तुमका टेरि रही है।"

'रमई काका' की कविता 'नैनीताल' में आधुनिकता के नाम पर, भेड़ चाल पर चलने वाले युवाओं पर कटाक्ष किया गया है-

"कुछ अइसौ पुरुष भागिशाली,
जो अइसी तिरिया लिये संग।
उई बहुते कम कपरा पहिरे,
बसि अधेहे आधे ढके अंग,
उइ बड़ी बचत ते चालति हैं,
है मिलत भागि से अइस साथु।
याके हैं हमरेव घर जिनके,
घूँघटै माँ लागे डेढ़ हाथु।।"

डॉ0 विद्याबिन्दु सिंह आधुनिकता के विवेक रहित ग्राह्य करने की पद्धति को अनुचित मानती हैं। वे लिखती हैं-

"गउवाँ गिरउवाँ सहर भए बाबा।
फुलवा करेजवा बजर भए बाबा।।"

अवधी स्वयं में प्रगतिशील एवं जीवंत भाषा है। इसका अवगाहन जिसने भी किया, वह इसी का होकर रह गया। यह परम्परा 13वीं शताब्दी में मुल्ला दाऊद (चन्दायन), जायसी (पद्मावत) कुतबन, मंझन से चलती हुई गोरखनाथ, गिलक्राइस्ट, इंशा अल्ला खाँ, भारतेन्दु हरिश्चन्द्र में पुष्ट होकर विविध वर्णी बनी। इसका प्रत्येक वर्ण अवध क्षेत्र के नये रूप, नयी संवेदना को, बिम्ब को आयाम देता चलता है।

डॉ0 पीताम्बरदत्त बड़थ्वाल ने निर्गुण संतकाव्यधारा पर गहन खोज कार्य किया है। उन्होंने भी अवधी काव्य की जड़ ग्यारहवीं सदी में सक्रिय रहे गोरखनाथ की बानी से मानी है।

डॉ0 रामकुमार वर्मा 'खुसरो' को अवधी का प्रथम कवि मानते हैं, जबकि पं0 अयोध्यासिंह उपाध्याय 'हरिऔंध' जी 'कुतबन' को अवधी का प्रथम कवि सिद्ध करते हैं। वहीं आचार्य रामचन्द्र शुक्ल ने अवधी का सबसे पुराना कवि 'ईश्वरदास' (सत्यवती कथा, सन् 1436 ई0) को माना है।

अवधी लोक-साहित्य पूरी तरह लोक को ही समर्पित साहित्य है, इसमें प्रकृति से लेकर मनुष्य-पर्यन्त लोक-जीवन की संवेदनाएँ, अनुभूतियाँ आदि व्याप्त है। ग्राम्य अंचल का प्राकृतिक परिवेश भी जन-जन को प्रेरित व उल्लसित करता है ताकि उनका जीवन रसपूर्ण हो। कुछ पंक्तियाँ द्रष्टव्य हैं-

"जो दूब तना हरियाय, वहै है अवधी,
कोइलरि जस कुहकति जाय, वहै है अवधी।।
'पदमावत' जेहिकी साँस-साँस मा गूँजै।
जेहिमा 'मानस' लहराय वहै है अवधी।।"

'पढीस' जी ने अपनी कविता 'बिटउनी' में ग्राम का मनोहारी चित्र खींचा है-

"बारू के ढूहा ऊपर, परभातु आयिसि कसि फूली।
पसु पच्छी मोहे मोहे, जंगलु मा मंगलु गावयिं।
बरसायि सतउ गुनु चितवयि, कंगला किसान की बिटिया।।"

बंशीधर शुक्ल की चिन्ता का कारण देश की भ्रष्ट, आत्म प्रसन्न जनता है, जो निश्चिंत भाव से सोई है, वे उसकी आत्मा को झकझोरते हुए कहते हैं-

"उठ जाग मुसाफिर देर भई, अब रैन कहाँ जो सोवत है।"

बंशीधर शुक्ल पाठकों व श्रोताओं से सहज भाव से पूछते हैं कि भला ऐसे स्थान पर किस प्रकार 'निरबाह' होगा ? जहाँ वेशभूषा, भाषा, व्यवहार, पेट में

कपट, बात में दगा, जिह्वा पर झूठ, होठों में घृणा, आँखों में नशा, चित्त में क्षोभ, शरीर में रोग किन्तु रूप सुकुमार हो। आगे कहते हैं–

"जहाँ पर कहइँ चोर का साह,
हुवा कस–कस होई निरबाह।।"

त्रिलोचन शास्त्री ने अपनी एकमात्र अवधी कविता 'अमोला' में समाज की विसंगतियों, कुचक्रों से त्रस्त हतप्रभ किसान की दशा व शून्य दिशा को वाणी दी है। वे कहते हैं, अब समाचार–पत्रों के माध्यम से ही प्रातःकाल का पता चलता है। किंतु हम किस ओर जाएं, क्या करें इसका पता ही नहीं चलता है–

"अकबारन मऽ छपि ग ऽ होइ ग ऽ भोर
केसे पूंछइ जाई कउनी ओर।"

अवधी साहित्य में धर्म अपने नैसर्गिक रूप में स्थित रहा है, अवध धार्मिक रूप से महत्त्वपूर्ण स्थली रही है, यहीं पर राम का अवतार हुआ, वे मात्र राजपुत्र न होकर मर्यादा पुरुषोत्तम रूप में जनमानस में और यहाँ के लोकगीतों, लोककथाओं, लोक कलाओं में सहज भाव से स्थापित हैं, तभी लोग भजनों में, प्रार्थना गीतों में भक्ति रस से सिक्त होकर गाते हैं–

'रघुपति राघव राजा राम, पतित पावन सीता राम',

अवध भाषी जनपद सांस्कृतिक समरसता के लिए भी प्रसिद्ध है। यहीं भगवान श्रीराम के अनुज की नगरी लक्ष्मणपुरी (वर्तमान लखनऊ स्थल) स्थित है, जिसकी महिमा सर्वत्र विदित है, इस प्रकार जन–जन में धर्म अपने स्थूल रूप में विद्यमान है, किन्तु विचारपूर्वक देखा जाए तो यह धर्म की साम्प्रदायिक स्थूलता है, काव्यजगत् में धर्म को विभिन्न संत कवियों एवं रचनाकारों ने विभिन्न रूपों में संजोया है, इस काव्यधारा को हम विभिन्न नामों से (मोटे तौर पर) अभिहित कर सकते हैं, यथा–

1. अवधी की संत काव्यधारा– कबीर, दादू, सुन्दरदास, हरिदास, 'निरंजनी', यारी साहब, दूलनदास, धरणीदास, दरिया साहब आदि।
2. अवधी की प्रेमाख्यानक काव्यधारा– मुल्ला दाऊद, जायसी, कुतुबन, ईश्वरदास, ख्वाजा अहमद, शेख रहीम, जोवल, कवि नासिर आदि।
3. अवधी की रामकाव्यधारा–स्वामी रामानन्द, सूरजदास, पुरुषोत्तमदास, तुलसीदास, स्वामी अग्रदास, रघुनाथदास 'रामसनेही' आदि।
4. अवधी की कृष्णकाव्यधारा– लालचदास या लालदास, जायसी, सबल

स्याम, नवलदास, मंचित, रघुनाथदास 'रामसनेही', मुंशी मंगलदास, महावीर प्रसाद त्रिपाठी 'मधुप', गुरुप्रसाद सिंह 'मृगेश', दादूदयाल गुप्त, बंशीधर शुक्ल, द्वारिकाप्रसाद मिश्र आदि।

ये सभी संत अपनी अभिव्यक्ति के लिए अवधी भाषा का प्रयोग, बहुत सरलता से करते थे। जायसी के 'कान्हावत' (हिजरी सन् 94) प्रकाश में लाने का श्रेय डॉ0 शिवसहाय पाठक को जाता है, जिन्होंने साहित्य भवन, इलाहाबाद से सन् 1981 ई0 में प्रकाशित करवाया था। इसमें दोहा- चौपाई में 6-7 अर्धालियों के बाद दोहा रखा गया है। इसमें कुल 366 दोहे सम्मिलित किये गये हैं, मसनवी पद्धति प्रयुक्त किया गया है।

महात्मा बनादास (उभय प्रबोधक रामायण) के काव्य में वृत्तान्त कथन के साथ अध्यात्म गूढ़ार्थ स्पष्ट झलकता है। सूक्ष्म अनुभूति को आप भी महसूस कीजिए-

"साँचो पिय जबहीं मिलें,
गुड़िया खेलब जाए।
बनादास जेहिं ना मिलै,
मूरति पूजा ताहि।।"

अवधी साहित्य में सामाजिक कुरीतियों का वर्णन समय-समय पर सभी कवियों ने किया है, उन्होंने अपनी कविता 'बड़प्पन' में स्वार्थपरता की प्रवृत्ति को रेखांकित किया है। कवि कहते हैं कि वास्तव में बड़प्पन का अर्थ अपनी क्षमतानुसार दूसरों की रक्षा करना, उन्हें निःस्वार्थ भाव से आश्रय देना है। उदाहरण द्रष्टव्य है-

"तुम ते तौ नीक कुकुरमुत्ता,
जो भुइं पर छतुरी छाये है।
तुम ऊँचे होइकै धरती पर नाहक खंभा अस ठाढ़ भयो,
तुम बड़े भयो तौ ताड़ भयो?"

धार्मिक पाखण्ड पर चोट करते हुए भारतेन्दु हरिश्चन्द कहते हैं कि 'हे पाखंडियों तुम्हारे ढकोसलों को मैंने देख व समझ लिया है। तुम्हारी काशी में जहाँ बाबा विश्वनाथ अपने अविनाशी रूप में विराजते हैं, वहीं पर तुमने काशी के दो हिस्से कर दिए, जिसमें एक ओर भाँड़ भँडेरिया ब्राह्मण, संन्यासी रहते हैं, तो दूसरी ओर रंडी, मुंडी, **राँड़**, खानसी इत्यादि वास करते हैं, देखिए, एक उदाहरण-

''देखी तुमरी कासी लोगों, देखी तुमरी कासी।
जहाँ बिराजैं विश्वनाथ विश्वेश्वर जी अविनासी।।
आधी कासी भाँड़, भँडेरिया ब्राह्मण और संन्यासी।
आधी कासी रंडी, मुंडी राँड़, खानगी खासी।।
लोग निकम्मे भंगी, गंजड़, लुच्चे बेबिसवासी।।''

घूसखोरी, भ्रष्टाचार पर व्यंग्य करते हुए कवि हरिपाल सिंह कहते हैं कि 'आज का युवा इस ताक में बैठा हुआ है कि शीघ्रातिशीघ्र पढ़ाई पूरी कर नौकरी प्राप्त की जाए, फिर खूब रुपया कमाने की जुगत भिड़ाई जाए। चाहे घूस, नजराना ले, साथ ही तनख्वाह ऊपर से भी लें। इसके लिए सारे कुचक्र, षड्यंत्र रचने में भी पीछे न हटूँगा।' उदाहरणार्थ–

''यहै आसरा है कबहूँ जो मिडिल पास होई जाइब।
तो नौकरी करब सरकारी रुपया खूब कमाइब।।
घूस अकोर, नजरि सालाना हक्‍ु उप्पर ते पाइब।
घात लागि जाई तब धमकी दइकै भले पुजाइब।।''

'रमई काका' ने दहेज व घूस लेने वालों पर कटाक्ष करते हुए कहा है–

''उन कहा सुकुल जी दायजु तौ,
मिसिरन का पंच हजारी है,
मुलु तुमहुँ सुकुल हो बाला के
मरजाद तुम्हारिउ भारी है।''

इस प्रकार सामाजिक कुरीतियों पर कवियों ने समाज का ध्यान आकृष्ट किया हैं।

अवधी काव्य में शिक्षा के दोनों पहलुओं (कुशिक्षा व अशिक्षा) पर व्यापक दृष्टिपात कवियों ने किया है, तथाकथित शिक्षित लोगों में व्याप्त कुशिक्षा का ही परिणाम है, लोगों में दिखावे की प्रवृत्ति, घूस, भ्रष्टाचार, स्वार्थपरता, वाह्याडम्बर, संकीर्ण मानसिकता। लालच की प्रवृत्ति मनुष्य के प्राकृतिक संबंधों को समाप्त कर स्वार्थ बुद्धि, उपभोग, भौतिकतावादी दृष्टिकोण का प्रसार करता है, वर्तमान में आधुनिकता अतिशयता **व वैश्वीकरण** व भूमण्डलीकरण के गम्भीर परिणाम दृष्टिगत हो रहे हैं।

कुशिक्षा का एक रूप बढ़ती **बेरोज**गारी है। इसकी कुपरिणाम यत्र-तत्र द्रष्टव्य है–

''तीन बुलाये, तेरह आवैं,
निज-निज विपदा रोइ सुनावै।
आँखें फूटी भरा न पेट,
का सखि सज्जन नहि ग्रेजुएट।।''

पढ़ीस' जी ने अपनी कविता 'अभिलाषा' के माध्यम से कुशिक्षा के प्रभाव को दिखाया हैं। वे कहते हैं-

''काकनि जो हमहूँ पढ़ि पाइति।
जण्टरमैन बनित छिनहे मा-
× × ×
जानि बूझि अँगूठा धरवाइति,
लाला ते लम्बर जिखवाइति,
ठकुरन ते बड़कये खेत की
बड़ी रसीद लिखाइति।।''

विभिन्न प्रकार के प्रदूषण, भ्रूणहत्या, कन्या हत्या, मान हत्याएँ (ऑनर किलिंग) भी कुशिक्षा के ही परिणाम हैं। कवि 'मित्र' ने सधे शब्दों में अपना रोष व्यक्त किया है-

''तुमरे अंगना का महकउबै अम्मा
कोखि मा मारेउ ना।
तुमरे कुल का नाउँ बड़इबै बप्पा
कोखि मा मारेउ ना।।''

जल-प्रदूषण की समस्या को रेखांकित करते हुए कवि कहता है-

''हमरे जुलुम और पाप कै निसानी ह्वै गवा,
देखि बेहयायी पानी, पानी-पानी ह्वै गवा।।''

अवधी के इन स्वनामधन्य कवियों ने अवधी साहित्य की मंगलमयी समृद्धि की है। जन-साहित्य की सर्जना में इनकी गति देखकर उज्ज्वल भविष्य की आशा की जा सकती है। इनकी साहित्यिक कृतियाँ उनके चिंतन की प्रखरता, भाषा की मधुरता तथा कवि व्यक्तित्त्व की तेजोमयता द्वारा अवधी भाषा और साहित्य का गौरव बढ़ाती हैं।

■

कवि परिचय

बलभद्रप्रसाद दीक्षित 'पढ़ीस'

पढ़ीस जी का जन्म भाद्रपद 1955 वि0 (तदुनसार 1898 ई0) को सीतापुर जनपद के अम्बरपुर ग्राम में हुआ था। इनके पिता श्री कृष्णकुमार दीक्षित एक साधारण कृषक थे। इनकी माता का नाम श्रीमती यशोदा देवी था। बाल्यावस्था से ही इनका पालन-पोषण इनके बड़े भाई पं0 दीनबन्धु दीक्षित ने बड़े ही प्यार दुलार से किया। इन्होंने सन् 1920 ई0 में हाईस्कूल की परीक्षा उत्तीर्ण की और उसके बाद काल्विन तालुकेदार कालेज में अध्ययन हेतु प्रवेश लिया परन्तु छः महीने पश्चात् कुछ कारणवश पढ़ाई छोड़ देनी पड़ी। इनकी अंग्रेजी वाक्पटुता सामान्य लोगों की अपेक्षा कहीं अधिक थी। अतएव तत्कालीन उच्चवर्ग में इनका सम्पर्क अधिक हो गया था। पढ़ाई छोड़ने के बाद इन्होंने कसमण्डा राज्य में नौकरी कर ली और लगभग 1935 ई0 तक वहीं रहें। इन्हें कसमण्डा राजा सूर्यबक्श सिंह का निजी सचिव रहने का अवसर प्राप्त हुआ। कसमण्डा राज्य की नौकरी छोड़ने के उपरान्त पढ़ीस जी ने कुछ समय तक बम्बई में अपने बड़े बेटे बुद्धिभद्र दीक्षित के यहाँ रहे थे। सन् 1938 ई0 से 1940 ई0 तक इन्होंने लखनऊ रेडियो स्टेशन में काम किया। आकाशवाणी लखनऊ में 'अवधी का पंचायतघर' कार्यक्रम पढ़ीस जी के ही निरीक्षण में विकसित हुआ था।

मुंशी प्रेमचन्द, सूर्यकान्त त्रिपाठी निराला और बलभद्र प्रसाद दीक्षित 'पढ़ीस' तीनों लेखक गाँव के थे। किसान के जीवन से अच्छी तरह से परिचित थे। तीनों का यथार्थ भी अलग-अलग था। मुंशी प्रेमचन्द का यथार्थ सुना हुआ, निराला का देखा हुआ और पढ़ीस का भोगा हुआ था। रामविलास शर्मा तो पढ़ीस की 'उयि अउरि आयि हम अउरि आन' को वर्ग-चेतना पर लिखी हुई हिन्दी की पहली कविता मानते हैं।

पढ़ीस का सामाजिक योगदान इससे भी ज्यादा है। वे कसमण्डा राज्य में पले बढ़े। वहीं नौकरी की, गांधी जी से प्रभावित होकर नौकरी छोड़ी और दलित बच्चों को पढ़ाना शुरू किया। एक ऐसे स्कूल की नींव डाली जिसमें सभी जातियों के

बच्चे एक साथ पढ़ते थे। ब्राह्मणों के लिए हल जोतना वर्जित माना जाता है तो उन्होंने खुद हल जोता। बेटी की उसकी पसंद से शादी की और कन्यादान नहीं किया। बेटे की शादी की तो शर्त रखी दान दहेज नहीं। आल इण्डिया रेडियो से देहाती कार्यक्रम की शुरुआत की। दुर्भाग्यवश इन्हें 27 जून 1942 ई0 को हल का फाल लग जाने के कारण टिटनेस हो गया, जिसके उपचार हेतु उन्हें लखनऊ अस्पताल में भर्ती कराया गया, किन्तु अंततः 14 जुलाई 1942 ई0 को इनकी जीवन लीला समाप्त हो गयी।

पढ़ीसजी ने जितना साहित्य-सृजन किया था उसमें से बहुत कम सामग्री उपलब्ध है। इनकी अवधी रचनाओं में एक मात्र कृति 'चकल्लस' और खड़ीबोली में 'सात कहानियों का संग्रह 'लामजहब' प्राप्त होता है। इसके अतिरिक्त बताया जाता है कि इन्होंने अपनी अवधी रचनाओं का एक संग्रह प्रकाशनार्थ प्रस्तुत किया था, परन्तु वह प्रकाशित नहीं हो पाया था। लखनऊ विश्वविद्यालय के हिन्दी विभाग द्वारा सम्पादित आधुनिक अवधी काव्य नामक संकलन की भूमिका में पढ़ीस परिचय देते हुए लिखा गया है- लखनऊ में माधुरी पत्रिका में पढ़ीस जी ने 'बच्चों के बाप' नाम से एक बालपेयोगी लेखामाला लिखी थी तथा एक नाटक कृष्णलीला की रचना की थी।'

चकल्लस- चकल्लस सन् 1933 ई0 में गंगा फाइन आर्ट से प्रकाशित पढ़ीस जी की एक मात्र अवधी काव्यकृति है। यह पुस्तक तुकान्त एवं अतुकान्त 37 कविताओं का संग्रह है। इसमें भाव-वैविध्य के साथ ही नवीन छन्द योजना एवं युगीन काव्य प्रवृत्तियों का प्रवर्त्तन हुआ है। इन रचनाओं के माध्यम से भारतीय ग्राम्य जीवन का नैसर्गिक किन्तु मार्मिक रूप उभरकर सामने आया है। कवि ने इसमें अवध प्रदेशान्त एवं प्रदेश के अन्तर्गत प्रचलित देशज शब्दों का प्रचुर मात्रा में प्रयोग किया है। चकल्लस का प्रकाशन 1933 ई0 में हुआ जिसकी भूमिका निराला जी ने लिखी और उसकी भूरि-भूरि प्रशंसा की। इस कृति का परिचय देते हुए कविवर निराला ने लिखा है-

"मुझे कहते हुए संकोच नहीं कि पढ़ीस जी आधुनिक अवधी भाषा के आधारभूत स्तम्भ है। इन्होंने हरिपाल सिंह की रचना के उपरान्त मुक्तक कविताओं के विकास में नवीन प्रवर्त्तन किया है।' चकल्लस पर मुख्यतः छायावादी भावधारा और उसकी काव्य शैली का प्रभाव दृष्टिगत होता है जिसके कारण उनकी छायावादी कवि निराला से प्रगाढ़ मित्रता है। परन्तु 'चकल्लस' में जनवादी रचनाओं की भी कमी नहीं है। चकल्लस की कुछ पंक्तियाँ द्रष्टव्य है-

'परभाती हंसि पलास के बन का धीरे-धीरे
लाली लाली अँगुरिन ते गुदगुदी छुटायि जगायि रही।''

विषय और शिल्प दोनों दृष्टियों से इन कविताओं में तत्कालीन समाज-सुधार, राष्ट्रप्रेम की परम्परा शोषित-दलित के प्रति सुहानुभूति एवं सामंतवादी पूँजीवादी व्यवस्था के विद्रोह का स्वर मुखरित होता है। समाजवादी दृष्टि के साथ ही उपरोक्त सभी प्रवृत्तियाँ पढ़ीस जी की कविताओं में उपलब्ध हैं। चकल्लस की भूमिका लिखते हुए निराला ने लिखा है-

''देहाती भाषा में होने पर भी जहाँ तक काव्य का सम्बन्ध है, चकल्लस अनेक उच्च गुणों से विभूषित है। इसके चित्र सफल और सार्थक हैं।''

ग्राम्य जीवन- पढ़ीस जी मूलत: ग्राम्य संस्कृति के चतुर चितेरे कवि थे। इनका काव्य अवध प्रान्त के ऐसे उर्वर प्रदेश से नि:सृत है जहाँ पर गाँव के कृषक एवं युवक-युवतियाँ नगरीय दास्यवृत्ति का मजाक उड़ाते हैं, और स्वयं दैविक एवं भौतिक आपत्तियों से आहत होने पर भी खुशी एवं हर्ष के गीत गाते हैं। कवि ने ग्राम्य जीवन से सम्बन्धित 'चरवाहु, 'कंगला किसान की बिटिया', 'घसियारिन', 'डोंगिया' एवं बादर जैसी रचनाओं का सृजन किया जिसमें ग्रामीण जीवन के सुन्दर मनोहर सुरम्य दृश्य प्रतिबिम्बित होते हैं। वर्षा के बाद आकाश स्वच्छ होने पर ग्रामवासी अपने-अपने कार्यो में किस प्रकार संलग्न हो जाते, इसका चित्र द्रष्टव्य है-

'अंगड़ायि उठे बुढ़वा, जमुहायि का जुआनन,
अपने करम की लाठी, फिरि कसि कसि कयि पकरिनि,
फरुहा कुंदारि, गँड़सा, फिरि चलयि लागि खुरपा,
फिरि झुंकयि लागि जोधा बलिदान की बेदी पर।

पढ़ीस जी ने लोक-जीवन की दिव्य मनोहर झाँकी प्रस्तुत करते हुए लिखते हैं-

''वहिके सुख की कुछ थाह कहा इन्दरानी पावइं
नअवर नइना नाचि-नाचि चरवाहे की छबि ताकि रहें।
वहु आवा सुन्दर सावलियाँ मुसुक्यातइ ब्वाला
''अब न छोलू' वह हँसि हेरिसि, दूनउ पियारु बरसाइ रहें।
घसियारिनि हिउ हुलसाइ रही, दूलहा के मूड़े पर गठरी,
वह पाछे पाछे चली जाइ, सुख झुलवा झूलति।

लोक-जीवन की यह अलौकिक और मनोरम झाँकी आज के महाकवियों में देखने को नहीं मिलती क्योंकि इस लोकानुभूति से उनका सम्बन्ध नहीं है। कवि ने लोकानुभूति को गहराई से अनुभव किया, इसी कारण लोक-जीवन की मार्मिक अभिव्यंजना करने में इनको सफलता मिली है। ग्राम प्रधान देश होने के कारण परम्परा से भारतीय साहित्य में कही-कहीं ग्राम जीवन के चित्र सुलभ हो जाना सहज ही हैं। इस कारण साहित्य का वर्ण्य विषय खेत खलिहान का वह श्रमजीवी हैं, जिसके हाथ मशीन की कालिख से सने हुए अथवा धूल से धूसरित पैर बेवाइयों से फटे हुए हैं। उसका पसीने से भीगा शरीर नायिका के दर्शन की अपेक्षा नहीं करता अपितु वृक्षों के शीतल छाया में एक अंगौछे का सहारा लेकर विश्राम करना चाहता है।

पढ़ीस और छायावाद- कविवर पढ़ीस वस्तुत: पूर्णरूपेण छायावादी तो नहीं, अपितु इनकी 'सूखिडार' डोंगिया, परछाही', 'स्वनहुली स्यामा,' बिटऊनी एवं महतारी सदृश रचनायें छायावादी भावना की प्रतीक हैं। इनकी 'सूखिडार' नामक कविता में छायावादी प्रभाव द्रष्टव्य है-

''रूखे की छाती मां चपटी
कसि नंगि धरंगी
पछियाहे के चबुकन ते फिरि थहर-थहर थहराइ रही।
आँधी का अगुआ बारू की बारूद चलांवइ
अब टूटि अब टूटि अइसइ सोंच सोंच सकुचाइ रहीं।
यह सूखिडार सिरसा वाली,
यह वहइ आइ बदरही पहिले हरियारि सुन्दरि,
सजी वजी फूलन ते फिरि फूलि फूलि लहराइ रही,
पुरवाईजेहि के गाले मा चुटकी चिटकाइसि।

इस प्रकार कवि ने 'सूखी डाल' के साथ वृक्ष, पुरवई, कोयल, चन्द्रमा, पपीहा आदि का मानवीकरण किया है। पढ़ीस जी के काव्य में छायावादी प्रवृत्तियाँ प्रमाणित करने के लिए कुछ उदाहरण प्रस्तुत है-

'बड़े ताल की दांती के बिरवा के जिउ का जिउ जागा,
देखिसि पानी की छाती पर वह कि परछांहि पइरइ
अपनइ रूप निहारि बिरउनू अपने मन ते कहइ लाग
मइं तउ मइं इहु अउरू कउनु जो म्वारइ अस महिका धूरइ।

'स्वनहुली स्यामा' इसी लोक की एक सामान्य पनिहारिन है परन्तु छायावादी कवि की 'सौन्दयानुभूति ने उसे अलौकिक बना दिया है–

''आधी उघारि सयानि स्यामा
माता बिथरउती हइई छबि पर
हीरा मोती किरनन ते।
तन मन ते पूरि रही स्यामा।

रीतिकाल कवि के समक्ष नारी वासना तृप्ति का साधना मात्र थी, जबकि छायावादी कवि उसमें पवित्रता के दर्शन करता है–

नारी के प्रति कवि की यह धारणा रही है–
'तुम नारी हउ, महतारी हउ, बहिनी बिटिया
सब कुछु अहिउ
कन-कन ते लइ सुख का गुलालु बरसउती हउ हमरे ऊपर।

रहस्यवाद छायावाद युग की प्रवृत्ति विशेष है, जिसमें कवि समस्त विश्व में अपने आराध्य का सौन्दर्य देखता है। उसे क्षितिज के छोर तक उसकी शक्ति और सुन्दरता के व्यापक दर्शन होते हैं। फलतः उसकी अनुभूति तीव्रतर होकर वाणी का रूप लेती है, तब रहस्यवादी रचना का निर्माण होता है। पढ़ीस कृत 'महतारी' शीर्षक रचना में इस तथ्य के उदाहरण देखिए–

''तुम जउनि अखण्ड ज्योति आहिउ, जगु
जगमग जगमग करती हउ
तुम सात समुन्दर पार बइठि रहती हउ हमरी आंखिन पर।
तुमरे आंचर का छोरू छबीला, तीनि लोक तकु छहरि रहा
तुम महर-महर महकती रहिउ, पल पल पर जल थल के ऊपर ।

वस्तुतः पढ़ीस जी ने अवधी की आधुनिक मुक्तक कविता के क्षेत्र में एक युग प्रवर्त्तक का कार्य किया है। इन्होंने छायावादी कवियों की तरह नये-नये प्रयोग किए हैं। नवीन मात्रिक छन्दों के साथ-साथ मुक्त छन्द तथा अतुकान्त शैली का सफलता के साथ प्रयोग किया है। उनका भावपक्ष जितना मौलिक है कलापक्ष भी उतना ही उत्कृष्ट है। पढ़ीस जी की कला में किसी भी पूर्ववर्ती रचनाकार की कला का प्रभाव परिलक्षित नहीं होता है। जो भी इन्होंने सृजन किया है, वह उनकी अपनी मौलिक देन है। आधुनिक हिन्दी कविता की सभी प्रवृत्तियों की झाँकी

उनकी भावधारा में तो है ही साथ ही उसकी समस्त टेकनिक (शिल्प) भी उनके काव्य का अंग बनकर आ गयी है।

हिन्दी के छायावादी कवियों की भांति वे अवधी के आधुनिक काव्य के अद्‌भुत शिल्पी हैं। 'चकल्लस' में छायावादी रचनाओं के अतिरिक्त रहस्यवादी, प्रगतिवादी, देशप्रेम, प्रकृति प्रेम और समाज-सुधार सम्बन्धी रचनाओं का समावेश हुआ है। अल्पायु में ही उनके स्वर्गवास पर माधुरी के 'पढ़ीस अंक' के माध्यम से विद्वानों ने उनको जिस प्रकार श्रद्धांजलि दी है उससे भी उनके युग-प्रवर्त्तक व्यक्तित्व का परिचय मिलता है।

प्रकृति चित्रण- प्रकृति चित्रण प्राय: कवि की स्वतन्त्र और स्वच्छंद प्रकृति की देन होती है। यही कारण है कि आधुनिक काल के स्वच्छंतावादी युग में प्रकृति अपने विविध रूपों में चित्रित होती हुई काव्य की एक प्रमुख प्रवृत्ति बन गयी है। हिन्दी के समस्त प्राचीन और अर्वाचीन काव्य में प्रकृति चित्रण के जितने भी प्रमुख रूप दृष्टिगत होते हैं, प्राय: वे सभी अवधी के आधुनिक काव्य में उपलब्ध होते हैं। प्रकृति के परम्परागत रूपों में वन, उपवन, सर, सरिता, गिरि, गह्वर चन्द्र, सूर्य तारे संध्या रात्रि प्रात: आदि तक ही पहुँच सके हैं। वे खेतों, खलिहानों, मचानों, घूरों, गलियारों, चरागाहों, पोखरों, मिट्टी के घरौंदों, फूस या पयाल के छप्परों और उनके निवासी कृषकों श्रमिकों, के अभिन्न साथी पागुर करते हुए पशुओं आदि से बहुत दूर है।

अवधी के अधिकांश कवि गांवों में निवास करते हैं। उन्होंने गाँव की आत्मा का गहन मंथन किया है। उन्हें ग्राम प्रकृति तथा ग्राम्य जीवन की सही एवं तीव्र अनुभूति है। गाँव में पानी बरसने के समय मैदान में बिहरते हुए पशुओं के सहज व्यापार तथा छप्पर से ढके हुए घरों की दशा का सूक्ष्म पर्यवेक्षण देखते ही बनता है। किसान कवि पढ़ीस की अनुभूति कितनी स्पष्ट है, यह ग्राम्य जीवन का अनुभव रखने वाला प्रत्येक व्यक्ति समझ सकता है। कवि की बिम्ब योजना इस प्रकार है-

पूछंइ उठाइ भागी बंबाइ का कलोरी,
बछियां बछरा कानन पर बूंदन कार्वाकइ
कस अरर- अरर पानी की म्वटरी करती हइ
छपरन के माथे की मंगरी उड़ि-उड़ि आवइ।

नीले आकाश में बगुलों की पंक्ति उड़ती हुई कितनी मोहक लग रही है, इसका कवि द्वारा किया गया आलंकारिक चित्रण इस प्रकार है-

उजले उजले बगुलन की पाती उड़ती हुई-
सीधी तिरछी उलटी, टेढ़ी-मेढ़ी बनि कइ
का स्याम समुंदरु की छाती पर बहती हइं
पतरी-पतरी सुन्दर दूधे की धारई।

पदीस जी के प्रकृति चित्रण के सम्बन्ध में रामविलास शर्मा जी लिखते हैं- "जैसे धरती से फल फूल निकलते हैं, उसी प्रकार दीक्षित जी की कविताएँ जीवन के उर्वर अनुभव क्षेत्र से निकलती हैं। सभी में अवधी के किसान का कंठहार सुनते हैं। कभी नगर निवासियों की दास वृत्तियों पर हँसता कभी गांव के युवक युवतियों के सरल जीवन के गीत गाता और कभी दैविक भौतिक विपत्तियों में आहत और पीड़ित होता है। लेकिन प्रधान स्वर हँसी का है, एक वीर की हँसी का, जिसने दुःख और विपत्तियों में मुस्काना सीखा है।"

जल, पावक, गगन, समीर तो हमारे निर्माता हैं ही हमने सर, सरिता, सागर, गिरि, वन, तरु, जीव-जन्तु, पत्थर आदि प्रकृति के समस्त उपादान को देवत्व का पद प्रदान किया है। जो भी हमारे काम आता है, जो भी हमारा शुभ चिन्तक हैं, हमारा विशाल हृदय उन सभी की पूजा करता आया है। पूज्य होने के कारण प्रकृति हमारे लिए आदर्श है। अतः हम उससे प्रेरणा तथा उपदेश ग्रहण करते हैं। प्रकृति को उपदेशिका के रूप में चित्रित करने का सफल प्रयास तुलसीदास ने भी किया है तथा केशव, रहीम, बिहारी, वृन्द, दीनदयाल गिरि आदि ने भी किया है। अवधी के आधुनिक कवि भी इस प्रभाव से मुक्त नहीं है। घोर वर्षा के समय पानी के बुलबुले उठते और फूटते रहते हैं। कवि ने इसके माध्यम से जीवन की क्षणभंगुरता का चित्रण किया है-

"पानी के बुज्जा सब, कस उठइं उठइं फूटइं
का जिन्दगी के नकसा अइसन बनि बनि बिगरइ।

इस प्रकार पढ़ीस जी के 'सूखिडार' तथा 'परछांही' शीर्षक रचनाओं में प्रकृति के मानवीकरण की छटा देखने योग्य है। पढ़ीस जी का वर्षा वर्णन देखकर सुप्रसिद्ध समालोचक पं0 कृष्णबिहारी मिश्र ने उनके विषय में लिखा था- "गाँव में बैठकर वर्षा को उन्होंने बारीक निगाह से देखा है, उनका वर्षा वर्णन बहुत ही बढ़िया है। यह प्रकृति पर्यवेक्षण में निस्सन्देह प्रवीण है।"

समतावादी दृष्टि- कविवर पढ़ीस का मूल उद्देश्य काव्य-सौन्दर्यीकरण न होकर तत्कालीन सामाजिक दुर्व्यवस्था के स्वर को मुखरित कर सुधार लाना था। उन्होंने आड़े हाथों कान्यकुब्ज ब्राह्मणों की पाखण्डवादिता, बहुविवाह एवं वृद्ध विवाह प्रभृति कुरीतियों पर मार्मिक व्यंग्य प्रस्तुत करते हुए लिखा हैं-

मरजाद पूरि बीसउ बिसुआ, हम कनउजिया बामन आहिन
दुलाहिनि तीनि, लरिका ग्यारह, सब भिच्छा भवन ते पेटुभरई
बिटिया बइठी बत्तिस की, पोती वर्ष अठारह की झलकी
चउथेपन चउथ बियाहे के बिहकरा बइठ घर का घेरे
वह स्वारह की कचनारु अइसि, हम सत्तरि के मुंह बाइ रहेन।

अंग्रेजी सभ्यता के माध्यम से परम्परागत भारतीय सभ्यता में जो अन्तर दृष्टिगत हो रहे हैं उस पर व्यंग्य करते हुए 'छीछाल्यादरि' कविता के माध्यम से पढ़ीस विडम्बना का सजीव चित्र प्रस्तुत करते हुए लिखते हैं-

'तुम घूरि घूरि हमका दयाखउ
यह छीछाल्यादरि द्याखउ तउ।
हम तुमका द्याखति धरि खाई,
यह छीछाल्यादरि द्याखउ तउ।
तुम लहंगा लखतइ लाल परउ,
लम्बे लटकनि की कउनि कही
हम सूटु बूटु ते जरि जाई
यह छीछाल्यादरि द्याखउ तउ।

आधुनिक भारत में अंग्रेजी शिक्षा कितनी महँगी पड़ती है उसने किस प्रकार बेकारी को जन्म दिया है तथा भारतीय संस्कृति का हनन किया है, यह सभी जानते समझते हैं। अतएव इस विषय पर कवि का व्यंग्य निरर्थक नहीं है-

"अल्ला बल्ला सबु बेंचि खोचि दुइ सउ का मनिया अडरू किहनन
बहु उड़िगा चाहइ पानी मां, लरिकउन ए0 मे0 किहिन
कीलरु नकटाई, सूट हैट, बंगला पर पहुँचे सजे बजे
नउकरी न पाइनि पाचउ की लरिकउन ए0 मे0 पास किहिन।"

दूसरी तरफ यदि पत्नी अंग्रेजी पढ़ी लिखी सुशिक्षित है तथा पति सामान्य भारतीय गृहस्थ का प्रतिनिधित्व करता है तो किस तरह का माहौल होता है, तथा क्या विडम्बना होती है-

लरिकउन आये दफ्तर ते
दुलहिनि अंगरेंजी बूकि चली
घरु बारु गिरिहती चउपट कइ
दुलहिनि अंगरेजी बूकि चली।

कवि पढ़ीस पश्चिमी उच्च शिक्षा के विरोधी नहीं हैं। उनका विरोध किसी रूढ़ि के कारण नहीं करते हैं, प्रत्युत वे अपनी भारतीय संस्कृति के पुजारी हैं। जब कवि उच्च शिक्षा प्राप्त व्यक्तियों को अपनी संस्कृति की अवहेलना करके पाश्चात्य संस्कृति का अन्धानुकरण करते देखते हैं तो उन्हें दु:ख होता है। गांवों की शस्य श्यामला वसुन्धरा में पले हुए लोग उच्च शिक्षा प्राप्त कर किस प्रकार ग्रामीण जीवन का रहन-सहन और वहाँ क़ी मधुर झांकी भूल जाते हैं, यह नीचे की पंक्तियों में देखिए-

"बजरा का बिरवा तुम भूल्यउ का आइ करयाला तुम पूछयउ
छगरी का भेड़ी कइसि कह्यउ, जब याक बिलायति पास किह्यउ।।"

कवि स्त्री शिक्षा के विरोधी नहीं है परन्तु वर्तमान नारी शिक्षा प्रणाली के दोष उनसे छिपे नहीं हैं। भारतीय संस्कृति में गृहकार्य की दक्षता स्त्री शिक्षा का सबसे बड़ा गुण है परन्तु आज की उच्च शिक्षा प्राप्त महिला जब गृहकार्य के प्रति अपनी अनभिज्ञता का परिचय देती है तो भारतीय संस्कृति के भक्त को खेद होता है। इस सम्बन्ध में एक कवि का असन्तोष देखिए-

"रामु जानइ मोरी बिटिया होरी का करिहइं
पढ़िनि स्वारहहउ कला, चूल्हू क देखेर वाबई।

अवधी कविता में नवकाव्य के तत्त्व सर्वप्रथम पढ़ीस की कविताओं में मिलते हैं, जहाँ प्रकृति का मानवीकरण उसके रागात्मक संबंधों को कवि ने वाणी दी है-

जइसी द्याखौ तइसी अपनी
अप्छरा-किन्नरी नाचि रहीं।
अपनेपन माँ विरानपनु भूला।
भँवरा-अस मड़रान करइ।"

वस्तुत: आधुनिक भावबोध के संनियोजन, युगानुकूल प्रासंगिकता तथा उदात्त कल्पना कौशल आधुनिक अवधी कविता के पुरस्कर्ता एवं पुरोधा कवि पढ़ीस जी के काव्य में मिलता है।

■

पं0 वंशीधर शुक्ल

अवधी सम्राट वंशीधर शुक्ल कालिदास, भवभूति, तुलसी, सूर निराला और दिनकर की कोटि के महाकवि हैं। अवधी, ब्रज तथा खड़ी बोली में रचना करने के बाद उनका मानस अवधी भाषा में ही रमा। अवध की संस्कृति और जीवन उनकी रचनाओं का प्राण है।

शुक्ल जी की कविताएँ राजनीतिक चेतना के साथ-साथ ग्राम्य जीवन की जीवन्त झांकी प्रस्तुत करती हैं। अवधी के इस मूर्धन्य कवि का जन्म बसंत पंचमी की पवित्र बेला में संवत् 1961 वि0 में 'मन्योरा' ग्राम में लखीमपुर-खीरी जनपद में हुआ था। पन्द्रह वर्ष की अवस्था में पिता की मृत्यु हो जाने से उनका बाल्यकाल अभाव, विपन्नता एवं निर्धनता में व्यतीत हुआ।

स्वतंत्रता संग्राम में 'उठ जाग मुसाफिर भोर भई', 'कदम-कदम बढ़ाये जा, 'सर बांधे कफनवा हो' शहीदों की टोली निकली, किसान की अर्जी' आदि अनेक गीत जनमानस पर छाते और मंडराते रहे हैं। शुक्ल जी की इन रचनाओं से जनमानस विशेष रूप से युवा वर्ग उद्वेलित हुआ।

शुक्ल जी ने 50 छन्दों में सर्वप्रथम कृति 'आल्हा सुमिरनी' लिखी। तत्पश्चात् 'बेटी-बेचन', 'कृषक विलाप', 'युगल-चण्डालिका', 'मेलाघुमिनी', 'कुकुडूकूं', 'राष्ट्रीय गान', 'अब ग्राम सुधार करो पुतुवा', 'अब दुनिया बदल गयी', 'नेहरू सावधान', 'कमला- आरख्यान', 'गुप्ता भाषण', 'कांग्रेस सरकार स्वाहा', 'नसबन्दी बन्द करो', 'मजदूर', 'दहेज', 'दिल्ली दरबार श्रीकृष्ण चरित', 'स्वतंत्रता संग्राम' आदि कृतियाँ प्रमुख हैं।

वंशीधर शुक्लजी ने ग्रामांचल की प्रकृति, अवधक्षेत्र का परिवेश, कृष्कों की दयनीय स्थिति, दुर्दशा, लोकसंस्कृति, लोकविश्वास आदि का स्वाभाविकता और सहजता के साथ अपने काव्य में चित्रण किया है। ग्राम्य परिवेश का चित्रण करते समय उनके संघर्ष और त्रासपूर्ण जीवन का प्रतिबिम्ब स्पष्ट देखा जा सकता है।

इस अवधी के सम्राट ने अपने काव्य में प्रकृति का कोमल एवं उग्र दोनों ही रूपों का संनियोजन किया है। ग्राम्य जीवन के रमणीय वातावरण में उनका मन अधिक रमा है। हिलते हुए वृक्षों तथा गदरायी हुई फसलों को देखकर उनका भावुक मन विभोर हो उठता है। कलकल ध्वनि से प्रवाहित नदियों के किनारे बसे गाँवों के समक्ष शहर के जीवन को निकृष्ट समझते हैं। शुक्ल जी में अपनी कविताओं ने ग्राम के अंचल में बांस के झुरमुटो, नागफनी, चौधारा, मूंज, बेलझर,

करौंदा, महुआ तथा पशु-पक्षियों की किलोलों का अप्रतिम सौदर्न्य जिस सूक्ष्मता के साथ चित्रित किया है, वैसा अन्यत्र दुर्लभ है।

सामाजिक तथा राजनीतिक रूढ़ियों के प्रति विद्रोह वंशीधर शुक्ल के काव्य में देखा जा सकता है। उन्होंने सामाजिक कुप्रथाओं पर व्यंग्य करते हुए 'दहेज की भ्याँट', अछूत की होरी, बारात का खर्चा आदि रचनाएँ लिखीं।' अंग्रेजी फैशन में मस्त, अपने को सर्वोपरि समझने वाले गरीबों की सम्पत्ति को छल-बल से अधिकृत करके धनवान कहलाने वाले तथाकथित समाज के लोगों पर तथा समाज के अंदर फैली हुई विषमताओं पर उनके व्यंग्य बड़े ही अनोखे हैं।

समाजवादी विचारधारा से प्रभावित होने के कारण उनके दीन-हीन किसान, मजदूर और अभावग्रस्त लोगों के प्रति गहरी सहानुभूति रही है। समतापूर्ण जीवन जीने के पक्षधर होने के कारण उनका काव्य क्रान्तिकारिता एवं उग्र विचारधाराओं से पुष्ट रहा है। 'राममड़ैया', 'राजा की कोठी', 'किसान की अर्जी' में किसान के शोषण का कारुणिक चित्र है। यह शोषण की पराकाष्ठा ही है कि सबको अन्न देने वाला कृषक दाने-दाने को तरस रहा है। स्वतंत्रता के बाद भी किसान और गरीबों की स्थितियों में सुधार न देखकर, देश के कर्णधार नेताओं तथा अफसरों की लूट और विलासिता को देखकर उनका कवि मन आहत होता है तथा वह अपने काव्य में समाजवादी स्थिति लाने के लिए क्रांति का आवाहन करते दिखाई देते हैं।

सामाजिक, साहित्यिक, सांस्कृतिक आदि क्षेत्रों में व्याप्त विसंगतियों पर व्यंग्य उनकी 'सलीमा', 'कविसम्मेलन', 'मुसायरा' आदि रचनाओं में देखा जा सकता है।

वंशीधर शुक्ल के समय गांवों में जमींदारी व्यवस्था का बोलबाला था। किसान हर प्रकार से जमींदारों के चंगुल में फंसा था। उसे निरन्तर सपरिवार कठिन परिश्रम करने के उपरान्त भी दो टूक रोटी मिलना दुष्कर था। यही नहीं जमींदार से लेकर उसके चपरासी, कारिंदे, मुखिया, महाजन, पटवारी सभी कृषक का शोषण करने पर तुले हुए हैं। कृषक की आर्त पुकार शुक्ल जी के शब्दों में-

'जिंमीदार कुतवा अस नोचैं देह की बोटी-बोटी,
नउकर प्यादा औ चपरासी ताके रहंइ लँगोटी'

देश के स्वाधीनता आन्दोलन के दिनों में शुक्ल जी की कलम अंग्रेजों के विरुद्ध आग उगलती रही। वे स्वयं क्रांतिकारी थे अतः उनके गीतों ने जन-जागरण की तूफानी हवाओं को भी पर्याप्त बल दिया था। उनका एक-एक गीत आजादी का तराना बन चुका था। उनके गीतों को सुनने पर एक समूचा युग चित्र सामने आ

जाता है- 'उठो सोने वालों सवेरा हुआ है'; 'चरखवा चालू रहे', 'मेरा रंग दे बसंती चोला'; 'सर बांधे कफनवा'; 'शहीदों की टोली चली' आदि लोकप्रिय गीत भारतीय जनमानस में रच बस गए हैं। वे सच्चे अर्थों में जनकवि थे जन ही उनका आराध्य था।

धरती पुत्र के रूप में शुक्ल जी ने प्रकृति को जिया है, उसे अत्यन्त करीब से देखा और अनुभव करके लिखा है। अवध के ग्राम्यांचलों में पायी जाने वाली वनस्पतियों; जीव-जन्तुओं तथा खेती-किसानी की अनेक बातें अपनी लेखनी के माध्यम से शुक्ल जी ने कलमबद्ध की है। परिश्रम करने के बाद भी किसान के पास घासफूस के छप्पर के अन्दर टूटी-फूटी चारपाई और फटी पुरानी कथरी ही उपलब्ध है-

'फूस पताई के कुछ छप्पर, माटी क्यार घरउंदा
पिछवारे लहराइ तिपतिया बीच-बीच कुकरउंदा ....'
संविता उवइं जोंधइया अथवई, चलइ मंद पुरुवइया,
कोइली कों कों कुतुवा पों-पों, चों-चों करइ चिरइया।'

खेती की ही चिंता में निमग्न किसान जाड़े में शीत, गर्मी में कड़कती धूप तथा बरसात में पानी में भीगते हुए अपने तन की चिंता से कोसों दूर दुनिया के तन-मन का भरण-पोषण करने हेतु अथक परिश्रम में संलग्न रहता है-

'चिंता मां उपजेन चलने फिरने, चिंता भोजन चिंता पानी
'चिता मांघुलिमिलि पार भयेन, निश्चिन्तु जिन्दगी का जानी
जाड़ा गरमी बरिखा देखेन, देखेन भूखे-दूखे प्रानी,
देखेंन तिनका न जानि सकेन, बिन देखी दुनिया का जानी।

किसान की जानकारी मात्र इतनी ही है। जबसे उसने होश संभाला है खेती के अतिरिक्त उसे कुछ भी ज्ञात नहीं है-

'हँसिया जानी खुरपा जानी, जानी निगाह रउताइन की
बोझा जानी ढोवबु जानी, अउ जानी धउँस सिपाहिन की
भोरहरू जानी संझा जानी, जानी खेतन केी निगरानी
रातिउ-दिन कामु करबु जानी, यहि के आगे हम का जानी

'किसान की अर्ज़ी' नामक कविता में कृषक की दीन-हीन दशा का ऐसा मार्मिक चित्रण किया है कि प्रत्येक मानव हृदय द्रवित हुए बिना नहीं रह सकता-

'जब जेठु महीना आवा, सबिता आगी बरसावइ
चिरइउ ना घुरुघुचु छाड़इ, सब मनई घर मां स्वावइ
तब पेटे पट्टी कसिके, हम खूब कुदारि चलायेन
उइ पछुवंइ के घूरे पर, दस बिगहा खेत बनायेन
× × ×
'देही माँ लगिगइ काई, बरिखा मूड़े पर बीती
बंदरन-सुवरन-हन्निन ते, दिनु राति बचावति बीती
घर मेहरी करइ पिसउनी, कुछ सावां कोदउ लावइ
कुछ चूनी भूसी लइके, लरिकन का पेटु जियावइ

शुक्ल जी ने धर्म के नाम रीति-रिवाजों के नाम पर समाज में व्याप्त अनेक कुरीतियों को लेकर व्यंग्य से ओतप्रोत रचनाओं का सृजन किया है। आज रामाज में अनेक मत-मतान्तरों को मानने वाले विद्यमान हैं। सभी अपने-अपने मत का डंका पीट रहे हैं किन्तु शुक्ल जी के अनुसार-

'यह मुस्लिम सिक्ख इसाई, जैनी बुध रामानन्दी,
नागा बैरागी योगी, बहु धन्धी पंथी द्वन्दी।'

शुक्ल जी के साहित्य पर पढ़ीस जी के अवधी साहित्य का प्रभाव है तथापि उनकी अपनी एक अलग रचना शैली है जो सर्वत्र उनके साहित्य में दृष्टिगोचर होती है। नागरिक जीवन पर, अदालतों पर, अनमेल विवाह, बाल विवाह, बहुविवाह, दहेज-प्रथा आदि रचनाओं पर पढ़ीस जी का प्रभाव कहा जा सकता है किन्तु जब पाठक शुक्ल जी की कविता पढ़ता है तो उसके कवि की अपनी आत्मानुभूति का स्पष्ट प्रभाव परिलक्षित होता है-

'बगला मां जोरू ह्या न सरम,
सिनेमा रोजाना का करम
चाटि डारा पुरिखन का धरम
बिनु पढ़े का जानै यहु मरम
उच्च सिच्छा का यहै निचोर,
बतावै को हमका कमजोर'

भोले-भाले ग्रामीणों को अदालतों का फैसला बिल्कुल रास नहीं आता है। उसका कितना पैसा व्यर्थ जाता है, कितनी हानि होती है किन्तु फिर भी उचित न्याय नहीं प्राप्त होता। एक कृषक की प्रतिक्रिया द्रष्टव्य है-

'ई अदालतिन ते नीक फइसला, घर मां करइं घरिल्ला
भारी पइसन का खर्चु होय, बरसन लागइं अड़झिल्ला
...परचा लीन्हेन, खर्चा दीन्हेन, खुदगरजी की अरजी दीन्हेन
दावा मां लागी कोट फीस, फटिगा करेजु फारम लीन्हेन''

शुक्ल जी ने अपनी कविताओं के माध्यम से भारतीय संस्कृति और प्राचीन परम्पराओं का दिग्दर्शन कराया है। उन्होंने ग्राम्य जीवन को स्वयं जिया है इसलिए चित्रण करते समय उसमें नितान्त स्वाभाविकता दृष्टिगत होती है। गांव के भोले भाले, निश्च्छल, दयालु कृषक का सारा जीवन धार्मिक मान्यताओं एवं परम्परागत रीति रिवाजों के परिपालन में ही जकड़ा रहता है। कृषक के लिए आने वाला अभ्यागत देवता तुल्य होता है।

अतिथि देउता अस पूजा जाय
खौफ से हाकिम माना जाय
नये फैशन की नहीं समति
धरम पुरिखन का माना जाय
नचै ठेंगे पर सूब संसार
वहै है गांजर देशु हमार।

कृषक स्वभावतः सरल हृदय होता है फलतः उसके समस्त रीति-रिवाज, उच्च मानवीय मूल्यों से ओतप्रोत रहते हैं। उसकी मान्यता है-

'जो सुख चाहे शरीर का, वस्तुइ त्यागे-चारि
चोरी, चुगली, चाकरी, और पराई नारि।'

ग्रामीण व्यक्ति चिकित्साशास्त्र की अपेक्षा तंत्र-मंत्र, झाड़-फूंक पर अधिक विश्वास करता है। बीमार की चिकित्सा झाड़-फूंक के माध्यम से की जाती है। यदि सर्प-दंश से मुक्ति प्राप्त करनी है तो मंत्र-बल से बढ़कर अन्य कोई उपचार नहीं है-

'सांप का जहरु उतारि मंत्र, अतरिया कथा सुने उड़ि जाय
शीतला अष्टक का करि पाठ, शीतला चेचक जाय बिलाय
जिंद बाबा सब नाशय विपति, मसानी नारसिंह और वास
..न यह श्रद्धा कोई, सकइ निकार
वहै है गांजर देशु हमार।'

ग्रामीण जनमानस, हृदय से त्योहारों का स्वागत करता है, वह परम्परागत सभी रीति-रिवाजों का पालन करता है। सभी को अन्न देने वाला निर्धन किसान इस खुशी के अवसर पर मूक दर्शक बना अपनी स्थिति पर भीतर ही भीतर आंसू बहाता है। सभी लोग नये वस्त्र धारण कर प्रसन्नता व्यक्त कर रहे हैं वहीं उसके पास फटे पुराने कपड़े भी उपलब्ध नहीं हैं-

हम पहिरे सरा अंगौछा, मेहरी दुइ खेड़ुका बांधे
सब हेंवत सिसकति बीता, चिंता की गठरी कांधे
मूंड़े पर आयी होरी, दुइ दाना ख्यात न घर मां

इन दु:खों से छुटकारा पाने हेतु वह कभी-कभी मृत्यु-वरण करने को सोचता है-

'हमरे मन मां यहु आवै, भैया तुम बैठो घर मां
अब दु:ख कहाँ लौ, सहिबा हम बूड़ि मरब मगहर मां
फिरि सोंचने जो हम बुड़िबा, लरिकन की होय खराबी
थाने वाले जो सुनिहै, तौ करिहैं खूब नवाबी
लरिकन की पसुरी तोरिहैं, मेहरी की इज्जति हरिहैं
तेहिते जिय चुप्पै बैठो, कबहूँ नीके दिन ऐहैं
कबहूँ इन आँखिन देखिबा बेटऊ पेटउ भरि खैहें।

उस गरीब के लिए वही दिन त्योहार का होगा, जिस दिन उसके पुत्र को भरपेट भोजन मिल सकेगा। अंतिम पंक्ति के द्वारा शुक्ल जी ने सम्पूर्ण त्योहारों पर प्रश्नचिन्ह लगा दिया है और स्पष्ट किया है कि हमारे त्योहार वास्तव में तभी त्योहार कहला सकेंगे जब सभी मानव समान भाव से उनको मना सकेंगे अन्यथा यह त्योहार निरर्थक हैं, अपूर्ण हैं, एकांगी हैं।

अवधी सम्राट श्रीशुक्ल जी ने हमारी प्राचीन रूढ़ियों, अंधविश्वास, आधुनिक शिक्षा, नयी सभ्यता, नवीन वेशभूषा, अनमेल विवाह, अवसरवादिता, चोरबाजारी आदि पर व्यंग्य किया है। उनकी हास्य-व्यंग्य की रचनाओं में 'सिनेमाघर', म्यूजिक कान्फ्रेन्स', कवि सम्मेलन', मुशायरा, लीडराबाद 'इतनी लड़ाई ते सफाई नाहींबा' आदि उल्लेखनीय हैं। कवि सम्मेलन की पंक्तियाँ द्रष्टव्य हैं-

'कोई अपनी प्रेमिका क्यार, दुःखु रोय रोय समुझाइ रहा
कोइ भौंरु फूल मां बंद किहिस फिरि मूड़ झींकि फुसिलाय रहा
कोई मेहरी का चंद्रमुखी कोइ ऊसा संध्या का ध्यावैं
कोई अपनी भंड़ास भरिकै कविता, के भावन मां गावै ...
फिरि याक जटाधारी गर्जे मुहुँ ब्यार-ब्यार मटकाय दिहिन
वांटन का हालबु देखि परा मुलु जानै का पगुराय लिहिन'

शुक्ल जी ने 'कृष्ण-भक्ति' नामक प्रबन्धकाव्य में बेईमानों, चुगलखोरों, दुश्चरित्र पुरुषों तथा स्त्रियों, कर्ज देने वालों, अतिथि सत्कार न करने वालों पर बड़े ही मीठे व्यंग्य किये हैं। कहीं-कहीं तो ऐसा प्रतीत होता है कि संसार के छल-कपट और स्वार्थमय प्रवचनों की प्रवृत्ति पर व्यंग्य तथा कटाक्ष करना ही इस काव्य का प्रमुख उद्देश्य हो-

भैया स्वार्थी जगत न कोई अपन बिराना
सगा कृष्ण का नाउ, ओरु ना कहू ठिकाना।'

गरीब-असहाय किसान कितने कष्टों को सहता है फिर भी उसके हित में कोई कानून नहीं बनता। शुक्ल जी कितनी तीखी दृष्टि से सरकार को देखते हैं देखिए-

'चले सरकारन के तिरसूल; पुलिस नौकर की गहरी चोट
सहि रहे डारे घर मां मूड़; मिलि रहे बदमासन का ओट

वस्तुतः वंशीधर शुक्ल जी ने अवधी विभाषा को लोकभाषा से उठाकर साहित्यिक आभिजात्य प्रदान किया। उनकी भाषा में अवध की लोकसंस्कृति का उज्ज्वलतम रूप देखा जा सकता है।

■

पं0 चन्द्रभूषण त्रिवेदी 'रमई काका'

आधुनिक अवधी के शीर्षस्थ साहित्यकारों में कविवर चंद्रभूषण त्रिवेदी का नाम सर्वोपरि है। 'रमईकाका' उनका बहुख्यात नाम है। रमई काका का जन्म उन्नाव जनपद के ग्राम रावतपुर में 2 फरवरी सन् 1915 को हुआ था। उनके पिता पं0 वृन्दानवन त्रिवेदी फौज में सेवारत थे। प्रारम्भिक शिक्षा गांव में ही प्राप्त कर उन्होंने उन्नाव में सेवा प्रारम्भ की। 'काका' बहुत दिनों तक आकाशवाणी लखनऊ से संबद्ध रहे। 'बहिरे बाबा' आकाशवाणी का लोकप्रिय कार्यक्रम था जिसमें उन्होंने बहिरे बाबा की भूमिका निभाई, जो जनसामान्य द्वारा सराही गई। जीवन भर काका कविसम्मेलन, दूरदर्शन, आकाशवाणी के माध्यम से सर्वसामान्य को रसप्लावित करते रहे। मई 1982 में इनका स्वर्गवास हो गया।

'बौछार', 'भिनसार', 'गुलछर्रा' तथा 'फुहार' रमई काका की प्रसिद्ध रचनाएँ हैं। बैसवारी अवधी में लिखित 'बौछार' काव्य संकलन में तीस कविताएँ संकलित हैं। विभिन्न विषयों से सम्बद्ध दूसरी कृति 'भिनसार' में बयालीस कविताएँ हैं। वर्षा की नन्हीं-नन्हीं बूंदों', की झिहिर-फिहिर से तन-मन को भिगोती 'फुहार' नामक रचना हास्य-व्यंग्य की मिठास से भरी है। 'उत्कृष्ट व्यंग्यचित्रों को उकेरती 'गुलछर्रा' रचना तीर सदृश प्रहार करती है। 'जनवाटिका से चुने हुए पुष्प सदृश ये रचनाएँ कोमल पंखुड़ियों और कांटों दोनों को ही अपने में समेटे हास्य-व्यंग्य की फुहार में भीगने के लिए सहृदयों को आमंत्रित करती हैं। 'हास्य रस के छींटे' खड़ी बोली में प्रणीत 59 लघु हास्य कविताओं का संग्रह है। 'रतौंधी', 'बहिरे बोधन बाबा' और 'मिस्टर जुगनू' काका के लघु हास्य एकांकियों के संकलन हैं। इसमें 'रतौंधी' तथा 'बहिरे बोधन-बाबा' की भाषा अवधी है किन्तु मिस्टर जुगनू की खड़ी-बोली है। इन एकांकियों का मंचन अनेक बार सफलतापूर्वक हुआ है।

रमई काका की रचनाओं में अवध की लोकसंस्कृति मुख्यत: बैंसवारा क्षेत्र की संस्कृति जनजीवन, आचार विचार, रीतिरिवाज, रहन-सहन मुखरित हुआ है। कवि का ग्राम्य सम्पदा के प्रति विशेष आग्रह दिखायी देता है। इनका सम्पूर्ण साहित्य तीखे हास्य-व्यंग्य से युक्त है। रमई काका ने अपनी रचनाओं के माध्यम से ग्रामीण समस्याओं; गतिविधियों एवं सामाजिक विसंगतियों पर गम्भीर व्यंग्य किन्तु मधुर हास की सृष्टि की है। 'चन्द्रमा' का एक अवतरण द्रष्टव्य है-

'राजा अन्धकार के हौ करौ तुम चहै जौन,
अपने कै लाभ कीन्ह्यो अपनी बड़ाई ते।
तुम ही गगन बीच तगड़े परत जात
और सब दूबर तुम्हरी मोटाई ते।'

रमई काका के काव्य में ग्राम्य प्रकृति का आह्लादकारी एवं आकर्षक रूप उनकी सरस किन्तु हास्य-व्यंग्य प्रधान वाणी द्वारा उद्भासित हुआ है। अवध-अंचल की प्रकृति का एक-एक कोना इनके काव्य में रूपायित हुआ है-

'महरि जहं किल किल कइकै सबद,
अवाती पाहुन कै कहि जाय।
बैठि के मुड़वारी पर काग,
संदेसा बिरहिन का दइ जाय।
चिरइया संग संग ख्याते जायं,
घरै लउटतै बसेरा करै।
प्रात परभाती चुटपुट चुपुट,
सांझ संझवाती टेरा करै।'

रमई काका के काव्य में गँवई-गाँव का परिवेश है तो प्रकृति की आह्लादिनी छटा भी है जिसकी नींव पर कवि का काव्य भवन स्थित है। लोकसंस्कृति के इस चतुर-चितेरे ने अवध के ग्राम्यांचल में व्याप्त कुण्ठा, संत्रास तथा संघर्षपूर्ण जीवन को बहुत निकट से देखा है। 'अन्नपूरनामाता', 'दुखिया गिरिस्ती, गरीबी का दु:ख, अन्नदेउता आदि कवितायें इसी प्रकार की हैं। इस सन्दर्भ में 'बौछार' का अंश द्रष्टव्य है-

'कटकटे पैसरम के फल ई,
माटी मा लालु मिलाव न तुम।
कहि रही घरैतिनि मुनुवाँ ते,
ऐ पूत! अन्नु बिथराव न तुम।'

अंधविश्वास, भ्रष्टाचार, बहुविवाह, दहेज-प्रथा, घूसखोरी, मुकदमेबाजी आदि तत्कालीन सामाजिक कुप्रथाओं के प्रति सुधारवादी भावना से प्रेरित होकर रमई काका ने कचेहरी, बुढ़ऊ का बियाहु, यह छीछाल्यादरि द्याखौ तौ, ध्वाखा आदि कविताओं के माध्यम से सरकार के साथ-साथ समाज के कर्णधारों पर तीखा

व्यंग्य किया है। वर्तमान समाज में अनमेल विवाह जैसी समस्या को उन्होंने अपनी कविता 'यह छीछाल्यादारि-द्याखौ तौ' में बताया है-

'लरिकउनू बी. ए. पास किहिन
पतोहू का बैरु ककहरा ते
वह करिया अच्छर भैंसि कहैं-,
यह छीछाल्यादरि द्याखौ तौ।

दहेज-प्रथा हमारे समाज का कोढ़ है। पैसे के लेने-देन में आपसी सम्बन्ध भी समाप्त हो जाते हैं। ऐसे लोगों पर व्यंग्य करते हुए रमई काका कहते हैं-

'उन कहा सुकुल जी दायजु तौ
मिसिरन का पंच हजारी है,
मुलु तुमहुँ सुकुल हो बाला के
मरजाद तुम्हारिउ भारी है।

पर्दा-प्रथा पर व्यंग्य करती हुई 'अनोखा परदा' नामक कृति पाठक को तिलमिलाती तो है ही साथ ही सोचने के लिए विवश भी करती है-

'दालि मां लोनु रहै कुछु फीक,
यही ते स्वादु लगा न ठीक।
कहा हम तब टाटी सरकाय,
लोनु पहिती माँ देव मिलाय।
तनिक कुछु अउरौ घूंघुटु काढ़ि,
लोनु उई दिहिनि खीर मां छांड़ि।
खीर ना जोगि खाय के रही,
न कक्कू अइसन परदा चही।'

'काका' लोकप्रचलित अवधी के अधिकारी कवि हैं। उनकी कविता जितनी भावविविधा है उतनी ही शिल्प बहुला भी। सरसता, व्यंजनात्मकता तथा प्रभविष्णुता उनकी विशद अभिव्यंजना शैली के प्रमुख गुण हैं। उन्होंने कुण्डलिया, आल्हा, बिरहा, सोहर, कजरी, सरिया, फाग, गीत आदि को अपनी काव्यसाधना का अंग बनाया।

काका के काव्य में प्रसाद, ओज, माधुर्य गुणों की अवतारणा हुई है। साथ ही अलंकार योजना की विशदता के साथ ही बिम्ब विधायनी कल्पना भी उनके काव्य

में देखी जा सकती है। मुख्य रूप से उन्होंने अनुप्रास, उपमा, रूपक, मानवीकरण, उत्प्रेक्षा, संदेह आदि अलंकारों का प्रयोग किया है। मानवीकरण अलंकर का एक उदाहरण द्रष्टव्य है-

'पंखा रही डोलाय पवन पुरवइया सरसर
गुलाब बदरवा झींसी झरझर।'

प्रचलित लोकोक्तियों और मुहावरों का उन्होंने बड़ी कुशलता से प्रयोग किया है। कहीं-कहीं प्रयुक्त उपमानों की व्यंजना हृदयाकर्षक है-

'तुम छुनुनु -छुनुनु बरसौ, धरती न बूँदु आवै
जस कलजुगी बिटेवा, ससुरारि जात र्वावै।'

× × ×

'भिनसारे जियरा काँपि जाय
जब छूतै पानि काटि लेय
जइसे सीधे चपरासी का
कोउ रिसहा अफसर डाँटि लेय'

अवधी विभाषा को लोकभाषा के स्तर से ऊपर उठाकर काव्योपम की उत्कृष्टता तक पहुँचाने का कार्य रमई काका ने किया। साहित्यिक आभिजात्य से सम्पन्न काका का काव्य सदैव प्रेरणा देता रहेगा, उनकी श्रेष्ठ कविताओं का समाकलन करते हुए उनकी उपलब्धियों तथा सम्भावनाओं के परिप्रेक्ष्य में यह निश्चयपूर्वक कहा जा सकता है कि वे आधुनिक अवधी काव्य के गौरवस्तम्भ हैं।

■

त्रिलोचन शास्त्री

हिन्दी साहित्य जगत में विविधवर्णी प्रकाश के अजस्र स्रोत, प्रगतिशील कवित्रयी के सशक्त हस्ताक्षर जनकवि त्रिलोचन स्वनामधन्य कवि हैं। उन्होंने स्वयं को जनपद का कवि माना है। जनपद को भौगोलिक सीमाओं में न बांधकर बल्कि उस क्षेत्र विशेष के जनजीवन और उसके सरोकारों से उन्होंने स्वयं को जोड़ा है। अपनी कविताओं के माध्यम से उन्होंने अपने क्षेत्र की सांस्कृतिक चेतना, निर्धनता, निरक्षरता, दु:ख तथा जीवनसंघर्ष को रेखांकित किया है। ठेठ देसीपन और परम्परा का पूर्ण निर्वाह करने के कारण ग्रामीणता और आंचलिकता के ठाठ को उनकी कविताओं में आसानी से देखा जा सकता है।

मानवीय सरोकारों से जुड़ी उनकी कविता में समकालीन भावबोध को भी अभिव्यक्ति मिली है। जहाँ पुरानी परम्पराओं के प्रति आग्रह के साथ नवीन चेतना को आत्मसात करने की गहरी उत्कंठा दिखाई देती है। जनता की संघर्षशीलता का स्वर बार-बार उनकी रचनाओं में जोरदार ढंग से प्रकट हुआ है। जनता की अज्ञानता को पहचानने के बाद भी त्रिलोचन जैसा व्यक्ति ही गर्व से कह सकता है- ''मैं उस जनपद का कवि हूँ जो नंगा है, अनजान है, भूखा है, दूखा है।''

हिन्दी की लोकधर्मी जातीय परम्परा से तादात्म्य रखने वाले, जीवन-स्वर के सिद्ध गायक त्रिलोचन का जन्म 20 अगस्त 1917 को सुल्तानपुर जनपद के चिरानी पट्टी (कटघरा-पट्टी) गाँव में हुआ था। आपके बचपन का नाम वासुदेव सिंह था। त्रिलोचन के पिता श्री जगरदेव सिंह तथा माँ श्रीमती मनबरता देवी थीं। माता-पिता की छः संतानों में त्रिलोचन पांचवें स्थान पर थे। ग्यारह वर्ष की आयु में जयमूर्ति देवी के साथ आपका विवाह हुआ था। त्रिलोचन की प्रारम्भिक शिक्षा टाट पट्टी वाली पाठशाला में हुई। सन् 1934 में उन्होंने मिडिल पास किया तथा घर पर ही अंग्रेजी, अरबी तथा फारसी की शिक्षा प्राप्त की। सन् 1936 में लाहौर से शास्त्री की परीक्षा उत्तीर्ण की। स्नातक तथा स्नातकोत्तर उपाधि बनारस हिन्दू विश्वविद्यालय से प्राप्त की। हिन्दी साहित्य सम्मेलन प्रयाग से साहित्यरत्न की उपाधि प्राप्त की। त्रिलोचन ने जीविका के लिए बहुत संघर्ष किया। सन् 1938 में आगरा के प्रभाकर प्रेस में कम्पोजिटर का कार्य किया तत्पश्चात् 'वासर' में तथा 1939 से 41 तक बनारस की 'कहानी' पत्रिका का कार्यभार संभाला। सन् 1943 में 'हंस' से संबद्ध हुए जहाँ उनका परिचय मुक्तिबोध से हुआ। 'हंस' छोड़ने के बाद

1945 से 50 तक काशी के ज्ञानमण्डल में बृहत् हिन्दी कोश का संपादन कार्य किया। कुछ समय तक ससिक पत्रिका 'चित्ररेखा' और दैनिक पत्र 'आज' का संपादन भी किया। 1952 में एक वर्ष के लिए जौनपुर के इण्टर कॉलेज में अंग्रेजी का शिक्षण कार्य किया। सन् 1953 में एक वर्ष हिन्दी साहित्य सम्मेलन प्रयाग के हिन्दी-अंग्रेजी मानक-कोश का सम्पादन किया। काशी नागरी प्रचारिणी सभा के हिन्दी शब्द सागर के संशोधित संस्करण में सन् 1954 से 67 तक कार्य किया। काशी हिन्दू विश्वविद्यालय में रहकर सन् 1968 में विदेशी छात्रों को हिन्दी-संस्कृत, उर्दू का अध्यापन कराया। सन् 1972 से 75 तक 'जनवार्ता' बनारस से प्रकाशित पत्र का संपादन किया। 1975 से 78 तक 'हिन्दी ग्रंथ अकादमी' भोपाल में 'भाषा सम्पादक' रहे। सन् 1978 से 84 तक दिल्ली विश्वविद्यालय में विजिटिंग प्रोफेसर रहे तथा सन् 1984 से 90 तक सागर विश्वविद्यालय में 'मुक्तिबोध सृजन पीठ के अध्यक्ष रहे। सन् 1992 में अलीगढ़ मुस्लिम विश्व विद्यालय में विजिटिंग प्रोफेसर' रहे तथा दिनांक 9 दिसम्बर 2007 को त्रिलोचन जी का देहान्त हो गया। उनके जाने के बाद हिन्दी जगत में एक शून्य उपस्थित हो गया। महाकवि निराला के बाद त्रिलोचन का व्यक्तित्व ही ऐसा,है जिसे लोगों ने किंवदंती पुरुष के रूप में जाना है।

जीवन में नाना प्रकार के आघातों-प्रत्याघातों को झेलते हुए भी वह निरन्तर सृजनकर्म में संलग्न रहे उनकी कृतियाँ इसकी स्वत: प्रमाण हैं। उनकी शिराओं में कबीर, तुलसी और निराला दौड़ रहे हैं तो उनकी धमनियों में गालिब, मीर और नज़ीर भी प्रवाहित हैं। त्रिलोचन जैसा एक साधारण-सा दिखने वाला व्यक्ति अपने अंदर न जाने कितने अजूबे समेटे हुए है। प्रगतिशील कवि, छायावादी संस्कारों से पूर्णत: मुक्त कवि, अभिधा का कवि, किसानी संस्कृति एवं किसानी चेतना के जीवंत किंवदंती पुरुष, प्रकृति, प्रेम, श्रम के उन्नायक गायक, सबसे बढ़कर जीवन के कवि ने जाने कितने-कितने आयाम अपने में समेटे हुए हैं, यही सब कुछ उनके कृतित्व में स्पष्ट दिखता है किन्तु मूलत: लोकजीवन के कवि ही हैं।

त्रिलोचन की प्रथम कविता सन् 1938 में हंस में 'अंकुर का वृत्त' नाम से प्रकाशित हुई। यह कविता संवेदना की अतल गहराई का संस्पर्श करती हुई कवि के रचना-संसार में घनीभूत अनुभूतियों के अश्वत्थ की सुदृढ़ता में परिवर्तित हो गयी है। इसमें आदमी से जुड़े मुहावरे तथा भाषा की धार का तीखापन महसूस किया जा सकता है। साथ ही जीवन के तल्ख और कोमल अनुभवों की अनुभूति सहजता से देखी जा सकती है। जीवन की सत्यता का बोध कराते समय उनका कहना है-

'जीवन है दुनिया का सपना
जब तक आँखों में है, तब तक ज्योति बना है
अलग हुआ तो आँसू है या तिमिर घना है
बने ठीकरा तो भी मिट्टी में है तपना'

त्रिलोचन का प्रथम काव्यसंग्रह 'धरती' सन् 1945 में आया। जिसमें कुल 88 कविताएँ संग्रहीत हैं। इसकी समीक्षा करते हुए मुक्तिबोध का कथन है- 'कवि की प्रगतिशीलता अट्टहासपूर्ण आंतरिक क्षतिपूर्ति के रूप में नहीं आई है वरन् कवि के अपने जीवन संघर्ष से मँज-घिसकर आई है।'

त्रिलोचन की पत्नी का प्रेम ही वह शक्ति है जो उनमें नई जीवन ऊर्जा का संचार करती है कदाचित् उनका यह प्यार, जीवन और जगत की विस्तृतभाव-परिधि को बाँधता है। 'धरती' में उनका कथन है-

'मेरी दुर्बलता को हरकर, नयी शक्ति नव साहस
भरकर मुझमें जीवन की लय जागी, मैं धरती का हूँ अनुरागी
जड़ीभूत करती थी मुझको, वह सम्पूर्ण निराशा त्यागी
मैं निर्भय संघर्ष-निरत हो, बदल रहा संसार तुम्हारा'

सन् 1956 में 'गुलाब और बुलबुल काव्यसंग्रह प्रकाशित हुआ जिसमें गज़ल और रूबाइयां एक नये तेवर के साथ दिखाई देती हैं इसमें जीवन में संघर्ष की प्रेरणा देने से अधिक जीवन के सौन्दर्य का साक्षात्कार कराने वाली गज़लें अधिक हैं। यह सौन्दर्य सिर्फ प्रेम तक ही सीमित न रहकर अपितु समूचे जीवन अस्तित्व में व्याप्त है।

सन् 1983-84 में त्रिलोचन द्वारा लिखित 'दिगन्त' काव्य संग्रह आया, जो उत्तर प्रदेश हिन्दी संस्थान द्वारा पुरस्कृत हुआ, इसमें उन्होंने अपनी पत्नी के विषय में लिखा है। यह काव्य संग्रह सॉनेट अर्थात् रोला छन्द को लेकर किया गया नवीन प्रयोग भी है। विदेशी सॉनेट को त्रिलोचन ने अपना देशी रंग देकर प्रतिष्ठित किया है। सॉनेट और त्रिलोचन एक-दूसरे के पर्याय बन चुके हैं।

सन् 1980 में उनकी एक महत्त्वपूर्ण कृति 'ताप के ताए हुए दिन' प्रकाश में आई, जिसे बाद में साहित्य अकादमी सम्मान से सम्मानित किया गया। इस कृति में त्रिलोचन में पाठक और कवि के मध्य सीधे सम्बन्ध के अभाव पर अपनी पीड़ा व्यक्त की है तथा इसकी भूमिका में इसका वर्णन देखा जा सकता है- 'कविताएँ मेरी हैं और उनके प्रति अपनी जिम्मेदारी से मैं बरी नहीं। पर जिम्मेदारी की मंजूरी

का कोई खास मानी नहीं। यह मानी उस हालत में खास मतलब रखता जब जागरूक पाठक और कवि के मध्य सीधा संबंध होता।'

'शब्द' भी इसी वर्ष प्रकाशित हुआ। यह भी सॉनेट छंद में निबद्ध है। प्राकृतिक वातावरण विभिन्न ऋतु वर्णन शब्द की सार्वभौमिकता इसमें साकार होकर प्रस्तुत हुई है-

'शब्द के द्वारा जीवित अर्थों की धारा
मैंने आज बहा दी है
जिसके दो तट हैं
एक भाव का, एक रूप का
निकट-निकट हैं
चाहे दूर-दूर दिखते हों।'

सन् 1981 में प्रकाशित उनकी कृति 'उस जनपद का कवि हूँ' अपने ठेठ रूप में ठाठ-बाट सहित आई। सर्वहारा वर्ग की आकांक्षाओं को नये तेवर व स्वर दिए। यह काव्यसंग्रह मात्र उनके काव्यसंग्रह का नाम न होकर उनके पूरे रचना-संसार का प्रतिबिम्ब है। त्रिलोचन के रचना संसार को जानने के लिए ये पंक्तियाँ मूलमंत्र सदृश हैं- 'उस जनपद का कवि हूँ जो नंगा है, अनजान है, भूखा है दूखा है।'

'उस' तथा 'जनपद' यह अपने आपमें विस्तृत अर्थ ध्वनित करता है। यह एकवचन न होकर अपनी विराटता में समस्त जनपदों का द्योतक है। जो उनकी लोकमानस के प्रति लगाव, उनकी चिन्ता को व्यक्त करता है और यह उनका प्रगतिवाद है।

सन् 1983 ई0 में प्रकाशित कृति 'अरधान' जीवन के विविध पक्षों को रेखांकित करती है। सन् 1985 ई. 'अनकही भी कुछ कहनी है' कृति में मौन को वाणी दी गयी है। जिसमें उन्होंने समाज की तात्कालिक परिस्थितियों में जनमानस के भावों का मनोवैज्ञानिक बिम्ब प्रस्तुत किया गया है।

सन् 1985 में एक अन्य रचना 'तुम्हें सौंपता हूँ' आयी इसमें प्रेम के विभिन्न रूप तथा समर्पण को प्रमुखता दी गयी है। इसी वर्ष 'फूल नाम है एक' कविता का भी प्रकाशन हुआ, जिसमें मानवीय रूप को संवेदना की कसौटी पर कसा गया है। सन् 1986 में उनका पहला और एकमात्र कहानी संग्रह 'देशकाल' आया, जिसमें आशावादी स्वर को प्रमुखता दी है। सन् 1987 में दो काव्यकृतियाँ 'सबका अपना आकाश' तथा 'चैती' प्रकाशित हुई। लोकरंग का लालित्य इसमें पूर्णतः रचा बसा है-

> 'रंग रंग के फूलों में उड़ती चिड़िया के
> रोएं डैने चमकाती है। जो खुशहाली
> चौपायों में है उठकर ललकार रही है
> सुस्ती को।'

सन् 1990 में त्रिलोचन की कीर्ति स्तम्भ कृति 'अमोला' प्रकाश में आयी इस कृति में 2700 बरवै संग्रहीत हैं। यह उनकी विशिष्ट अवधी काव्यकृति है। इसमें त्रिलोचन अपनी जमीन से गहरे जुड़े हुए दिखाई देते हैं उनका मन सदा अपने गांव चिरानी पट्टी कटघरापट्टी में ही घूमता है। बचपन की पुरानी सुधियों-स्मृतियों में भटकता -रमता है।

सन् 2002 में 'मेरा घर' कृति प्रकाशित हुई जिसमें कवि के नये विचार, नये दृष्टिकोण, नये जीवन तथा नये उत्साह और स्फूर्ति के दर्शन होते हैं।

सन् 2004 में आपकी अंतिम कृति 'जीने की कला' प्रकाशित हुई। इसमें जीवन् जीने की कला को बताया गया है। कैसे मनुष्य, मनुष्य बना रहे, उसकी मनुष्यता समाप्त न हो ? इस पर विचार किया गया है।

त्रिलोचन का मानना है कि अच्छी कविता बेचैन करती है। जो बेचैन नहीं हुआ उसने कविता पढ़ी ही नहीं। त्रिलोचन सचमुच नीलकंठ थे उन्होंने जीवन भर गरल पिया किन्तु भरपूर जीवन जिया। वे ज्ञान के पंडित थे, मगर मिजाज में किसान। आभिजात्य के परम शत्रु थे तथा स्वाभिमानी व्यक्तित्व के धनी थे। स्वयं उनका कथन है-

> 'वही त्रिलोचन है, वह- जिसके तन पर गंदे
> कपड़े हैं। कपड़े भी कैसे फटे लटे हैं,
> यह भी फैशन है, फैशन से कटे-कटे हैं।

'उनकी भावना सदा 'लोक' से जुड़ी रही इसीलिए उनकी खड़ी बोली की रचनाओं में भी अवधांचल और अवध की संस्कृति की सोंधी महक देखी जा सकती है।

अमोला- त्रिलोचन की यह अवधी कृति वास्तव में अवधी साहित्य जगत में देदीप्यमान नक्षत्र की भांति अवस्थित है जिसमें ऊर्जा, उल्लास, उदात्तता का अपरिमित भण्डार समाहित हैं। इसका सहज रूप से जितनी भी बार पठन-मनन किया जाता है उतनी बार नये-नये विविध अर्थ, बिम्ब, स्वर ध्वनित होते दिखाई देते हैं। त्रिलोचन लोकजीवन के द्रष्टा ही नहीं, स्रष्टा भी हैं। चिरानी पट्टी गांव उनकी

स्मृति में हमेशा कौंधता है। प्रकृति और प्रेम का मणिकांचन योग लोकभाषा में अगर कहीं मिलता है तो वह 'अमोला' में अभिव्यक्त हुआ है-

'जाड़े में पियार लागई एस घाम
जेस सुधि आए पहिल पियार का नाम।

'अमोला' आम के उस छोटे से पौधे को कहते हैं जिसे कहीं और ले जाकर रोपते हैं तथा उसकी रक्षा के लिए चारों ओर ईंटों का जालीदार घेरा बना देते हैं। अमोला पूर्वी अवधी का काव्य है। यह बरवै छन्द में रचित तुलसीदास की बरवै रामायण का नवीन संस्करण जान पड़ता है। इसे बार-बार पढ़ने से नये-नये भाव लोक प्रत्यक्ष होते हैं। ऐसा प्रतीत होता है जैसे यह महाकाव्य है और गांव का किसान इसका उदात्त नायक है। 'अमोला' के सम्बन्ध में डॉ0 दुर्गाप्रसाद ओझा मानते हैं-

'पुरवैया के ढुरकते ही भद्द-भद्द; पट्ट-पट्ट खरखराकर गिरते-चूते आम, आम बीनने के लिए लुआठा चोरबत्ती लिये दौड़ते लोग', घूरे पर कुसुलियों का ढेर, कपड़ों-टुकड़ों पर सूखे हुए अमावट,.... सावन आते-आते घूरे के ढेर पर लाल-लाल पत्तियों में लहलहाते-झूमते अमोले, उन अमोलों को पत्थर या दीवार पर घिसकर बनायी गयी पिपिहिरियाँ -सीटियाँ- एक तरह से पूरी की पूरी 'अमोला की धरती'- यही सब उसकी (त्रिलोचन) स्मृतियों में उमड़ते-घुमड़ते रहते हैं-'... अपने गाँव-गिराँव का वह सारा राह-पैड़ा जिन पर से कभी कवि गुजरा है, उन पर चलते हुए उसने खूब-खूब लखा है कि कहाँ-कहाँ, कैसे-कैसे फूल खिले हैं, उसके मन में सब रचा-बसा है-'

'आनइ आने अपनउ रूप भुलान
लखसि न पैंड़ा केस-केस फूल फुलान।'

यह 'लखना' ही त्रिलोचन की कविता की सहजता है यह सहजता केवल भाषिक स्तर पर ही नहीं वरन् कवि की दृष्टि में भी है। सभी फूल-पत्ती, चिरिया-चुरुंगन, पूस-माघ की कड़ाके की सर्दी में 'तपता', आलू-गंजी भूजते बच्चे, अमोला की धरती का राह-पैंड़ा, हाट-बाजार, पकते गुड़ की सोंधी महक अर्थात् वहाँ के समस्त इतिहास, भूगोल के साथ त्रिलोचन अपने अनुभवों का साझा करते हैं। उनके शब्द-शब्द अवध की माटी का सोंधापन लिये गमक रहे हैं।

'अमोला' पर डॉ0 विश्वनाथ त्रिपाठी की टिप्पणी है कि 'उपवास, बेकारी, भूख, उपेक्षा, प्रियजन-वियोग और जलवायु, धरती-आकाश-वनस्पति, प्रिय

संयोग आदि जीवन-अमोला की डालें, जड़ें और फुनगियाँ हैं। कवि के रूप में 'त्रिलोचन को देखें तो हम पायेंगे कि वे एक सजग, बहुभाषाविद, जीवन को जीने की कला सिखाते गुरु, सहृदय मित्र आदि आयामों में प्रस्तुत होते हैं। कुछ शब्दों में व्यक्त कर देना, पाठक वर्ग व समाज के साथ विश्वासघात करने के समान है क्योंकि जिस प्रकार मुट्ठी में प्रकाश को बंद नहीं किया जा सकता उसी प्रकार त्रिलोचन को भी व्यक्त नहीं किया जा सकता अपितु उनके कृतित्व के आधार पर कुछ बातें कही जा सकती हैं।

'उस जनपद का कवि हूँ-' यह कह सकने का साहस हरेक मं नहीं है, जो केवल बड़े-बड़े घरों में रहते हैं, कोरा बुद्धि विलास करते हैं, जोड़-तोड़ या कहें हमेशा 'जुगाड़ तंत्र' में आस्था रखते हैं, वे त्रिलोचन जैसी जवांमर्दी भला कहां रख सकते हैं। जिन्हें गांव के किसानों से सिर्फ स्वार्थपूर्ति करनी होती है या मेहनतकश श्रमिकों के पुष्ट शरीर से उत्पन्न गन्ध दुर्गन्ध जान पड़ती है, वे भला क्या जन का पक्ष लेंगे ? त्रिलोचन ने किसानी जीवन एवं उसकी विवशताओं को जिया है। वे सीमाओं को पहचानते हैं। उन्होंने कभी टूटना नहीं सीखा, हार को भी वे सहज स्वीकार करते हैं। निराला जहाँ प्रयत्न छोड़ देते हैं, वहाँ त्रिलोचन का प्रयत्न सक्रिय होता है। वे कहते हैं-

'अब तक जो होता आया है
उसमें जन सम्मान नहीं है
उसमें मानव को मानव के
सुख दुःख का कुछ ध्यान नहीं है।

त्रिलोचन ग़ज़ल के माध्यम से जनजीवन को रूपायित करते हुए कहते हैं-

'जो बुराई है, अपने माथे है
उनके हाथों महज भलाई है
अब तो जैसी भी आए, सहना है
दिल से आवाज ऐसी आई है।'

वे सदैव अपने जनपद से जुड़े रहे, जीवन के संघर्षों, पीड़ाओं, आशाओं, आकांक्षाओं को सहज रूप से शब्दबद्ध करते रहे। इनकी रचनाएँ 'दुःख और पीड़ा की अपार समुद्र में मानवीय सौन्दर्य, प्रेम, आशा और स्वप्न का एक घनीभूत पुंज है जो मनुष्य के अन्दर जीवन की प्रति अगाध विश्वास जगाता है। ग्राम, प्रकृति के छोटे-छोटे खण्ड चित्रों के रूप में उनकी कविता में आकर चेतना का विस्तृत रूप साकार करते हैं-

'शक्ति प्रकृति की अति विस्तृत है
और अभी तक वह अविजित है
अधिकृत करके सेवा लेना
सामाजिक, उससे समुचित है।

'त्रिलोचन ने मानव मन की अतल गहराइयों में गोता लगाकर नित नये-नये मोती दिये हैं। वे सरल भाषा में मनुष्य की मानसिक..., व्यावहारिक स्थिति का अंकन अपने काव्य में करते हैं। कहीं किसी प्रकार का बाह्य आडंबर नहीं है-

'प्यार करो तो प्यार करो
क्या आगा-पीछा'
अथवा
'चाहे जो समझे यह दुनिया
मैंने तुमको प्यार किया'

त्रिलोचन बिम्बधर्मा कवि हैं। उनके बिम्ब अनेक प्रकार के हैं। 'मेरा घर' कविता संग्रह में 'ईख पकने पर' कविता में 'बिम्ब की छटा देखी जा सकती है-

'रस
खौल-खौलकर
गाढ़ा जब हो जाता है।
बुंदकियां फूटने लगीं
हवा में मीठी गंध
फैल गई।

उन्होंने सदैव अपने काव्य में सुदृढ़ प्रेम की स्थापना की है। यह प्रेम दिखावटी, उच्छृंखल; बालू की भीत पर अवस्थित न होकर अपितु शुद्ध, सात्विक तथा संवेदना युक्त है जिससे उदात्त भाव का प्रसार होता है। श्रम सौन्दर्य का दृश्य द्रष्टव्य है-

'है धूप कठिन सिर ऊपर
थम गई हवा है जैसे
दोनों दूबों के ऊपर
रख पैर सींचते पानी
उस मलिन हरी धरती पर
मिलकर वे दोनों प्रानी
दे रहे खेत में पानी।'

साधारण शब्दों में असाधारण की प्रतिष्ठा कर देना त्रिलोचन की विशेषता है। वे शब्द गढ़ते नहीं हैं सहज ही बनने लगते हैं। वे अपनी कविता 'जीवनानुभव' में कहते हैं-

दीनता देह से लिपटी है, सब तो अदीन है

× × ×

दुःख के तम में जीवन-ज्योति जला करती है।

व्यक्ति की पीड़ा, विवशता को अभिव्यक्ति प्रदान करते हुए वे कहते हैं-

'आगे है एक मनुष्य
फिर दूसरा मनुष्य
फिर तीसरा मनुष्य
इन्हें घेरे और बाँधे हुए
दुनिया के मनुष्य
इनको छोड़, मेरा कौन, स्वाभिमान सुनेगा ?

त्रिलोचन की अनेक कविताएँ ऐसी हैं जिसमें अवध क्षेत्र हैं, वहाँ का अंचल, लोकाचार आदि साकार हो उठा है। उनकी कविता 'चैती' में निम्नलिखित बिम्ब द्रष्टव्य है-

'चैती अब पककर तैयार है
खेतों के रंग बदल गए हैं
मटर उखड़ रही है
गेहूँ जौ खड़े हैं
हवा में झूम रहे हैं।

बसंत, फूल, पौधे, कटहल, नीम, जामुन, आम आदि त्रिलोचन की कविता के विषय बने हैं-

'आमों में मंजरियों का उपहार है
कोकिल ने पंचम में गान तुम्हारा गाया
उषा करो से सूर्य धरा को सहलाता है।'

उनके लिए प्रकृति, सुंदरता और क्रियाशीलता का आधार बनी है-

'मत चले जाना भूल के, दिन ये फूल के हैं
किये मन के शृंगार सामने कचनार
आम के बौर कहते हैं देखो बहार
हाल ऐसे ही कुछ बबूल के हैं।

कविता की परख उसकी भाषा व शिल्प अभिव्यक्ति द्वारा होती है। 'अमोला' कृति जहाँ बरवै छंद में रची गयी है वहीं शब्द प्रयोग में विविधता, प्रभावोत्पादकता दर्शनीय है। त्रिलोचन शब्द शिल्पी हैं। वे शब्द ठीक वहां व्यक्त करते हैं जहाँ 'शब्द' अपने पूरे अर्थ को खोलकर रख देता है। उदाहरणार्थ-

'शब्दकार
इन शब्दों में जीवन होता है
ये चलते-फिरते
बातें-करते हैं।

त्रिलोचन के बहुभाषी ज्ञान को देखकर अचंभित होते हुए लोग कहते हैं कि वे चलते-फिरते पुस्तकालय ही नहीं विश्वविद्यालय थे।

कवि केदारनाथ अगवाल कहते हैं कि 'त्रिलोचन के यहाँ तो यथार्थ ही आत्मपरक होकर दिमाग से बाहर निकलता है और रचनात्मक यथार्थ का रूप लेकर प्रकट होता है।

त्रिलोचन मानते हैं कि अन्याय का प्रतिकार होना चाहिए। संघर्ष में हार-जीत का कोई मतलब नहीं होता; मतलब होता है संघर्ष का-

'लड़ते हैं इसलिए कि और राह नहीं है
लड़ते रहेंगे, युद्ध में क्या चीज़ हार है।

■

संकलित- कवितायें

बलभद्रप्रसाद दीक्षित 'पढ़ीस'

मनई

तन-मन का पूर-पूर पुतरा
बसि, वहयि आयि सुन्दर मनई !
बाह्यर-भीतर, ऊपर, ख्वाले, मा
बहयि आयि सुन्दर मनई।

जो जानयि कयिसे जलमु लिह्यन,
अबका कर बयि, फिरि, कहाँ जाब!
जो द्याखयि 'हम' 'तुम' को आहीं,
बसि, वहयि आयि सुन्दर मनई।

दूसरे के दुःख ते दुःखी होयि,
अपनउ सुखु सबका बाँटि देयि,
जो जानयि सुख-दुःख के किरला,
बसि, वहयि आयि सुन्दर मनई।

अउरन की बिटिया-महतारी,
जो अपनिन ते अधकी मानयि;
जग के सब लरिका अपनयि अस,
बसि, वहयि आयि सुन्दर मनई।

आँखिन मा करुना छलकि रहयि,
च्यहरा पर दाया झलकि रहयि,
मर्दुमी बाँहें पर फरकि रहयि,
बसि, वहयि आयि सुन्दर मनई।

जो बिगहा- भरि भुइँ मा स्वावयि,
अउरन का कचरि-कचरि कलहायि,
वुहु काम-देवु का परप्वातयि,
मुलु, कहाँ, कयिस, सुन्दर मनई।

जो दुखियन देखे खारु खायि,
सुख वाल्यन ते खीसयि काढ़ायि।
वुहु भला सिकन्दर का प्वाता,
मुलु, कहाँ रहा सुन्दर मनुष्य!

जो अपनयि मा बूड़ा बाढ़ा,
संसारु सयिंति कयि सोंकि लिहिसि,
वुहु राकसु हयि, उहु दानउ हयि!
अब, कउनु कही सुन्दर मनई !

जो सब धरमन का धारे हयि,
सब मा मिलि एकु रुपु द्याखयि,
वुहु क्यसन, महम्मद, ईसा, बुद्धा,
वहयि आयि सुन्दर मनई।

■

कँगला किसान की बिटिया

फूले काँसन ते ख्यालयि घुँघवार बार मुँहुँ चूमयि,
बछिया-बछरा दुलरावयि सब खिलि-खिलि खुलि-खुलि ख्यालयिं।
बारु के दूहा ऊपर परभातु-अयिसि कसि फूली,
पसु-पंछी मोहे-मोहे जंगल मा मंगलु गावयिं।

बरसायि सतउ-गुनु चितवयि,
कँगला किसान की बिटिया।

तितुली के पाछे दउरयि थकि छकि कपि ल्वाटयि-प्वाटयि,
लुकि-छिपि कयिं व्यरझरियन मा तित्तुर के बच्चा पकरयि।
रोटी का कउरु चलावयि कबरा कुतवा ललचावयि,
पीठी पर बिल्ली रानी न्यउरा ते खीसयि काढ़यि।
लरिकईं क पूर खजाना
कँगला किसान की बिटिया।
भ्वरहे जागि वह आवयि टिल्लन पर बेनि बजावयि,
सब गोरू पीछे दउरयिं फिर चाटयिं चुकरयिं हूँकरयिं।
धाखतयि पूँछरीं नाचयिं दयि ताल मुरइला उछरयिं;
साधे सनेहु की जउरी जर-चेतन बाँधे घूमयिं।
बन-कन्या असि किलकारियं,
कँगला किसान की बिटिया।
जब आगि भरि आँखिन ते सबिता दुनिया का द्याखयिं,
दस दिसि ते बादर दउरयिं भरि करियारी के फीहा,
मुहु झाँपि लेयिं देउता का कुम्हिलायि न कहूँ कुँआरी,
जब रिमिकि झिमिकि झरि लागयिं बिरवा तकि छतुरी तानयिं,
कुस डाभन ऊपर पनपयि,
कँगला किसान की बिटिया।
दुइ घरी राति बीते पर वह नदी-तराई घूमयि,
म्यढ़की-मछरी, तकि-जकि कयि गुन गनि-गनि गीतु सुनावयिं।
मँझरा के बीच मड़य्या वह ऊँचा खाली दउरयि,
जुगुनू पियार के मारे ग्वाड़न तर दिया जरावयिं।
वह चली जायि निःकंटक,
कँगला किसान की बिटिया।
पयिरा पर पउढ़ी-पउढ़ी वह चितवयि चाकु चँदरमा,
मुसक्यायिं रूपु छबि छकि-छकि प्रेम की अरघ अँजुरी भरि,
भ्याँटयिं अकास ते तारा दुगुनायि, दिपिति देहीं की,
बप्पा के तप की बेदी अम्मा की दीया-चिरय्या।
धनवान की द्वासरि दुनिया,
कँगला किसाना की बिटिया।

■

बादर

कस लील गगन पट का, सुन्दर तना सम्याना;
सविता बिहंसि रहे हयिं, चांदी बरसि रही हयि।
घसियार घास छ्वालयि, हरवाह खेतु ग्वाड़यि;
हरियर बिहे परे हयिं हरियरी के बिछउना।
उत्तर दिसा ति बादर का एकु उठा फीहा,
दुइ-चारि अउर आये, दस-बीस अरे ह्वयिगे !
तनिकिहे देर पाछे परबत कि अस कँगूरा,
चारिउ अलँग ति बढ़ि-बढ़ि अग्गास मां उरेहे।
पुरवाई के लहँका पर उमड़ि चले बादर
कस अजगुत लीला की बनती हयिं तसबीरयि।
कुछु छ्वाट-छ्वाट आये ती बड़े-बड़े बनिगे;
तिन ते कटि छंटि उठिगा कस हांथी का बच्चा
हथवालु बइठ पीठी पर बिगरि गवा मकुना
जब पूँछ सींग वाला वुहु दानउ अस दउरा!
कुछु बिना मूड़वाले कुछ सात मूड़वाले;
कुछु के लम्बी टाँगयि, कुछु बड़ी बाँहवाले।
कुछु दउरि-दउरि आवयिं कुछु बनि -बनि कयि बिगरयिं
कस अजब-अजब ढंग से दरसायि रहे पुतरा
अयिसी ते कयिसी तकु सब ल्वढ़कि-ल्वढ़कि लपिटे,
फिरि खमसि-खमसि खुब-खुब भुइँ लोटु बने बादर
पानी के द्यउता के जुरि-जुरि आये जोधा,
ड्वालयि लार्गी धरती-पिरथी खलभलि परि-गयि।
कस ढनन-ढलन कर ऊपर ते ग्वाला अस छूटयिं;
फिरि घनन घनन बाजयिं अइरावत के घण्टा
पहिले लपकयि कउँद्या, फिरि होति हयि ठहाका।
आपुस मा बदि-बदि कयि कस छाड़ि रहे बम्बइ !
झुँकि झुँकि कयि, उठि-उठि कयि, तनि तनिक ताल ठ्वांकयि,
गिरि-गिरि कयि, परि-परि कयि, खालेति दाँउँ ख्यालयिं।

करियारी के जूरा का छोरि-छोरि उछरयि,
धुर ते घिरि-घिरि आवयि सबिता का महुँ झांपयि;
का लील के पिछउरा पर अन्धकारु ओढ़े।
झुकि झमकि उतरि रही अध्यरियां कि देवी।
की लील गंगन पट पर भरि स्यामता कि कूँची,
हृयि लिखि रहा मुसव्वरु कजरी बन के भीतर;
दस-पाँच सउ, पुछौही अउ अनगिनित मुरयिला,
नाचति हयि बाँबिन पर साँपन ते मुहु जोर ?
का लील समुन्दरु मा बूढ़ा बढ़ि-बढ़ि आवयि?
उबरायि रहा जल हलु लहरी लयि लयि ल्वहँकयि?
उतरायिं बड़े फीहा, लड़ि-लड़ि गड़-गड़ गड़कयिं,
का बइठ जहाजन पर डाकू तोबइ छाड़यि ?
उजले-उजले बगुलन की पाती उड़ती हयिं,
सीधी, तिरछी, उलटी, टेढ़ी-मेढी बंनि कयिं;
का स्याम समुन्दरु की छाती पर बहती हयिं
पतरी-पतरी सुन्दर, यी दूधे की धारयि?
परवत की चोटी के काँधे ऊपर ल्वाटयिं;
मुहुँ चूमि-चूमि क्वहिरा के मोती भरि भाजयिं।
खुद्ढन ते उठि आवयि घूमयँ गल्ली कूंच।
घर भीतर तक घुसि घुसि लरिकन का मुहुँ चाटयिं।
गढ़ियायि गवा बादरु तब पटि गयीं बयारी,
सब उमसनि पर व्याकुल भे, लागि रामु बरसयि।
वह पुण्य की उज्यरिया छाई का दुनिया पर?
यह पाप की अँध्यरिया अब लीलि लिहिस वहिका?
उयि करम के बिछउना पर चूनि रहे प्रानी!
यह गति-विधि का रोंकिसि, सब घर भीतर घुंसि गे।
पहिले आई झींसी, फिर फाँफा, तब बूदीं-
बूँदन-बूँदन बढ़ि-बढ़ि कस बरसि रहा पानी।

गार्यी, डूंडी ड्यबरिउ चरती उयि भूड़न पर,
घन, घने देखि का जिउ छाँड़ि-छाँड़ि भाजी
डिंड़ियायि लाग लीचर, डींकयिं लार्गी पड़िया
पुड़क्यापि कयि पड्यलवा सब हारु छाड़ि भाजे।
पूंछयि उठायि भार्गी बम्बायि का कलोरी,
बछिया बछरा कानन पर बूदन का र्‌वाँकयि,
कस अरर-अरर पानी की म्वटरी करती हयिं!
छपरन के माथे की मंगरी उड़ि-उड़ि आवयिं।
बगलन के भीतर से सब करयिं बांध पक्के,
खुब बहि रहे पनारा खुब चूइ रहीं बरउनी।
तनिकिहे देर पहिले उयि धूरि धुरंग सब,
गलियारन मा पानी की धारा बहती हयिं।
बूड़यि लार्गी म्याड़ति, उबरायि चली गड़ही
पानी के कस तरे तालु खेतु एकु ह्वयिगां!
पुरवाई का झ्वांका जब छिप्पा भरि लावयि
मुहु चूमि जायि लरिका पुरिखा सबका हंसि-हंसि।
बउछारन की काने मा बाजि जायि बंसी,
"द्याखउ" मोती बरसयि द्वासर चरनु चि:य्या"
पानी के बुज्जा सब, कस उठयि बहयिं फूटयिं!
का जिन्दगी क नकसा अयिसयि बनि बनि बिगरयि?
का हम हूँ कबहु मिलिकयि माटी मा उउबयि!
बनि जाब यिहे बादर मा अमिरित की बूदयि ?
फिरि आयि-आयि धरती का झमकि झमकि बरसब
हंसि चूमि-चूमि ग्वाड़न का जड़ अउ चेतन के।
कस बनि बनि कयि बिगरब! कस बिगरि बिगरि बनबइ
कस रोयि-रोयि हँसबयि ! कस हंसि-हसि कयि रोइब!
कयि चारि घरी किरला अघवायि क पिरथी का
जब इन्द्र-अखाड़ा मा सब आयि घुस बादर;
तब भा अगासु निरमल पउता फिर ते चमके।
चिरई-चुनुगुन, किरवा तकु, दउरि लागि धंधा।

अगड़ायि उठे बुढ़वा जमुहायि का जुआनन
अपने करम की लाठी, फिरि कसि-कसि कयि पकरिनि
फरुहा, कुदारि, गड़सा, फिरि चलयि लागि खुरपा,
फिरि झुकयि लागिं जोधा बलिदान की बेदी पर !
फिरि बाँधि-बाँधि मूड़े पर धरि-धरि कयि ट्वकनी,
दुरगा अउ सीता की साखि धरे माथ
सब निकसि गयीं ख्यातन का मनइन की छांही
कंगला-कुमार निकरे फिरि डारि-डारि झोरी
दाना बटोरि लावयिं तिहि ते भरिहयिं क्वाठ
जिन ते जीहयिं मनई ! तब तउ बरम्हा बाबा
युहू भायिं-भायिं धरिहयिं संसार का तमासा।

■

चरवाहु

परभाती हँसि पलास के बन का धीरे-धीरे
लाली-लाली अँगुरिन से गुदगुदी छुटायि जगायि रही,
बिना पातिन के छिपुलन पर टेसू फूल झूलयिं,
का परिलय की फउजयि हाँथन पर अँगार नचायि रहीं ?
यी सोने की ब्यरिया मा अँटकति, नाचति, उछरति
चरवाहन की टोली का अगुआ बुहु सुन्दर साँवलिया-

चरवाहु चला बंसीवाला।

गाढ़ा की चुस्त मिरजई, तिहि पर फ्याँटा बँसुड़ी,
कानन बारी, मूड़ मुड़इठा, काँधे झब्बा झूलि रहा।
पहुँचारी पहिंदे, हाथे लीन्हे धनुही-तरकसु,
दगर-दगर माथे ऊपर तिरपुण्ड किहे इंटक्वहरा का।
रयाख उठन्ता ज्वानु र्वाब देहीं ते बरसयि
खोंड़स बर्स किसोर राम का निरछल रूपु मनोहर कुहु-

चरवाहु चला बंसीवाला।

काँकर की कुरसी-मेज जोरि इजलासु बनावयिं
लरिका करयिं मुकदिमाबाजी कस सरपंचु सोहायि रहा!
हँसि-हँसि कयि लिखयि बयानु देयि पातिन के पुरजा
सजा बोलि कयि कैदु करयि वुहिका सब हुकुमु बजायि रहे,
जब सँड़वा डहँकयि, तित्तुर बहँसयिं, होयि लराई,
झूँठ-मूँठु का राजा वुहु साँचउ राजा अस चितयि-चितयि-
चरवाहु चलयि बंसीवाला।

जब ठीक दुपहरी खिली, बड़े मुखिया की बिटिया
आयी चाउर-दूधु पूजि जङ्गली-नाथ सिउ-संकर का,
छ्वकये लरिकवा गाँसि चिढ़ावयिं "काकी !" "भउजी!"
वह पियारु कयि लेयि देखि, चरवाहु हँसयि हिरदउँ खोले।
ज्याठ की पुरनमासी, मङ्गरू, रोहिनी नखत पर
यहयि रूप की रासि चलयि दुलहिनि बनि कयि आगे आछे-
चरवाहु चलयि बंसीवाला।

जंगल के बीच तलाउ, किनारे गोरू छिटके
आँबु अक्यलवा ऊपर बउरा क्वयिली टुहू-टुहू ब्वालयिं,
बन-फल सब बीनि-बटोरि लरिकवा लयि-लयि आवयिं
चीखि-चीखि दादा का दयि-दयि, भउजी ते ठलुहायि करयिं।
सब नंगी देहीं पर पियार का जामा पहिंदे
कँगलन बीच प्रेम माया की आगनित गठरी बाँधि बाँधि,
चरवाहु चला बंसीवाला।

गउहाने तट खजूरि ऊपर जब चढ़यि चँदरमा
रहस-मंडली मचयि मजे मा खपटन के तबला बाजयिं,
लरिकवा घेरि दादा भउजी दूनउ का पकरयिं
"क्यसन कँधय्या यहयि नीक जब राधा-रानी तुहें-बनियं।
दूनउँ दूनउँ का देखि याक क्वँड़रा मा नाचयिं
सबके सुख ते सुखी भ्वरहरे लीला पूरी होतयि खन-
चरवाहु चला बंसीवाला।

■

स्वनहुली स्यामा

बरगद के तरे बावली पर हिरदउँ के भीतर भाउ भरी,
उतरी बिन पखनन केरि परी वह चन्द्र-लोक की किरनि जयिसि-
साँवरि-साँवरि सुन्दरि स्यामा,
रसरी पर नव रस रमे जायिं गगरी तीनिउ गुन भरे जायिं।
द्याखति मां आँखी खुली जायिं उयि सुबरन-रेखा केटि झलक-
जब पानी भरयि लागि स्यामा।
गज्जी की वोढ़नी हयि पुरानि मुलु साफु-साफु धोयी-फींची,
कसि जोति जुआनी आगमु की फाटे कपरा ते फूटि परयि-
सुन्दरापा केरि खानि स्यामा।
बिरवन पर पंछी झूलि रहे ख्यातन मा सरसईं फूलि रहे,
गोरू गउढ़ी पर पुलकि-पुलकि लीचर बछरा कुल्याल मारयिं-
अल्हर छबि चितयि रही स्यामा।
पातिन की पहुँची हाँथन मा फूलन की चूरामनि बाँधे,
मुँदरी कनफूल सिंकहुलन के झुमका निमकउरी के झूलयि-
का! फूल-परी उतरी स्यामा ?
हन्नी की बच्ची छोटि-छोटि वह करयि पियारु पलाऊ हयि,
पुचकारि जगति ते कूदि परी दुलराय रही ब्यल्हराय रही-
हन्नी ते हन्नी जसि स्यामा।
तन-मन की सबि सुधि बिसरि रही ख्यलबखरी, मा पसु पंछिन की,
मन के ब्यकार थर्रायि रहे उयि तपसी की कन्या आगे-
असि, दूध की धोयी वह स्यामा,
भय्या ननकुन्ना आवा तिहिंका दीदी उबहनि दयि दिन्हिसि,
टेंट पर गगरी छलकि रही वह मुहुरु-मुहुरु घर का डगरी-
हन्नी असि चितयि रही स्यामा!
कँगला किसान घर जलमी जो रोटी-कपरा का तरसयि मुलु,
साँचे सुख ते सुबरनु बरसयि जब बापू-बापू ग्वहरावयि-

बरसायि स्वनहुली छवि स्यामा,
टुकवा प्यऊँदा घँघरी ते हँसि दुनियादारन ते पूँछि रहे,
यह बिस्व-पिता की पुतरी तुम कउनी आँखिन ते देखि रह्यउ-
आधी उघारि सयानि स्यामा,
मुलु राजु-पाटु, रूपया तुमार, वहिके ठ्यँगरा पर नाचि रहे,
माता बिथरउती हयिं यी छबि पर हीरा-मोती किरनिन ते-
तन-मन ते पूरि रही स्यामा।

■■

पं० वंशीधर शुक्ल

किसान की दुनिया

फूसु पताई के कुछ छप्पर माटी क्यार घँरौंदा
पिछ्वारे लहराय तिपतिया अगवारे कुकरौंदा
दहिनी वर महतौ कै बखरी, जिनके बड़े जमाना
बाँईंवर मैकिनिया धोबिनि, जिहिके घर न दाना,
लगी दुवारे घनी पकरिया, बिगहन छाँही फैलै।
चिमगोदरा, घुघुवा, बिछ्खपरा, वहि पर बसैं चुरैलैं।
गाँव भरे माँ एकु न बढ़ई, ना लोहारु, ना धुनिया।
दसै पाँच घर जप्पे-थप्पे, यह किसान की दुनिया।।

सविता उवैं, जोंधैया अथवैं, चलै, मन्द पुरवैया।
कोइली कों कों, कुतवा पों-पों-, चों-चों करे चिरैया।
बर्ध, भैंसि पागुरि माँ लागे', गाय पन्हानि हुँकारै।
टटिया फारे बछरा झाकै, रहि-रहि मूड़ निकारै।
टेंट पर लरिका का दाबे मेहरी द्वारु बहारै
बढ़का भैया गेंद बनाये सूखे ब्याल उछारै।
बिटिया थिरकै पायन पहिरे सनई की झुनझुनिया
देखि करेजा बित्तन बाढ़ै यह किसान की दुनिया।

बड़े सबेरे ते हरु नाधैं, जोतैं, बवैं, मयावैं
फिरि खारा-खुरपा, हँसिया लै, चारा-घासै धावैं।
दुपहरिया मां चारि पनेथी, बड़की लोटिया पानी,
कबौ चबैना, मट्ठा, सरबत, ऐसै गै जिन्दगानी।
पेंड़ा-गट्ठा मेले -ठेले, बेढ़ई, बरा, फुलौरी
तिथु-परबी या भये-बियाहे पूरी, पुवा, कचौरी।
चना, मिठाई, बहुरी, मुटकी, तिलचौरी, गुरधनिया
सबै रितु का यहै कलेवा, यह किसान की दुनिया।

पीर, फकीर, अघोरी, नागा, जोगी, ठग, अधतुकें।
नंदीसुर, हरजलिया, कुँजड़ा, नंगा दनिया भर के
जोगी, ज.गा, नट, बैरागी, नाउत, बैंद, गोसाईं
भट, बेड़िया, राधा, ब्रजवासीं, पीर, महाउत साईं।
नई फसिल, की राह निहारैं छट्ठे महिना आवैं।
भाँति-भाँति के बाना रचि-रचि मांगि-मांगि लै जावैं।
बांसु बजावैं, बिर्ति लेइँ गंगापुत्री खुनखुनिया
लुटै-लुटावै हँसी खुसी ते, यह किसान की दुनिया।

जर्मीदार कुतवा अस नोचै देह कि बोटी-बोटी
नौकर, प्यादा औरु करिन्दा ताके रहैं लगोंटी।
पटवारी खुरचाल चलावैं, बेदखली इस्तीफा
रोजइ कुड़की औ जुरमाना, छिन-छिन नवा लतीफा।
थाना-चौकी पुलिस, कचेहरी, इसपट्टर औ पासी
सब-अपनी ससुरारि बनाये अफसर औ चपरासी।
चाटि जाँय सब जिनिस खानगी लोनु-तेलु, गुड़, धनिया
लाली पगड़ी देखे लरजै, यह किसान की दुनिया।।

सबै किस्तिहा, महाजनन की घर-घर बोलै तूती
गाँसि घेरि कै करजा बाटैं, फिरि फटकारैं जूती,
रोजही औ नौदसी उगाही, पुरूनोट और रुक्का
दस्तक भेंट बेगारि उचापति, रोजइ थुक्कम-थुक्का,
धन्ना दै मोहरे माँ बैठै उल्टा डारैं खटिया
लटे-लिहाड़े करैं तगादा ताकैं बहिर्नी- बिटिया।
बने सिपार्ही लाठी बाँधे बौना औ ठनगनिया
उनका देखि छिपै कोने माँ, यह किसान की दुनिया।।

मोटें-झोटे कपड़ा, बरतन, मोटा-झोटा खाना
घर ते खेतु ख्यात ते बग्गरु, कहूँ न आना-जाना।
नंगा-ठग्गा इज्जति पावै, किमियागर पुजवावै
फेरी करै बिसाती, पटवा मेहरिन का पलझावै।
सड़ा-गला मनमाने दामन सौदा गरे लगावै
मनिहारी लै चुरिया-ककना, दुइ के चारि बनावै।
बीच हाट माँ डाँड़ी मारै उइ घटितौला बनिया
जहाँ जाय तँह ठगि कै आवै, यह किसान की दुनिया।।

जूड़ी, हैजा, ताप, तिजारी, हाँथन-पाँव बेवाइ
दादु-खाजु, जिन्दन की फेरी, पगियन की परछाई
मानु-मनौती डाँड़े-धूरे चढ़ै साल माँ छैया
बकरा बीर, पीर का मुर्गा, चिलम लेय उड़वैया।
लरिकन का सुख निंदिया चूसै औ धानन का गन्धी
बिरवा, पथरा, मुर्दा पूजै, दुनिया आँधी अन्धी।
त्रिफला, त्रिकुटा, सौंफ, कासनी, लाल लोनु, अमलोनिया
यंहे दवा औ बैदु गोसाईं, यह किसान की दुनिया।।

■

राम मड़ैया

नदी किनारे सड़क न गल्ली, द्वारे भरी तलैया,
हुवैं बनी है राम सहारे अपनी राम मड़ैया।

जहाँ बयारि लगावै बढ़नी जुगनू दिया दिखावैं
सुअर, सियार चील्ह, गिलहरिया कूरा सैंति उठावैं
चिरई-कौवा का-का कहि-कहि जागि जगाय सोवावैं।
उइ-उइ अथै-अथै के सविता दिनु औ राति बतावैं।

जहाँ बँदरवा डाका डारै चोरी करै बिलैयाँ।
हुवैं बनी है राम सहारे अपनी राम मड़ैया।

जहाँ जाड़ू मुट्ठिन मां बांधा, बरफ जमी छपरन पर
राति-'दौसु-बीतै पयार मां, मौत टंगी खुटियन पर।
दसौ दिसा गुर्राय गरम है जेठ दुपहरे झोंकै

सावन रोवै, चैतु हंसावे, बीते छप्पक छैया
हुवैं घास मां बनी फूस की अपनी राम मड़ैया।

जहँ गाइन का घण्टा ठनकै भैंसिन का हुंकारा
घोड़वा हींसै बघवा डहुंकै गदहा देय नगारा
कूकुर उल्लू बने पहरुवा निहुकी निहुकि जगावैं
पीपर बरम, नीम पर भुइयां, जिन्द परेत पुजावैं।

जहाँ बजै रैदास की डफली, नाचैं कुवर कन्हैया
हुवैं बनी निंबियन के भीतर अपनी राम मड़ैया।

कहूँ-कहूँ बांसन का झुरमुट नागफनी चौधारा।
मूंजा, बेलझर काट करौंदा रूधि रहे गलियारा।
जहाँ बसन्त चुवावै महुआ, जेठु तपै, जलु बरसै
सरद कमल हेवंतु गेंदन पर, सिसिर कुसुम पर बिलसै

जलचर बनचर करैं, किलोलैं नाचैं सुवा चिरैया।
हुवैं बनी सूनी दुनिया मां अपनी राम मड़ैया।

नेउरा, बीदर बर्र डिगारै सांप कहैं घरु अपना
मुसवा सुड़ग़ सौंधि रचि चेरा सम्पत्ति चहै हड़पना
राजा व्योहर निगलै उगिलैं नर्दी हिल्वारा मारै
सूखा-ब्वादा, पानी-पथरा, छिन-छिन प्रान निकारै।

कोऊ दवा न युवा देवैया घर-घर हापा-दैया।
हुवैं बनी आफति की मारी अपनी राम मैड़या।

करिया अच्छर भैंसि बराबरि उजड़ मूढ़ भगवान
मचा अंधेरु स्वार्थ का गाना बैरिन का सम्मान
जहाँ नहीं व्यापी अंगरेजी जामि न सकी सुलतानी
नई सभ्यता डरि-डरि भागी घर-घर रीति पुरानी

जहाँ किसान जगत के पालक बसैं बया के भैया।
हुपैं बसी है बिना बसाये अपनी राम मड़ैया।

■

दहेज की भ्याँट

परी अस कनवजियई चप्याट, बिटौनी भै दहेज की भ्याँट।
जोरि कै रुपया धरेन हजार, न कीन्हेन कोई कार रुजगार।
कहेन बिटिया कुवाँरि सुकुमारि, बियाहिब देखि सुद्ध घर द्वार।
मिले हमका दुइ बूढ़ लबार। पढ़ाइनि अस कनवजिया चार।
फँसा बूचड़ कनवजिया एकु। बनाये द्वारे ठाठ अनेकु।
मुला घर भीतर लोटैं मूस, न अक्किलि बुद्धि, पूर मनहूस।
न घर माँ अन्नु न पैसा पास, न कपड़ा साफ देंह पर मांस,
बीस बिसुवा जिनकी मर्जाद, न आगे यक्कौ गिनती याद।
भवा सौदा हजार पर ठीक, बरु मिला हाँथन पाँवन नीक।
बताइनि माँझी ऐसि लप्याट। बिटनौ भै..................।।1।।

चढ़ा टीका नौ रुपया लिहिनि, पेसगी नगद तीनि सौ लिहिनि।
संग मा साठि बराती लिहिनि, दुवारे पहुंचति फजीहति किहिनि,
लरिकवा आवा अद्धा बैठि, कहेन तौ गे जूना अस ऐंठि।
परोसी ज्यों ज्यों रहे मनाय, बुढ़उनू त्यों त्यों ऐंठत जायँ।
महा मुस्किल भा द्वाराचार, मेहरुवा हँसैं देखि ब्यवहार।
मुला उइ बेसर्मा सरदार। ब्याह करना जिनका रुजिगार।
बियाहै आए मड़ए तीर। रहैं बाँभन मुल लगैं अहीर।
राति माँ लड़ि भिड़ि लिहिनि बियाहि, नउनियाँ मरी कराहि कराहि,
न दीन्हिनि एक्कौ पैसा नेगु, भोरहरी साफ देखाइनि ठेंगु।
सबै नेगिन के कतरिनि प्याट। बिटौनी भै...............।।2।।

भात के दिन अस गे फुन्नाय, मनाए ते दुगुना तन्नायँ,
बराती भूँख चिल्लायँ, बुढ़उनू नखरा बूँकति जायँ।
नगद रुपया लीन्हिनि सौ सात। भछिनि कौवा बोलति माँ भात।
साठि मनइन की मागैं रसदि। पेटारेन मा धरि राखै नगद,
खाय ना देयँ न अपना खायँ। बराती दौसु दौसु रिरियायँ।
कलेवा माँ असि फजिहति किहिनि। माँग ते दुगुने रुपया लिहिनि,
ब्याह बतौंनी बेलवा आदि। लोह लत्ता सब लीन्हिनि लादि।
बुढ़उनू तऊ ऐंठतै जायँ, बाग माँ परे घरै ना जायँ।
नाक मा सबके दम कै दिहिनि। महाँ मुस्किलन घरै चलि दिहिनि,
हाय कन्या की कटिगै घ्याँट। बिटौनी भै.......................।।3।।

ब्याह के बादि आठ दिन बीति मालु कपड़ा बिटिया का छीनि।
बद डोली मां लै बैठारि अँधेरे जंगल माँ तजि दीनि।
लरिकिनी नन्हीं है नादान राह पूंछति रोवति घर आय।
फटी धोती गाढ़ा की पहिरि गरे अम्मा के गै लपटाय।
पीठि पर कलछुलि दिहिनि दगाय, देखि सब टोला भरि चिल्लाय,
हाय हमरे हियरे की कली, जियहि माँ भूखी बिलखै लली।
गुसा आई लेई तरवारि, मौत के देई घाट उतारि।
मुला सोंचने हैं नातेदार, दुवौ घर होइहैं बँटाढार।
मालु लै लिहिनि खैरि लै लिहिनि, भला बिटियै जिंदा तजि दिहिनि,
क्षमा कै देई पहिली बात, बिटौनी क्यार बचै अहिबात।
चलेन रुपया सौ बाँधने फ्याँट, बिटौनी भै........................।।4।।

आय समधी का कीन्हेन नजरि, कहिनि लरिकिनी खुदै गै निकरि,
हम सबै ढूढ़ि रहेन दिनराति, भले तुम कहेउ पते की बात।
तुरत छोटका लरिकवा पठाय, बिदा बिटिया का लिहिनि कराय,
कहेन जब पैदर लीन्हे जाय, अपन अद्धा दीन्हेन मचियाय।
पहुँचि घर अद्धा बर्धन दिहिनि, समाई किहेन कि समधी लिहिनि
बर्धवा कर्जा माँ दै दिहिनि, बेंचि अद्धा लगान दै दिहिनि।
हजारौ रुपया होइगा हजम, चाँदनी चारि दौस की खतम।
फिरि वहै किंगरी और ऊ राग, उजरि गै डाँड़े पर की बाग।
फेरि भोजन की रही न स्याँट, बिटौनी भै........................।।5।।

कुछ दिन ऐसेइ दिहिनि गुजार, बादि महिना के किहिनि बिचार।
लरिकिनि सोइ रही अधराति, गरे दुइलाठी धरिनि निकारि।
दुवौ समधी समधिनि मिलि दाबि लरिकिनी दिहिनि जान ते मारि।
मारि कै यकदम हल्ला किहिनि बहू छति ते गिरि परी हमारि।
परोसी आये जानिनि हाल, पहरु दिन फूँकि नहाइनि तालु।
तीसरे दिन सुनि पायेन हाल, भवा सुनतै खन हाल बेहाल।
मुकदमा करी तौ केहि पर करी, कहाँ है हमै गवाही धरी।
पेट मासूसा दै दै रहेन, धन धरम दुवौ वार ते गयेन।
कहो अब केहिकी पकरी फ्याँट। बिटौनी भै......................।।6।।

सलीमा

कक्कू हम गयेन सलीमा द्याखै का तुमते तारीफ करी,
लाला का लरिका संग चला जेहिके अंगरेजी बांट परी।।
तर ते ऊपर लौ करिया जियति बात का मोछ दिहिसि।
वहि की जबान लगिबै न करै धौ दइउ कहाँ ते बुद्धि दिहिस।।
ऊ सबसे गिटिरि पिटिरि ब्वालै रुपया दै दुइ कागद लीन्हिसि,
खीसै काढिसि औ हाँथ छुइसि तसबीरन पर बहँसै कीन्हिसि।।
गिटि पिटि करतै भीतर पहुँचा हमहूँ कुकूर अस संग लगेन,
यह मुँह मेहरा हमका डाटिसि ओ डैम फूल तुम कहाँ चलेन।।
जब कागद काढेन धरेन हाँथ पर तब ऊ भीतर जाय दिहिसि।
पहुँचेन देखेन सन्नानि देहँ ऊ पाँति पाँति बैठाय दिहिसि।।
समुहे बड़का चौखटा लाग चौगिर्द बैठ बाबू बीबी।
कोई जोट्टा कोई छुट्टा सब बोलि रहे ए0 बी0 सी0 बी0।।
सोचेन भगवान कौन किरला ना कहूँ सिनेमा क्यार ठौरु।
यहु बना सिन्सिनीगढ़ अस यहिमां है कुछ औरै सौरु ठौरु।
कहुँ ऐस न होइ पकरि हमका ई आजु लाम पर भेजि देयँ।
अपने घर भीतर कै पाइनि सब पैसा टका न ऐंठि लेयँ।।
याकै आवैं औ याक जायँ छिन छिन पर जिय माँ धुकुरु पुकुरु
पैसा दै आफति मोल लिहेन कछुवा कसि गर्दनि हुचुरु-नुचुरु।।
सोचेन जनेउ काने चढ़ाय चुप्पे ते बाहर खसकि चली।
तस फाटक बंद बजी घण्टी ह्वैगा अँधेरु गै भूलि गली।।
हम काँपेन अब बेमौत मरेन तस पर्दा पर मेमै चमकीं।
कोई पातरि कोई धवर धौल नाँचीं उछरीं हुमकिं ठुमकीं।
कोई नांगिनि कोई अध नांगिनि कोई सूघर कोई बिसखपरी।
कोई उजल उजल कोइ लाल लाल कोई सुवापरी कोइ कागपरी।।
देहीं फरकावैं आँखी काढ़ै भारु ऐस मुहँ बाय देयँ।
डाटैं मनइन का सभा बीच सबते हँसि हाथु मिलाय लेयँ।।
छिन्न छिन्न गावैं छिन छिन रोवैं छिन छिन पर काया पलट करैं,
ना जानी कैसी चली जायँ ना जानी कैसी ते निकरैं।।
कहुँ बहिनि चली भाई दौरा सूने मकान माँ खेलु किहिनि।।
कहुँ गुरु चले चेली मिलिगै देवर भाभी करु खेलु किहिन।
कोइ लिहिसि मेहरिया दोसरन की तीसरी मोटर बैठाय लिहिसि।
फिरि सैर किहिसि दारू पियाय कलजुग साच्छात दिखाय दिहिसि।।
कोउ जंगल माँ कोउ नद्दी माँ प्रेमी प्रेमिका खिलाय रहे।

इन पर ना कौनो दफा लगै सब हकिमौ देंखि सिहाय रहे।।
जब ध्यान धरेन तौ जानि परा यह साच्छात अंग्रेजी है।
भारत का मेहरा यहै किहिसि बसि देखतै कँपी करेजी है।।
अगली सन्तानैं देखि सिनेमा भईं सिनेमा का स्वरूप।
भारतीय धर्म चौपट होइगा घर घर योरूप का भवा रूप।।
रहि रहि मनमाँ गुस्सा आवै रहि रहि दुगन देही फरकै।
जो तनिक देर का होत नवाबी करति हाथ दुइ दुइ बढ़िकै।।
चाहै कोई का कछू देव जगदम्बा हमै यह सक्ति देव।
हम जग ते जनखा साफ करी बसि यहै देश की भक्ति देव।।

बसन्तु

हम सोई जाड़ु बिछाए ओढ़े बर्फीली चादरि।
सपने माँ नींद मनाई सिर धरे सिसिर की माँजरि।।
जिउ तिलमिलान भोरहरिया कौवन का सुनेन ककहरा।
कुछु औरु बयरिया डोली कहुँ कोइली कहिसि टहकरा।।
बसि उमसि परेन ते क्वैरा के धारै बैठेन।
गैया का छोटका बछरा ऊ बैठ मिला मुहुँ चूमेन।।
बछरा अब धीरज राखौ कटि गये जाड़ु के दुर्दिन।
सब पलटि गवा यहु कोहिरा गर्मिन के आए सुभ दिन।।
अब गई घास हरियाई अब बुई फसल गदराई।
तुम सबका मिलिहै चरहा औ हमरौ पेटु अघाई।।
देखौ अँगना की सीटी कारी क्वैरिया सुनाइसि।
पछियौवा के ऊपर चढ़ि पुरवैया कब्जा कीन्हिसि।।
अब बर्ध मतंग देखैहैं गरगैया रोवाँ झरिहैं
पड़ुखी पड़ुखा मुहँ खोलिहैं भुजइल ठाकुर जी कहिहैं।।
पियरुल्ला छ्टा देखैहैं पुँछउटकी पूँछ उठैहैं।
दहिगलवा दहिउ जमैहै तलबुड़की बुड्ड लगैहैं।।
फिरि महरि वरैता झुलिहै भौंरा बाँसन ते उड़िहैं।
चिमगोदरी कीर पतगैं खड़हर ते उड़ि उड़ि फिरिहैं।।
फिरि बदक भाद बकचोचैं बगुलन के संग बिचरिहैं।
उड़ि तित्तुर सुवा बटेरैं लालन के संग निकरिहैं।।

अब लैं मारे जाड़े के जो चिरई घरु ना पैहैं
उइ सब खेतन माँ उड़िहैं खेतन की रकम उड़ैहैं।।
घामेन की बाजी डंका निरसंक भई सब दुनियाँ।
कमरी गुदरी फिरि उतरी निखरी गाँवन की दुनियाँ।।
हटिगा दरिद्र का डेरा दुनियाँ माँ भवा सबेरा।
झंडा उखरा जाड़ेन का आई बसंत की बेरा।।
जेहि सुख की बदि जाड़ेन माँ तालन के पानी उल्चेन,
ढकुली गर्रा बैलट ते मरि खपि के खेती सीचेन।।
सालौ भरि खेर जोताएन बेहसार नगद लै डारेन।
मेहनतिउ चार सब उचटा खेती माँ पाँसि बिथारेन।।
भूँखे प्यासे हरहन की दीन्हेन उधार जिंदगानी,
वह नगद भई सब मेहनति कब खेत बनि गये दानी।।
अब लै हमार कसु चूसिसि भूँखी धरती खौहानी।
अब हमका बाँटै आई जीवन धन दाना पानी।।
ख्यातन का नाजु सिमिटि कै अब खरिहानन का आई।
खरिहानन ते उठि अपनै डेहरन कोठिलन का जाई।।
डेहरन ते चली बजारन बिकिकै बिदेश का जाई।
फिरि अकझनि उइ देसन की दोसरे रूप धरि आई।।
घर के मजूर भुखमारे कुछ लौनी सीला पैहैं।
कुछ लारझूर खेतिहर के सब लरिका बाँटि पैहैं।।
यह यत्ती उल्टा पल्टी होई आपने नाजन ते।
दुधियाँ सोने ते फूली हमरे तुम्हरे दानन ते।।
अब आई हवा बसंती महुवा मादकता छाई,
गल्लिन घसमंडै ऐहैं केतकी फेरि फुलियाई।।
खेतन की काटनि दाँवनि खरिहानन की टेहकारिनि।
फिरि नवा अनन्द लुटाई पछियौवा की गहकारिनि।।
वरधन भैंसन की गोई अब पाँवन रब्बी खुदि है।
अपना खुद भूसा खैहैं गोहूँ दुनियाँ का बटि हैं।।
गलियारन माँ रब्बी की बाली और छियाँ बिथरिहैं।
सब किरवा चूमि डकरिहैं चिरई मगलोलैं करिहैं।।
भैया अब ई आँगन माँ फिरि नीक नाजु घर आई।
मेइया क्वैरे माँ आगी अब कोई नहीं छिपाई।।
जाड़ेन की ठंडी आगी अब गर्मिन माँ गरमाई।
हेंबत का दरिद जरावै फिरि आई होरी माई।।

जो जेतनै आफति झेलसि तेत्तइ ज्यादा सुखु पाई।
कर लौट होमवाला है अब मन माँ करौ समाई।।
कहुँ फाटा सिविता बिहँसै कोहिरा डेराय कै भागा।
धरती की आभा बदली पपिहा कहुँ हूकै लागा।।
थनिहन माँ छिपी भुजैली ठाकुर जी का गोहराइसि।
कुछु कूटपीस की बाजी गहुँ लाल महोय सुनाइसि।
मुसलहिया ख्वैलति निकरी छुछुवाय छछूँदरि भागी।
लोखरि जंगल का भागी अँविया कुछ निकरै लागी।।
सिकरा औ' बाज झपट्टे नभ माँ बल खाय कबूतर।
टिटयायँ सुवा गिरवन माँ थिरकति निकरे बन तित्तुर।।
कहुँ राम लच्छिमन दसरथ कहि उठी चिरैया भोली।
कोई तीत तिड़ित तितिड़ित कहि बातासा फोरनि बोली।।
अपने आपुइ जंगल ते कहुँ हन्न कलंचन निकरे।
कहुँ बकरी बकरा डगरे डांड़ेन पर भेड़हा बिचरे।।
जाड़ेन के डहे डमारे बाँबी माँ साँप लुकाने।
उइ पाय बसंती गर्मी गल्लिन माँ फिरैं उघारे।।
कहुँ अधसूखे तालन माँ मुलकान कमल के पत्ता।
कहुँ उड़ी ममाखी सारंग बिरवन माँ बाँधे छत्ता।।
कहुँ बँदरा करै लड़ाई कहुँ कौवन की पंचाइति।
कहुँ निलगैयन की पल्टनि होरिल चकवन की दावति।।
कहुँ भाद सवन सरसैया बगुलन माँ खेलै होरी।
कहुँ दमचेचड़ी सुरगुटियाँ गरगैया करै चिरौरी।।
सब ओर बढ़ी खुसियाली छाई बसंत की लाली।
धरती कुछ मन-मन फूली टेबुलन पर भै हरियाली।।
कामुकता बढ़ी गलिन माँ जन्मैं गाइन के बछरा।
लरिकन का जन्म घरन माँ कहुँ होइ टहकरा पचरा।।
यह आनन्द थोरे दिन की आखिर फिरि झुरसनि आई।
गार्मिनं की बढ़ी तड़ापै आँवन पर दौलति छाई।।
असि धूम मची आनंद की है ब्याह गवन की परबी।
नद्दिन माँ आनन्द बरसै जीवन पर बढ़िगै चरबी।।

■

पं0 चन्द्रभूषण त्रिवेदी 'रमई काका'

गाँव है हमका बहुतु पियार

महरि जहँ किल किल कइकै सबद, अवाती पाहुन कै कहि जाय।
बैठि के मुड़वारी पर काग, संदेसा बिरहिन का दइ जाय।
कांकर के सुनि कर कर बोल, गगन के बादर जायँ बिलाय,
नयन असि खंजन फुदकि दुआर, बयरिया जड़ही जायँ उड़ाय।
बोलिकै पंचक्की अस घुग्गु, अगाहूँ असगुन देय जताय।
तड़क्कै कुकुरूकूँ कहि मुरग, सोय खेतिहर का रहे जगाय।
डार पर पेढुकी रोजुइ बैठि, कहति है फूँफू के कस गयो।
जतावै बर्र बरोठे आय, ख्यात बइवे का अवसर भयो।
चिरइयः कुलकि धुरैहरी खोलि, टिटिहिरी कइ जल के असनान।
द्याल के ऊपर ब्वालै चील्ह, जतावति है बरसा नगच्यानि।
दुआरे पंजन ते पतबेलि खंड़चिदें, चिरई चिंगुन गलार।।
रहनि जहँ सोहर सरिया केरि, लरिकई पुरिखन का दइ देय,
सोउनिधी लोरी बरबस जहाँ, नींद बस लरिकन का कइ लेय,
भवानी गंगा के रथ बैठि, कुवाँरिन का पानी पी जायँ।
बिदा माँ गीतन का उपदेसु, ससुर घर लिहे सोहगिलै जायँ।
सुनत मन बिरहा क्यार बिरोगु, ख्यात कै द्याल चूर होइ जायँ,
अगिनि असि आल्हा कै ललकार, कायरो सुनै सूर होइ जायँ।
बसे घर घर मां तुलसीदास, सिखावै धरम करम आचार।
घुसे हरिजन के घरन कबीर, अँधेरे माँ कइ रहे उज्यार।
भड्री के कन-कन माँ ब्यापि, चिकारन के सुर पल्टूदास।
कन्हैया नैनू ढूंढत फिरैं, सूर कै हिरदय हरस हुलास।
सरसुती के आँचर तर अबहुँ घाघ हैं ख्यातन के रखवार।

भोरहरे चकिया घुरघुर घुरुर पूत का बेड़े रही सोवाय।
उबाहनी की रगरन ते हियाँ, कुवाँ के पटेहरि रही खिवाय।
चलत है छपकि छपकि कै सूप, हिये मां सार सार गहि लेय,
धरा पर मूसर धम धम धमकि, अनमना अन्नु निमन कइ देय,
मथानी घहर-घहर घहराय, जतन ते कारिट लेत है रतन।
ख्यात माँ हलधर का अउजारु, उगावै खेतिहर के सुख सपन,
खुरपिया हरबर खेतु निराय, फसल के बैरिन देति निकारि।
पसीना मनई का अनमोल, देत ढ्यालन माँ जीवनु डारि।
करमठी भे लोहे के हाथ, तड़क्के छक छक चलै गँडास।
तपस्यै मइहाँ बीती जाति, हियाँ कै यक साँस- उसाँस।
नाध पर पेड़ी छप्पा छप्प, अपनेहै हाथ अपनि पतवार।।
भोर पंथिन के मंगल हेतु, उवा अमरित घट लीन्हे खड़ी।।
राति हन्नी हन्ना सतरिखी, घरन माँ लीन्हे घूसें घड़ी।
चँदरमा मामा लरिकन क्यार, बतासा दूधु रोजु दइ जाय।
गगन माँ सकुवा उइके भोर, ख्यात माँ गज्जरु रहा बजाय।
गगन सब जानि परत है अपन, धरा कै धूरि अंग लपिट्याय।
भ्वरहरे पयधरि खेतिहर केरि, न जाने कौनि परी धो जाय।
उजेरिया पछलहरे माँ फइलि, कहति है धरा गाँव कै मोरि।
पिछउरी अन्नपूरना केरि, किरन दे केसरि मइहाँ घोरि।
चिरइया सँग सँग ख्यातै जायँ, घरै लउटतै बसेरा करै,
प्रात परभाती चुटपुट चुटपुट, साँझ सँझवाती टेरा करैं।
भिनउखा होतै ख्यातन लखी, होत है प्रकृति पुरूष का मेलु।
रचै किरनै हिरना के संग, दुपहरी मृग तिस्ना का खेलु।
चिरइया लरखुरिया कइ रही, छाहँ माँ पसू रहे, अउंघाय।
जूड़ि महुआ कै भदइँ बयारि, तपनि सब तन कै देय दुराय।
साँझ का बछरन कै कइ यादि, घरन का गउवै चलै बँवाय।
देवता गउधूरी पर हरसि, स्वान के फूल देय बिथराय।
बछ कुलकै माता का देखि, दुहूँलंग प्रेम भरी बुँवकार।।

देवालन माँ हैं मंगल चित्र, खिंची है रेखन माँ कामना।
मनोरथ पुरवैं तुलसामाय, बँधी है पुन्यतिथिन साधना।
नेमु संजमु माँगै कुलदेव, पुरखिनिन पर पूजा का भार।
करैं गिरिजा निरजला उपासु, मिलैं संकर जी बारम्बार।
सपूतिन कातिक कै बछवाँछि, करति है गोधन का सम्मान।
चढ़ावै पहिले देउतन सीस, किसनवाँ अपने हाथ नवान्न।
सँघाती सँग हरु खेतिहर क्यार, घरैतिन तहिकै छठिया धरै।
ख्यात कै माटी पूजी जाति, कोंछु खेतिहारनि का जो भरै।
मिलति गउवन का अगरासिनी, खाति हैं कुतवा पाछिल ग्रास।
खाय ना ज़ब तक खेतिहर कौरु, बहुरिया तब तक करै उपासु।
हियां आजौ सतवन्ती होयँ, कहति है चउरा सत्तिन क्यार।।
बदरियन कै साम्याना तरै, पुछारी नाचै पंख पसारि।
मुरइला नयन बिछाये ठाढ़ि, बदरवा जीवनु, दीन्हेनि वारि।
लहरि लइ डम डम डभहा भरै, मेढ़कवा बजा रहे कुड़मड़ी।
बदरवा दीन्हेनि हरियर चीर, धरा कै माँग बधूटिन भरी।
मगन होइ गई राम की गऊ, देखि लहलहे ख्यात के धान।
गगन तन आपनि च्वाँच उठाय, करैं अनदाता के गनुगान।
मकाइन मइहाँ माचा गड़े, राग खेतिहर के हिरदै आग।
फइलिगै भुइँककरिनकै बेलि, गगन माँ बिरहा छइलै लाग
फरैं जब सनइन माँ पहुँटिया, बिटेवा पायंन बाँध फिरैं,
घास के सुआ बुआ और बहिनि, लरिकवन के हाथन माँ धरै,
हरेरी रेंडी गउझन फरैं, ललछरे पउधन हरियरपात।
ठाढ़ि है भरे मिठवासु, कोल्हौरिन मइहाँ रसु चुचुहात।
गेगटियन फरैं सलोने चना, रंगीली दुरुहा मटर फुलाय।
हँसी मानो खेतिहर कै भूख, पसीना क्यार सुजसु लहक्याय।
चबासू सरसौ गह गह फूलि, धरा जनु साजै पेरी भली।
ढकुलियन माँ मन भँवर लुभाय, लागि जब्ब लाल फूल मखमली,
रँगीली तितुली लहरी लेयं, उड़ैं जनु फुलवा पंख पसारि।

ममाखी घूंटैं रस के घूँट, धरैं अमरित पर हेत सँभारि।
महर मह महकनि माँ बउरही, मिलावै कुहू कुहू मिठवासु।
धरा का देखि सलोनु सख्पु, पढ़ै जनु वसीकरनु आकासु,
कुच कुचे महुअन ते मधुझरै, करँउटन माँ गमकी अरधान।
पूरना छम छम नाचैं ख्यात, धरा कै माटी होइगै स्वान।
हँसा खरिहनवाँ अँबवा तरे, किसनवाँ के घर मा उजियार।।

■

अन्न देउता

कहि रही घरैतिनि मुनुवाँ ते,
ऐ पूत! अन्न बिथराव न तुम।
भिनसारे इन पर वास बूँद,
अमरित अस, लाल परी नायसि।
इनका बालिन के पलना माँ,
थपकी दइ बउखा दुलरायसि।
ख्यातन माँ इनके जनमत खन,
सोहर सरिया पंछी गाइनि।
दइ रकत दानु इनका किसान,
सींचेनि पातेनि औ लहकाइनि।
निज भरा पूरा खरिहानु देखि,
होइगा किसान का गल-गल मन।
चटकील चालु भै घरैतिनि कै,
गूंजा आँगन झन झनन, झनन।

ई हउस हउसिला के बीजा,
बिन स्वारथ के बिफलाव न तुम।
कहि रही घरैतिनि मुनुवाँ ते,
ऐ पूत! अन्नु बिथराव न तुम।।

दाना-दाना की मूठि मा
ना जानैं केतनी रासि छिपी।
रासिन माँ प्रान सँजोये हैं,
प्रानन कै आस हुलास छिपी।
ई दानन माँ है देखि परत,
दूबर पातर जरजर किसान।
तपसी धरमी करमी किसान,
फुरतीला पैसरमी किसान।
ई बूंद पसीना के जहिके,
हैं साच्छात मूरति बनिगे।
उइ दानी देउता के सिक्का,
हैं दानन कै सूरति बनिगे।

जुगुतिनि ते सिरिज सँवारि धरव,
ई सिक्का अस बिनसाव न तुम।
कहि रही घरैतिनि मुनुवाँ ते,
ऐ पूत! अन्नु बिथराव न तुम।।

तपसी किसान की कीरति के,
ई दाना हैं अम्बर अच्छर।
होइ जाति बदौलति इनहिन के,
धरती हरियर सोनहरी सुघर,
ख्यातन कै माटी छूतै ई,
हैं कन-कन माँ जिउ डारि देत।
खेतिहर की आसा के अँगुसा,
कचकच गहगहे उनारि देत।
इनका पनपत देखि चिरइया,
खातन मा हुलसीं कुलकी।
पउरुखी किसानन की पुतरी,
इनका लहकत देखतै लहकीं।

कटकटे पैसरम के फल ई,
माटी मा लालु मिलाव न तुम।
कहि रही घरैतिनि मुनुवाँ ते,
ऐ पूत! अन्नु बिथराव न तुम।

मूठि भरि छिरके दाना ई,
बिनि लाव पूत तुम बोरिया मा।
ना जानैं कबधौं जाय परें,
ई केहिकि भूखी झोरिया मा।
ई दानन के हित हाथु पसारैं,
दीन दुःखी धरि अजब भेसु।

वेई दानन के कारन ते,
भूखन मरिगा बंगाल देसु।
बसि अन्न देव की किरपा मा है-
बहु हउसै हुलसनि कुलकनि।
है जहाँ कोपु तहँ तै अकालु,
परलय झुलसनि हउकनि बिलखनि।

परसादु लक्छिमी जी का यहु,
सपनेहु मइहाँ निदराव न तुम।
कहि रही घरैतिनि मुनुवाँ ते,
ऐ पूत! अन्नु बिथराव न तुम।

■

अरे है बड़ी अजब लरिकई

घुटुरुवन मुनुवाँ बइयाँ चले, कसे करिहइयाँ छ्वाट लँगोटु।
दुवारे धरा धुरेहरी पाय परै पेटकुइयाँ लोंटपोट।।
दुधेरी मुइहाँ चूमइ भुम्मि, लटुरियन धरि धूरि का भार,
अंग माँ रमइ महाहौ भसम, बनै बंभोले का अउतार।।

सँगाथी बाल गोपालन संग मुड़कुली कला कुल्याँचे खाय।
तुतलही बोली माँ रुमझुम्मि रहा नन्हकुन्नन ते बतलाय।।
धूरि माँ हम हूँ देहियाँ भरे, जोति हरु गयन दुआरे आय।
तुरन्तइ हरसि कुलकि कै दौरि लरिकवा टाँगन माँ लपिटाय।।
लुटरिया हाथन ते सोहराय बनफती देई रोजु गहाय।
लेय जब बढ़कउना सहगरी, नन्हकवा लोटि करै बँभनई।।
साँझ सँझवाती घरतिन देय, आरती तुलसन लेय उतारि,
आँच मुनुवाँ के माथे थापि, निवारे नजारि चुटुकि चटकारि।।
चँदरमा मामा ते पुनि माँगि, बतासा दूधु देय घुटकाय।
सोवावै लोनी लोरी गाय, हलावै क्वारा माँ दुलराय।।
गजरदम जागै जननी रोजु, घुरुर घुर चकिया देय चालाय।
पूत का बेड़े माँ पउढ़ाय, घुमउवा दइ-दइ गावत जाय।।
भोरहरे काचा कूची गाय, कौर महतारी देय खवाय।
माथ पर कजरा अनखन देय,कँवल पर जइसे भवँर लोभाय।।
आँजि दोउ अँखिया मुइहाँ चुम्मि, हाउसि हियरेलइ करै पियारु।
नेह के हाथन थप-थप थपकि, सँवारै सुघर बार गभुवार।।
मथानी घहर-घहर घहराय, मटुकवा बूँदन ते छपि जाय।
लरिकवा हरसि कुलकि कै दौरि खड़े होइकै खंभा के लाय।।
पटकि पाँयन पैंजनी बजाय, मटकि मटुका के भीतर झाँकि।
लपकि अइँचनी हाथ ते रोकि, ठुनुकि मइया के मुँहतन ताकि।।
गदोरी बारम्बार पसारि, अड़ै तनकी नेन कै की तईं।।
बिटनियाँ घेरि घरैंउदा देय, गदेलवा पाँयन देय बिगारि।
बनाइत घरु यू तुम्हरे बरे, बिटनियाँ समुझावै पुचकारि।।
गदोरिन प्वाँछै भुइँ कै धूरि, अमिलियाँ अँगुरिन देय बनाय।
कथरिया दूनौ हाथन रचइ, लालु का तहिपर दे बइठाय।
छिनक माँ भव्य भवनु रचि देय, निरखि हिय हरसै भरै उछाहु।
गुनिन गोइया मानिन कै साथ, गुड़ी गुड़वा का रचइ बियाहु।।
चुनरिया लहँगा चटकुल चटक, सिंगरवा स्वारौ देय सजाय।

छबीला मड़वा पतवन सजा, नउनियाँ भावँरि रही फिरायी।।
बिटनियाँ ऊपर कइकै कोंछु, रही है चन्दा सुरुज मनाय।
गुड़ी-गुड़वा कै ऊपर फेरि, हरसि कै गिटकी रही लुटाय।।
बजनिहा झइयम झइयम करैं, गउनहरि गायर हीं गउनईं।
केवाँरन की झँझरिन ते कबौं, खठिया कै ब्यूहन झाँकि।
कबौं गइया की होइकै वाट, कहत है झाँ मइया तन ताकि।।
कबौं हँसि धाय-धाय कै गहै, अपनही छाहीं द्याखैं जहाँ,
कबौं दोउ हाथन आँखी मूँदि, कहै भइया बहिनी हैं कहाँ?
कबौं अँगनइया मइहाँ नाचि, पहुँरियन ठुम्मुक ठुम्मुक करइ।
लगुठिया लइ बुढ़िया की तना कबौ झुकि टुहुरुक-टुहुरुक चलइ।।
कुलकि गोदी माँ बइठै कबौं, उचकि म्वाछन तक धावा करइ।
द्याहँ माँ गुदी-गुदी कइ कबौं, हँसै औ खुबै हँसावा करइ।
मुरइठा मूड़े, मइहाँ बाँधि, कबौं लठिया पर होथ सवार।
हाथ माँ कोर्रा लीन्हे फिरइ कहै हम आइन थानेदार!
कबौं झूठमूठ रामाइन बाँचि, ठाठ ते छाँटत है पुरिखई।।

■

धरती हमारि !

धरती हमारि, धरति हमारि
है चरती परती गउवन कै, औ ख्यातन कै धरती हमारि
धरती हमारि, धरती हमारि।

हम अपनी छाती के बल ते धरती मा फारु-चलाइत है।
माटी के नान्हें कन कन मा, हमही सोना उपजाइत है।।
अ़पने लोन खरे पसीना ते, र्‌यातौ मा ख्यात बनावा हम।
मुरदा माटी जिन्दा होइगै, जहँ लोखर अपन छुवावा हम।
कंकरील उसर बीजर परती, धरती भुड़गरि नीबरि जरजरि।।
बसि हमरे पौरुख के बल ते, होइगै हरियरि दनगरि बलगरि।
हम तरक सहित स्यावा सिरजा, सो धरती है हमका पियारि

धरती हमारि धरती हमारि।।

हमरे तरवन कै खाल घिसी, औ रकतु पसीना एकु कान।
धरती मइया की सेवा मा, हम तपसिन का अस भेसु कीन।।
है सहित ताप बड़ बूँद घात, पर चंड लूक कट-कट सरदी।
र्‌वांवन-र्‌वांवन मा रमति रोजु चन्दनु असि धरती कै गरदी।।
ई धरती का जोते-जोते, केतने बैलन के खुर घिसिगे।
निखवखि फरुहा फारा खुरपी, ई माटी मा हैं घुलि मिलिगे
अपने चरनन कै धूरि जहाँ, बाबा दादा धरिगे संभारि।

धरती हमारि, धरती हमारि।

हम हन धरती के बरदानी, जहं मूंठी भरि छांड़ित बेसार
भरि जात कोंछ मा धरती के, अनगिनत परानिन के अहार
ई हमरी मूठी के दाना, ड्यालन की छाती फारि-फारि
है कचकचाय कै निकरि परत, लहि पौरुखु बल फुरती हमारि
हमरे अनडिगे पैसरम के है साच्छी सूरज औ अकास
परचंड अगिनि जी बरसायनि, हम पर दुपहरि मा जेठ मास
ई हैं रनख्यात जिन्दगी के, जिन मा जीतेन हम हारि-हारि

धरती हमारि, धरती हमारि।।

■

सोहाग बेंदिया

है सोहाग कै रानी गोइयाँ यह माथे कै बेंदिया
सीस बैठि कैसन कै नागिन बेंदिया मनि असि सोहै
मानौ वीर बहूटी बइठे स्याम घटा तन जोहै।
नीलम की छाही तर कैंधो मानिक जोति समानी
चमकि रहा जगमग माथे पर, सुख सौभागि सितारा
कंचन की बेदी पर मानों मंगल दीप संवारा
किंधौ सकारे नभ पर लोही मधुर-मधुर मुस्क्यानी
बदन जोन्हइया के पोखर माँ लाल कँवल अस फूला
जहि पर पिय के नयन भवँरवा झूलि रहे हैं झूला

कै पिय के मानस के काढ्यो मोती चतुर सयानी
स्वाति बूंद पपिहा का जइसे, चकवा का चिनगारी
सती सोहागिल कै यह बेंदिया, पिय के परम पियारी
कुमारगिन पर संभु नयन असि, बहुतै रहति रिसानी
यह सेंदुर कै लोही बिकसी सब सिंगार खिले हैं।
यह अनुराग रागिनी पिय के मन कै तार मिलै हैं।
दिया पिया कै मन मन्दिर का भरी देह कैधानी
कउनिउ सोहगिलन कै पावन कर कँवलन कैथापी
स्वाना धोबिन का सतु यहिमाँ आँच जगि कै व्यापी
पेरी पटुका के बन्धन कै, जगमग अमर निसानी
यहु असीस का सेंदुर जहितै, है अहिबात उजागर
याक बूंद माँ बंदी होइगा, प्रेम-प्रीति का सागर
बिंदिया माँ बइठे मुस्क्यार्ती, केतनिउ सरस कहानी।

■

त्रिलोचन शास्त्री

तोहइँ सङ्हती दिने दिने छतियात।
लखि लखि मोर करेजवा कांपत जात।। 1।।

तोहँसे बिछुरे जिउ होइ जाइ उदास।
अउँतिआइ मन बिसरइ भूखि पिआस।। 2।।

जेसस जेसस भुइँ तरवा तजइ तोहार।
तेसस तेसस जिउ लोटत चलइ हमार।। 3।।

उठे चले बइठे ओलरे हर दाँइँ।
तोहरिन सुधि हमरे आपन कुछु नांइँ।। 4।।

तोहँइँ देखि सब देखे देखेसि आँखि।
अब का देखे चित्त अधिक अभिलाखि।। 5।।

जहाँ अनचिन्हारी चीन्हें अधिकाइ।
चीन्हापरची लोप लोप होइ जाइ।। 6।।

एमस हाए हत्या, एस हाहाकार।
काउ किहा चाहत बाट्यऽ करतार।। 7।।

जेस जेस बूझइ मिली तोहार सोचानि।
तेस तेस बनए हमहूँ आपनि बानि।। 8।

निक निक लागइ बहुतइ पहिल पिआर।
किरसइ तन-मन जब कुछ होइ उतार।। 9।।

अपनाइति हेरत हम गए हेराइ।
रस निकसइ जब कोल्हू ऊखि पेराइ।। 10।।

दुःख पइ आँसु बहावइ जिउ कइ छोट।
मन की पोढ़ न करइ त केकर खोट।। 11।।

केकरे बरे सजायाऽ हइ दुनिया इ।
जिनगी तन धइ देखे आवइ जाइ।। 12।।

सिरजइ सँचइ सजइ सब के भाउ।
सिरजनहार हेराइ सउँपि के आउ।। 13।।

रचना देखत बिसरइ रचनाकार।
तब रचना कइ रूप होइ उजिआर।। 14।।

नित्तिमान भिनसारे उअइ अँजोर।
देखि देखि देखवारे होईं बिभोर।। 15।।

काने आइ परा हमरे जब गान।
ई जनान आकास इहउ आ आन।। 16।।

माटिहि कइ तन तबउ नाईं मटिआन।
जउधे आपन किहेस बसेर परान।। 17।।

चुप्पे चुप्पे कउधे आइ बिहान।
टाँरेसि आँखिन से अन्हिआर पिहान।। 18।।

अपनइ तन पोखत सब उन्हें मोटात।
दुसरे कइ सुधि कइ केउ नाईं छोटात।। 19।।

घेरइँ हेरइँ गरजइँ बरसइँ जाइँ।
बादर भुइँ कर ताप ताकि अफनाइँ।। 20।।

गम्हिरानेन बादर भुइँ ले नियराइ।
उपर घटा हरिअरी तरे लहराइ।। 21।।

बहइ बतास, मेघ झूमइ, बँसवारि।
जइसे परछन करइ उआरि उआरि।। 22।।

स्वारथ परमारथ जउँ एकवटि जाइँ ।
दे ओते दुनिया देखइँ अवर सिहाइँ ।। 23।।

जे अनचिन्ह होइ चले रहे अलगान।
ऊ अपनइ आपन मैंऽ मिले भुलान।। 24।।

बहुरूपा रचि रचि रूपन कर जाल।
हमकौ पकरिउ जइसे मछरी ताल।। 25।।

संते कहि गए कतहुँ न सत न सार।
कइसे बान्हि लिहेसि सबकाँ संसार।। 26।।

हाथ दिहे ते पावा जाए हाथ।
एही विधाँ होए साथे से साथ।। 27।।

हमरे बरे सनेस तोहार परान।
आए आवइ एस कुछु अदिन खरान।। 28।।

ई दुनिया धंधा ई ठेलमठेल।
अवर कहाँ एस हर अनमेले मेल। 29।।

धीरा धीरा पच्छूँ दिसा ललानि।
केसस उतारेसि देखतइ खन कजरानि।। 30।

दीआ बारे देखि परइ अनदेख।
आपन करम रेख बिधना कइ लेख।। 31।।

जिअइ आइ गा जउँ मन आइ परेम।
जोगे जोगे धरइ जोग अरु छेम।। 32।।

झुरहरि बालू मूठीं झरि झरि जाइ।
भिजए पसरे हाथे भरि भरि जाइ। 33।।

चिंता अपने चितए जरि बरि जाइ।
अनचितए परफुलित रहइ अधिकाइ।। 34।।

सहसान बाधा सहसन रोग बिआधि।
केस भइ जिनगी बाढ़इ एससि उपाधि।। 35।।

जोरे से जुरि जाइ अवर कलिकानि।
तउ ओकाँ तोरइ मँऽ गनइ न हानि।। 36।।

सब दिन होवा करइ हमारि तोहारि।
केस भइ चले चला कुछु बोझ उतारि।। 37।।

देखत देखत डिठिबल डारेसि तोरि।
केहुँ कँ देखानि नाइँ बुधि आपनि थोरि।। 38।।

पूजा- अर्चा आए कओने काम।
जइँ ओसे मन पाएसि नऽ बिसराम।। 39।।

जिउका जाइ न बलुक जिउ चला जाइ।
खाली पेटे चिंता धइ धइ खाइ।। 40।।

बदरी ओरमी घेरि-घेरि बुनियानि।
फर्च पात होइ गए एस खेह धोवानि।। 41।।

हलफत हलफत बिगरइ बनतउ काम।
सओंचित्ते जउँ करइ सँवारइँ राम।। 42।।

कूला कूला जल जल होइ लहरान।
देखि पिआसी धरती घन घहरान।। 43।।

झुर झुर चली बयारि सितानि सितानि।
जल-किनकी लइ लइ गढुआनि हितानि।। 44।।

बिरई बिरवा सोहरइँ भुइँ की ओट।
नान्हे तन अखरी बूनन कइ चोट।। 45।।

बोलइँ चिरई चुरमुन पकरे डारि।
बरखा पखनन कइ रङ दिहेसि बिगारि।। 46।।

घेरे रहइ अकसवा एकरी आस।
जे रहि जाए कइसे करे जिआस।। 47।।

पएना लखे उड़ि चलइं पानीदार।
मारेउ भुइं धइं लेइं बएल गरिआर।। 48।।

आन क बिगरत देखइ देइ बनाइ।
हम्मइं तउ मनई बस उहइ जनाइ।। 49।।

रामहुराम कहेउ न होइ परतीति।
जउ जग में कइ आवा होइ अनीति।। 50।।

■

अर्थसंकेतिका

बलभद्रप्रसाद दीक्षित 'पढ़ीस'

1. मनई

पुतरा = पुतला। **किरला** = क्रीड़ा। **मर्दुमी** = मरदानी। **कलहयि** = कलह करे। **परप्वातयि** = परपोता, (पौत्र का पुत्र)। **संयिति** = सैंतकर, एकत्र करके, **सौंकि** = सोख लिया। **क्यसन** = कृष्ण।

2. कँगला किसान के बिटिया

घुघुँवार = घुघराले। **ढूहा** = टीला। **व्यरझरियन** = जँगली बेर। **टिल्लन** = टीले। **चुकरइं** = भैंस का रंभाना चिल्लाना। **जउरी** = जेवड़ी, रस्सी। **ग्वाड़न** = पैरों के। **पइरा** = पुवाल।

3. बादर

लील = नीला, **सविता** = सूर्य, **उरेहे** = चित्रित हो गये, **लहँका** = झोका लाल, **मकुना** = हाथी की एक प्रजाति (जो दंतहीन होती है)। **पुतरा** = पुतला, **मुसब्बरु** = चित्रकार। **ल्वहँकइ** = प्रसन्न होता है। **फीहा** = टुकड़े। **बाँध** = छप्पर को रोकने की रस्सी, **चिरइया** = पुष्य और पुनर्वसु नक्षत्रों का पक्ष, **ओरौनी** = छप्पर का लटका हुआ किनारा।

4. चरवाहु

छिपुलन = टेसू के पेड़। **मुड़इठा** = पगड़ी, साफा। **झब्बा** = फूलदार आभूषण। **पहुँचारी** = पहुँची, कँगन की तरह का एक आभूषण। **पहिदे** = पहने। **दगर-दगर** = चमकदार। **इँटक्वहरा** = ईंटों से झड़ा हुआ चूर्ण। **र्याख उठन्ता** = मूँछ की रेखा आना। **सँड़वा** = साँड़। **डहकइ** = साँड़ की हुँकार। **बहँसइ** = बहस करते हैं। **गाँसि** = धमाका कर। **पियारू** = प्यार। **गोरू** = (गोरूप) पालतू पशु। **गउहाने तर** = पशुओं का वन्य विश्राम स्थल। **खपटन** = खपड़ों की। **क्वड़रा** = गोलाकार। **भ्वहरहरे** = सबेरे। **खन** = क्षण।

5. स्वनहुली स्यामा

गज्जी = गजी, गाढ़ा। **रसरी** = रस्सी। **वोढ़नी** = ओढ़नी, दुपट्टा। **लीचर** = भैंस का बच्चा। **हन्नी** = हिरनी। **उबहनि** = पानी भरने (निकालने) की रस्सी। **पयउँदा** = पैबैंद। **घँघरी** = छोटा घाँघरा (लहंगा)। **ठ्यँगरा** = ठेंगा, अगूठा।

■

पं0 बंशीधर शुक्ल

1. किसान की दुनिया

उवैं = उदित होते हैं। **जोंधैया** = चाँदनी, **अथवै** = अस्त होना, **पन्हानि** = पयस्विनी होकर, **टेटें** = कमर। **ब्याल** = बेल। **सनई** = सन। **गोरुन** = पशु। **हरु नाधै** = हल जोतने के लिए तैयार होना। **बवैं** = बोना। **मयावै** = पाटा से खेत समतल करना। **खारा** = घास-भूसा बाँधने की जाली। **पनेथी** = हाथ में पानी लगाकर बनायी गयी मोटी रोटी। **बेढ़ई** =चने की दाल भरी रोटी। **भये** = जन्मोत्सव पर। **बहुरी** = कुटाभुना जौ। **मुरकी** = भुनी, अधखिली मक्का। **तिलचौरी** = भुने तिल-चावल। **गुरधनिया** = गुड़ से सना हुआ भुना गेहूँ। **अधतुर्कै** = वर्णसंकर हिन्दू-मुस्लिम। **नन्दीसुर** = नन्दीश्वर पूजक। **हरजलिया** = यजमानों द्वारा गंगाजल की शीशी पुजवाकर उनकी ओर से विश्वनाथ, रामेश्वर आदि मन्दिरों में जल चढ़ाने वाले पण्डे। **बाँसु** = एक तारा, वाद्य। **विर्ति** = वृत्ति। **खुनखुनिया** = आभीर, कुल पूज्य कथावाचक। **पासी** = चौकीदारी करने वाली जाति विशेष। **जिनिस** = वस्तु। **रोजही** = दैनिक ऋण। **नौदसी** = नौ का दस भुगतान, उगाही वसूलना। **उचापति** = लागू करना। **मोहरे** = दरवाजे। **लटे लिहाड़े** = बुरे ढंग से। **बग्गरु** = घरेलू पशुशाला। **किमियागर** = मिट्टी से सोना लेने वाले शिल्पी। **बिसाती** = प्रसाधन सामग्री -विक्रेता। **पटवा** = कंठी, माला गूँथने वाले। **पलझावै** = फुसलाते हैं। **घटि तौला** = कम तौलने वाला। **तिजारी** = त्रिज्वर। **जिन्दन पगियन** = भूत-प्रेत आदि। **डाँड़े घूरे** = गाँव के किनारे वाले कूड़े के ढ़ेर पर। **छैया** = सुअर के छौने। **बकराबीर** = वीर (लोकदेवताविशेष) के लिए बकरे की बलि। **चिलम लेंय उड़वैया** = प्रेतबाधा निवारण हेतु चिलम चढ़ाने की लोक प्रथा। **सुख निंदिया** = रोग। **त्रिफला** = हर्र, बहेड़ा, और आँवला। **त्रिकुटा** = सोंठ, पीपली और काली मिर्च। **अमलोनिया** = विभिन्न प्रकार के अम्ल-चूर्ण, देशी दवाइयाँ।

2. राम मड़ैया

बढ़नी = झाडू, **सैंति** = समेटकर, **निहुकी** = एक अमाँगलिक पक्षी विशेष, **निहुकि** = झुककर। **मूँजा** = सरपत। **बेलझर** = कटीली झाड़ी विशेष। **बीदर** = जन्दु विशेष। **डिंगारै** = बड़ी बर्र। **सुड़ग** = खोदकर। **सेंधि** = नकब। **ब्योहार** = महाजन, **हिल्वारा** = हिलकोर। **ब्वादा** = कीचड़। **हापा दैया** = कातर क्रन्दन। **बया** = पक्षी विशेष।

3. दहेज की भ्याँट

अद्धा = छोटी बैलगाड़ी विशेष। **नेगिन** = नेग माँगने वाले। **कौवा बोलतिं भा** = भोर (प्रात:काल)। **ध्याढ़** = गला। **गाढ़ा** = हाथ का बना मोटा कपड़ा। **अहिबात** = सुहाग। **फ्याँट** = कमर में धोती की लपेट। **डाँड़े** = गाँव के किनारे। **स्याँट** = गुंजाइश।

सूसा = पीड़ा दबाकर। **बरधवा** = बैलों की जोड़ी। **पइदर** = पैदल। **रिरियान** = लगातार आर्त भाव से विनती करते हुए। **दौसु** = सारा दिन।

4. सलीमा

कागद = कागज (टिकट)। **सन्नानि** = सन्नाटा (स्तब्ध)। **धौल** = धवल (गोरी)। **नवाबी** = सन् 1857 के गदर का समय।

5. बसन्तु

माँजरि = अस्थिपंजर। **पैरा** = पुआल। **पियरूल्ला, पुँछउटकी, दहिगलवा तलबुड़की** = अवध क्षेत्र में प्राय: पाये जाने वाले विभिन्न पक्षियों के नाम। **महरि** = मांगलिक पक्षी। **बरैता** = बरौनी (छप्पर का अग्रभाग)। **बदलकर, भाद बकचौच** = विविध पक्षियों के नाम। **गर्रा** = पुर। **पाँसि** = गोबर की खाद। **कसु** = सारतत्त्व। **कोठिलन** = भण्डारों। **लौनी** = पारिश्रमिक का अनाज। **सीला** = फस्ल कटने के पश्चात् जो अन्न खेत में यत्र-तत्र रह जाता है। **लारझूर** = बचा-खुचा। **नेइया** = मिट्टी की अँगीठी। **थनिहन** = बाँस की कोठी। **महोय** = महोख पक्षी। **मुसलहिया व सिकरा** = विभिन्न पक्षी विशेष। **हन्न** = हरिण। **मुलकान** = मुकुलित। **टेबुलन** = टयूब बेल। **पचरा** = बिरहा जैसा मांगलिक लोकगीत।

■

पं० चन्द्रभूषण त्रिवेदी 'रमई काका'

1. गाँव है हमका बहुतु पियार

महरि = ग्वालिन पक्षी। **मुड़वारी** = सिरहाना, **काँकरा** = पक्षी विशेष। **कर कर बोल** = कठोर या परुष वाणी। **बिलाय** = नष्ट, **धुग्घु** = उल्लू पक्षी, **अगाहूँ** = पहले ही। **पेढुकी** = पक्षी विशेष, **रोजुइ** = रोज ही। **बर्र** = भिड़ , ततैया। **बरोठे** = डेवढ़ी बैठक। **बइबे बीज** = बीज बोने का कार्य। **धुरैहरी** = धूल का, **ढ्याल** = ढेला (मिट्टी का टुकड़ा), **नगच्यानि** = समीप आ गयी। **रहनि** = लय। **केरि** = की। **सोउनिधी** = सोने (नींद) की निधि अर्थात् जो नींद का बड़ा आधार है। **बिरोगु** = दु:ख, व्यथा। **चिकरान** = सारंगी की तरह का एक वाद्य। **नेनू** = नवनीत। **उबहनी** = कुँए से जल भरने वाली रस्सी (उद्बहनी), **रगरन** = रगड़। **पटेहरि** = पटरा, **रही खियाय** = घिस गयी। **निमन** = निर्मल, **हरबर** = शीघ्र, **निराय** = निराई कर, **नाध** = वह स्थान जहाँ खड़े होकर किसान खेतों के लिए पानी उलीचता या चलाता है, **सतरिखी** = सप्तर्षि। **हन्नी-हन्ना**= तारे विशेष जो रात्रि के समय दिशा विशेष के सूचक होते हैं। **क्यार** = के। **सुकुवा** = शुक्र। **उइके** = उदय होकर। **गज्जरू** = पहर-पहर पर बजने वाला घण्टा। **भ्वरहे** = भोर में, **पयधरि** = **पाँव धरकर प्रणाम कर। पछल पहरे मां हरे माँ** = पिछ्ले प्रहर में प्रातःकाल का समय। **पिछउरी** = पिछौरी ओढ़नी। **सँझवाती** = शाम को गाया जाने वाला गाना, गीत। **भिनउखा** = भिनसार भोर। **लुरखुरिया** = खेल। **अउंघाय** = नींद से पूर्व की स्थिति । **दुहूँलँग** = दोनों ओर (तरफ)। **पुरवैं** = पूरा करती है। **कातिक कै बछवाँछि** = कार्तिक के महीने में गोधन की पूजा, **क्यार** = के, **अगरासिनी** = अग्राशन, भोजन का वह अंश जो गौ, द्विज, देव आदि के लिए पहले निकाला जाता है। **आजौं** = आज भी, **पुछारी** = मोर। **डभहा** = गड्ढा। **कुड़मुड़ी** = एक प्राचीन वाद्य जो कुड़मुड़ ध्वनि करके बजता था, **राम की गऊ** = सारस। **मकाइन मइहाँ** = ज्वारों के खेत में। **पहुँटिया** = फल विशेष। **घास के** सुआ-बुआ-बहिनि = घास से निर्मित शुक, बुआ और / बहन। **गउझन** = गुच्छों (सघन), **ललछरे** = रक्ताभ। **पउधन** = पौधों। **कोल्हौरिन** = वह स्थान जहाँ कोल्हू से रस पेरकर गुड़ राब आदि बनाए जाते हैं। **गेंगाटियन** = चने के बूट, **चवासू** = एक साथ चारों दिशाओं में। **ढकुलियन** = ढाक के छोटे वृक्ष। **लहरी लेय** = उड़कर लहर लेती या आनन्द मनाती है। **ममाखी** = मधुमक्खी, **घूँटैं** = घूँटती हैं, पीती हैं। **बउरही** = बावली। **महर** = पक्षी विशेष, **सलोनु** = सुन्दर। **कुचकुचे** = कुचियाये हुए। **महुअन** = महुओं, मधूकों। **अरधान** = उत्कट सुगंध। **पूरना** = पूर्णा (अन्न) अन्नपूर्णा। **स्वान** = सोना (धातु), स्वर्ण।

2. अन्न देउता

नायसि = डाला, छोड़ा। **बउखा** = थोड़ी देर तक चलने वाली तेज हवा। **खन** = क्षण, **सोहर** = जन्मोत्सव पर गाया जाने वाला एक विशिष्ट प्रकार का गीत, **लहकाइनि** = लहराया, चमकाया। **उइ** = वे। **जुगुतिनि** = युक्तियों। **बिनसाव** = विनाश, **अम्बर अच्छर** = अमर अक्षर **इनहिन** = इन्हीं। **आँगुसा** = अँखुआ, **गहगहे** = हर्ष- उत्साह के साथ। **उनारि** = बढ़ावा, उकसावा ('ज्योति बढ़ावत दसा उनारि' -रामचन्द्रिका), **पनपत** = पल्लवित होते हुए। **कुलकीं** = प्रसन्न हुईं। **पउरुखी** = पौरुषी। **लहकीं** = चाह से अधीर हुई। **कटकटे** = कट्टर से कट्टर या कड़े से कड़ा, **हउसै** = हौंसें, उत्कंठाएँ। **हुलसानि** = उल्लास, **कुलकनि** = प्रसन्नता। **हउकनि** = विघ्न = व्याघात। **मइहाँ** = में। **निदरावन** = निरादृत मत करो।

3. अरे है बड़ी अजब लरिकई

धुरेहरी = धूल में सना हुआ, धूलि, धूसरित। **पेटकुइयाँ** = पेट के बल। **लटुरियन** = लटों, **महाहौ** = अत्यधिक, **संगाथी** = सँघाती, साथवाले, **मुड़कुली** = सिर के बल लुढ़कना, **कुल्याँचेखाय** = प्रसन्नता पूर्वक उछलना-कूदना **लटुरिया** = लटें। **बनफती** = वनस्पति जात फल विशेष। **सहगरी** = प्रचुर, प्रभूत। **सँझावती** = शाम को जलाया जाने वाला दीप, **चुटुकि** = चुटकी (अंगुष्ठ व मध्यमा के अग्रभाव को रगड़ने से उत्पन्न ध्वनि), **घुटकाय** = घुँटवाना या पिलाना । **लोनी** = सुन्दर। **क्वारा** = कोर। = क्रोड़ = गोद, **गजरदम** = तड़के, पौ फटते, **पउढ़ाय** = सुला या लेटाकर **घुमउवा दइ दइ** = घुमावा दे देकर। **काचा कूची गाय** = (सुबह-सुबह) बच्चों के सोकर उठने पर माताएँ जब उनका मुख धोती है तब यह गीत गाती हैं। अनखन = दिठौना। **गभुवार** = पैदाइशी केश, जिसका मुँडन न हुआ हो। **मटकुवा** = मटका (दधि पात्र) **लाय** = ल·कर सटकर। **अइँचनी** = मथने की रस्सी। **तन** = ओर। **गदोरी** = हथेली। **अड़ै** = अड़ता या हठ करता है। **गदेलवा** = बालक। **बरे** = लिए, हेतु। **स्वानौ** = सोलह श्रृंगार। **वाट** = वोट (मत), आड़, **लगुठिया** = लकुटिया, छड़ी, **तना** = तरह, भाँति, **द्याहँ** = देह। मुरइठा = साफा। **कोरा** = कोड़ा। चाबुक, **आइन** = हैं। **छाँटत है** = बात करते हैं।

4. धरती हमारि

परती = वह जमीन जो जोती बोई नहीं जाती। **छाती के बलते** = पूरी शक्ति से। **फारु** = हल में लगा हुआ वह लोहा जो जमीन को जोतता है। **लोनखरे** = नमकीन (लवण और क्षार का एक साथ आभास देने वाला)। **र्‍यातौ** = रेतीली जमीन। **मुरदा माटी** =

अनुर्वर भूमि, **जिन्दा होइगै** = उर्वर हो गयी। **लोखर** = लोहखर (लोहे से निर्मित कुदाल, खुर्पा आदि) **बीजर** = बीज को जलाने वाली, अनुर्वर, **दनगरि** = दाना (अन्न वाली)। **बलगरि** = बलशालिनी, **तरक सहित** = समय की सावधानी सहित, यथापेक्ष, **स्यावा** = सेवा की। **सिरजा** = सार-सँभाल की, रक्षा की। **तरवरन** = पैर का तालु। **कट-कट सरदी** = ऐसी कठिन सर्दी जिससे दाँत कटकटाने लगे। **र्वांवन-र्वांवन** = रोम रोम। **गरदी** = गर्दा। **निखवखि** = कृषि कार्य में प्रयुक्त होने वाला यंत्र। **हन** = हैं। **बेसार** = वह अनाज-बीज जो किसान दूसरों के यहाँ से अपने खेतों में बोने के लिए सवाये यह ड्योढ़े पर लाता है। **कोंछ** = आँचल। **द्यालन** = ढेले, रोड़े। **कच कचाय** = सघनता के साथ अंकुरित होना। **रनख्यात** = रणक्षेत्र।

5. सोहाग बेंदिया

सोहाग = सौभाग्य। बेंदिया = बेंदी, माथे पर रहने वाला एक गहना, माँग टीका। **गोइयाँ** = सखी। **कैसन कै** = किस प्रकार से। **बहूटी** = इन्द्रवधू, गहरे लाल रंग का एक बरसाती कीड़ा। **सकारे** = भोर, तड़के। **लोही** = लोहित, **जोन्हइयाँ** = चाँदनी, **कै** = अथवा, या। **रिसानी** = क्रुद्ध। **जग्गि** = यज्ञ।

■

त्रिलोचन शास्त्री

'अमोला'

बरवै छन्द में रचित 'अमोला' अवधी की नीति काव्य परम्परा का महत्त्वपूर्ण ग्रन्थ है। इसमें लोकव्यवहार, जीवन-जगत तथा प्रकृति से सम्बन्धित बरवै हैं। सङ्हती संगति। **छतियात** =पानी टपकना। **लखि** = देखना। **मोर** = मेरा। **अउँतिआइ** = अन्यमनस्क, आकुल। **तरवा** = पदतल तालु। **ओलरे** = लेटना, सोना। **तोहरिन** = तुम्हारी। **देखेसि** = देखलिया। **अभिलाखि** = इच्छा। **अनचिन्हारी** = अपरिचित। **चीन्हापरची** = जानपहचान। **चाहत** = चाहता है। **करतार** = ईश्वर। **तोहार** = तुम्हारा। **बानि** = आदत। **किरसइ** = क्लेशित। **अपनाइंति** = अपनत्व। **हेरत** = खोजते हुए। **ऊखि** - गन्ना। **पोढ़** = प्रौढ़। **मजबूत** = कड़ा। **खोट** = कमी, त्रुटि। **बरे** = लिए। **सँचइ** = संजोना। **सिरजनहार** = सृष्टिकर्ता, विधाता। **विसरइ** = भूलना। **भिनसारे** = प्रातः काल। **अँजोर** = उजाला। **काने** = कान में। **जनान** = प्रतीत हुआ। **बसेर** = निवास। **कउधे** = किधर से, कब। **बिहान** = प्रभात। **टारेसि** = हटा दिया। **अन्हिआर** = अंधकार। **पिहान** = छिपना ढकना। **पोखत** = पोषण करते हुए। **भुइँ** = जमीन। **नियराय** = निकट। **तरे** = तले नीचे। **बतास** = वायु। **झूमइ** = झूमता है। **एकवटि** = एक में सम्मिलित होना या मिलना। **अनचिन्ह** = बिना पहचान के। **अलगान** = अलग होना। **भुलान** = भूलना। **बहुरूपा** = विभिन्न प्रकार के रूप वाला। **कतहुँ** = कहीं भी। **बान्हि** = बांधना। **दिहे** = देना। **बरे** = लिए। **तोहार** = तुम्हारा। **अवर** = और। **धीरा** = धीरे। **पच्छूँ** = पश्चिम। **बारे** = जलाने से। **बिधना** = विधाता। **परेम** = प्रेम। **झुरहरि** = सूखी। **भिजए** = भीगा। **बरि** = जलना। **परफुलित** = प्रसन्न।

सहसन = हजारों। **बिआधि**-रोग। **ब्याधि जोरे** = जोड़ने से। **गनइ** = गिनती। **होवा** = हुआ। **तोरि** = तोड़ना। **थोरि** = थोड़ा। **कम बिसराम** = विश्राम, आराम।

जिउका = जीविका। **ओरमी** = उमड़ना, छाना। **फर्च** = साफ। **हलफ्त** = शीघ्रता से। **संओचित्ते** = शांतचित्त। **पिआसी** = प्यासी। **बयारि** = हवा, वायु। **बिरवा**-वृक्ष। **बूनन**-बूंदें। **चिरई** = चिड़िया। **पकरे** = पकड़े। **पखनन** = पंख। **अकसवा** = आकाश। **एकरी** = इसकी। **भुंइ** = भूमि। **बिगरत** = बिगड़ते, **मनई** = आदमी। **जग में** = संसार में। **कइ** = करना। **अनीति** =अन्याय।

■■■